N&K

*E. M. Forster*

# Brauchen wir Kultur?

*Aus dem Englischen von*
*Niklas Fischer*

NAGEL UND KIMCHE

Die Originalausgaben der Essaybände
*Abinger Harvest* und *Two Cheers for Democracy*
erschienen 1936 und 1951 bei
Edward Arnold Publishers Ltd, Cambridge.

Vielen Dank an Irma Wehrli, Florence Widmer,
Ulrich Blumenbach und den Zürcher Stammtisch
für Übersetzerinnen und Übersetzer.

1. Auflage 2024

Deutsche Erstausgabe

Gesetzt aus der Centennial
von GGP Media GmbH, Pößneck
Druck und Bindung von CPI books GmbH, Leck
Printed in Germany
ISBN 978-3-312-01302-9
www.harpercollins.de

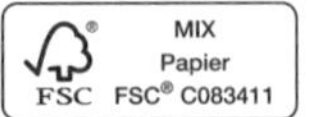

# *Inhalt*

**Geschichte**

Knidos (1904)

Cardano (1905)

Andacht vor dem Kampf (1920)

Die Moschee (1920)

Um des Museums willen (1920)

Hundert Jahre Forster (1927)

Ein Brief an Madan Blanchard (1931)

Voltaire im Labor (1931)

Voltaire und Friedrich der Große (1941)

# *Das Spiel des Lebens*

O Leben, was bist Du? Selten gibt das Leben eine Antwort auf diese Frage. Doch dieses Schweigen ist kaum von Belang, denn Schulmeister und andere Männer mit besten Absichten sind hinreichend befähigt, für das Leben zu sprechen. Das Leben, so teilen sie uns mit, sei ein Spiel. Welches Spiel? Mensch-ärgere-dich-nicht? Nein, denn das Leben ist beizeiten ärgerlich, aber sicherlich ein Spiel, das … nun … gewiss kein Glücksspiel. Nicht Bakkarat, sondern Schach oder gelegentlich Bridge. Oder noch besser: Fußball. Es gebe ein klares Ziel, gesunde und frische Luft und »Esprit de Corps«; das Schicksal spiele den Schiedsrichter, der Ball die Hoffnung; auf zum Spielfeld, alle, jeder und jede! So reden uns die Männer mit besten Absichten zu. Wenn die Rede vom Leben ist, verlieren sie jegliche Scheu, denn es sei eine Frage der Moral. Sie referieren gerne darüber, wie man sich verhalten sollte, nicht was uns tatsächlich bevorsteht, weshalb sie unzählige Wälzer über korrektes Benehmen und rein gar nichts über die beunruhigenden Erscheinungen verfasst haben, die sich vor uns aus dem Boden erheben oder vom Himmel fallen. Wenn sie sagen, dass das Leben ein Spiel sei, bedeutet das bloß, dass gewisse Spiele bestimmte, in ihren Augen wünschenswerte

Charaktereigenschaften fördern, zum Beispiel Herzhaftigkeit.

Nichtsdestotrotz sind sie dabei vielleicht auf das richtige Bild gestoßen. So merkwürdig es sein mag, in bestimmten Momenten eines Spiels sticht plötzlich etwas Wirkliches hervor und blitzt auf wie ein Stern im Nachthimmel. Die vereinfachte kleine Welt, die anhand von Regeln und der Konvention eines Anfangs und eines Endes geformt wurde, scheint gelegentlich der tatsächlichen Welt zu entsprechen. Ähnliches geschieht mit Kunstwerken, doch sie üben eine andere Wirkung auf uns aus. Sie bescheren uns Freude und geben uns das Gefühl, selbst Künstler und Künstlerinnen zu sein. Im Gegensatz dazu ist die Wirklichkeit eines Spiels beunruhigend. Ein Sieg fühlt sich stets seicht an, doch die Niederlage ist tiefgründig und deutet schreckliche Unergründlichkeiten an. Glücksspiele, bei denen nicht einmal versucht wird, den freien Willen der Spielenden miteinzubeziehen, müssen von diesen Betrachtungen ausgeschlossen werden; ihre Ironie ist zu mechanisch, um die des Lebens widerzuspiegeln. Zwar mag auch das Leben bloße Glückssache sein, doch wir haben die Doktrin der Leistung und des Ertrags entwickelt, um seine Zwecklosigkeit zu verhüllen, und jedes Spiel, welches das Leben widerspiegeln soll, muss es ihm in dieser Hinsicht gleichtun. Wenden wir uns daher Spielen zu, die Fähigkeiten erfordern, vorerst Schach.

Ich spiele das Evans-Gambit[1].

Dieses wurde von einem Marineoffizier erfunden und ist für seinen Spielfluss bekannt. Ein reißender Strom entspringt aus dem Südwesten und schwappt über den Bauern des schwarzen Läufers. Die gesamte Oberfläche des Brettes beginnt zu strudeln, doch über kurz oder lang schwemmt eine vertraute Leiche an die Oberfläche: meine. Oje, was ist denn bloß geschehen? Das Gleiche wie immer: ein überhasteter Angriff gefolgt von Zurückhaltung. Warum habe ich nur den Bauern meines Turmes nicht bewegt? Weil ich mich wie gehabt von oberflächlichen Gefühlen habe verleiten lassen. Nein, nicht wie gehabt. Das Problem ist wohl eher, dass das Evans-Gambit nicht meinem Stil entspricht. In Zukunft spiele ich die italienische Partie.

Die italienische Partie hat nichts Flüssiges an sich, sie stinkt regelrecht nach erdigem Boden. Auf beiden Seiten erstreckt sich eine trostlose Linie aus Springern und Läufern, dazwischen ein Feld, auf dem sich die Bauern gegenseitig widderhaft die Köpfe stoßen (daher auch der ursprüngliche Name »giuoco piano«). Die erdigen Kräfte werden von solchen Stößen kaum berührt, doch dann fallen sie abwechselnd und mit einem dumpfen Geräusch um. Man sollte dabei Figuren austauschen, doch wenn sich die Konturen der neuen Landschaft abzeichnen, welche vertraute Leiche liegt dort im Staub? Meine. Oje, was ist denn bloß geschehen? Das Gleiche wie immer: Mein Charakter macht sich geltend, in den Tiefen der See, im Schoß der Hügel, überall. Schach, bei dem Glück beinahe keine Rolle spielt, ist ein Gewächshaus, in dem die Früchte des Charakters stärker reifen als im Leben. Im Leben können wir das Unbekannte für unser Scheitern verantwortlich machen, mit der Hand vage an den Horizont deuten oder die Faust gen Himmel schütteln. Doch wenn wir beim Evans-Gambit sowie in der italienischen Partie und bei der Wahl einer Krawatte und einem Streit im Büro und in einer Liebesbeziehung denselben Fehler begehen, dann ist dieser Fehler gewiss nur an einem Ding festzumachen: dem Charakter. Für den wir, daran erinnern uns die gut beabsichtigten Männer, vollkommen und für alle Ewigkeit selbst verantwortlich sind.

Da das Leben beides enthält – sowohl was außerhalb unserer Kontrolle liegt und was wir kontrollieren sollten – und Glücksspiele das eine und Schach das andere einseitig gewichten, stellt sich wiederum die Frage, welches Spiel das Leben angemessen widerspiegelt.

Pikett.

Wer der Meinung ist, es sei Bridge oder Fußball, sollte bedenken, dass diese aufgrund der Mitspieler und Mitspielerinnen sowie der beiden Seiten ein unberechenbares Element enthalten. Doch diese Komplexität ist nicht identisch mit der Komplexität des Lebens, und wenn das Leben eine Bridge-Partie sein soll, dann nur, wenn man dies glauben möchte; intellektuell kann die Ähnlichkeit nicht erschlossen werden. Doch nehmen wir Pikett. Erstens ist es offensichtlich und unsäglich ungerecht. Das Schicksal wird ausgeteilt, selbst wenn beim Ablegen der Karten eine gewisse Fähigkeit zum Zuge kommen kann, und weder die Regeln noch die Punkterechnung versuchen, diese Ungerechtigkeit auch nur in geringstem Maße auszugleichen oder der benachteiligten Person eine neue Chance zu geben. Das Spiel scheint völlig dieses eine Element zu verkörpern. Ein Desaster beschwört das nächste herauf. Die Spitze der Grausamkeit ist der »Rubikon«, bei dem die Knochen des Verlierers oder der Verliererin zusammengesammelt und vom Gegner oder der Gegnerin wie Zweige auf ein Freudenfeuer geworfen werden. Und trotz alldem waltet in diesem barbarischen Spiel der freie Wille. Es ist möglich, das Schicksal zu beschleunigen oder zu zügeln. Es wird beständig gespielt, subtil und kraftvoll, obschon Niederlage und Sieg von einer höheren Gewalt entschieden wurden. Von wahrem Interesse ist das Spielen und nicht das Ergebnis, und in dieser Hinsicht gleicht es dem Leben – dem Spiel, an dem alle Lebenden und möglicherweise auch alle Verstorbenen teilnehmen. Das Schicksal scheint den Menschen vorgegeben zu sein, jedoch können sie strampeln und ihr Schicksal entweder hinnehmen oder gegen es aufbegehren. Es gibt nichts Spannenderes im Universum als dieses Strampeln. O Leben, Du bist Pikett, ein grimmiger Zeitvertreib. Und trotzdem ginge es schlimmer, könntest Du doch Golf sein.

## *Was ist Anonymität?*

Wissen Sie gerne, von wem ein Buch geschrieben wurde?

Diese Frage ist tiefsinniger, als sie scheinen mag. Nehmen wir als Beispiel ein Gedicht: Bereitet es mehr oder weniger Freude, wenn man den Autor oder die Autorin kennt? Zum Beispiel die Ballade »Sir Patrick Spens«[2]. Niemand weiß, wer sie geschrieben hat. Sie erreicht uns als eisiger Hauch aus dem nördlichen Nichts. Man kann sie mit der »Ballade vom alten Seemann«[3] vergleichen, denn auch diese enthält eine tragische Reise und einen eisigen Hauch, aber sie wurde von einem gewissen Samuel Taylor Coleridge unterzeichnet, und über diesen Coleridge wissen wir so einiges: Er unterzeichnete auch andere Gedichte und war andern, die wie er Gedichte schrieben, bekannt; er türmte aus Cambridge; er trat der Armee als Dragoner unter dem Namen Comberbache bei, fiel aber so oft von seinem Pferd, dass es ihm auf Dauer entzogen werden musste und er stattdessen als Sanitäter beschäftigt wurde; er heiratete Southeys Schwester und hielt Vorträge; er wurde dick, fromm und unehrlich, nahm Opium und starb. Wenn man dies weiß, spricht man vom »Alten Seemann« als »einem Gedicht von Coleridge«; »Sir Patrick Spens« bleibt aber »ein Gedicht«. Wie, wenn überhaupt, beeinflusst dieser Unterschied das Verständnis des Textes? Spielt es im Falle von Romanen und Dramen eine Rolle, ob man weiß, wer sie geschrieben hat? Hinterlässt ein Zeitungsartikel einen bleibenderen Eindruck, wenn wir wissen, wer ihn verfasst hat? Auf diese – eher nebelhafte – Weise nehmen diese Betrachtungen ihren Anfang.

Bücher bestehen aus Wörtern, und Wörter haben zwei Funktionen: Sie vermitteln Informationen oder erzeugen eine Stimmung. Häufig tun sie beides, da die beiden Funktionen sich nicht ausschließen, aber zum Zweck dieser Untersuchung werden sie auseinandergehalten. Als nächstes Beispiel dient ein Text aus dem öffentlichen Leben. An Straßenbahnstationen stößt man gelegentlich auf das Wort »Haltestelle«. Als Wort auf einem metallenen Schild am Rande der Gleise besagt es, dass dort bald eine Bahn halten wird. Es ist ein Beispiel reiner Information. Das Wort erzeugt keine Stimmung – wenigstens nicht für mich. Ich stehe unter dem Schild und warte und warte. Wenn eine Bahn eintrifft, ist die Information korrekt; wenn nicht, ist sie inkorrekt. Aber in beiden Fällen vermittelt das Schild eine Information und ist daher ein hervorragendes Beispiel dieser Funktion von Wörtern.

Man vergleiche dies nun mit einem weiteren Beispiel aus dem öffentlichen Leben, einer Warnung, auf die man in den gefährlicheren Städten Englands stößt: »Vorsicht: Taschendiebe!« Auch in diesem Fall werden Informationen vermittelt. Gleich einer Straßenbahn könnten jederzeit Kriminelle eintreffen, und so wappnen wir uns entsprechend. Aber es geschieht auch noch etwas anderes: Es entsteht eine Stimmung. Kann man diese Wörter lesen, ohne ein mulmiges Gefühl zu kriegen? Die Menschen um einen herum wirken so ehrlich und nett, aber das sind sie nicht – einige von ihnen sind Taschendiebe! Sie bedrängen einen älteren Herrn, der sich umsieht und … schon ist seine Uhr weg. Sie schleichen sich von hinten an eine alte Dame und schneiden ihr mit einer scharfen Schere lautlos den Kragen ihrer wunderschönen Robbenfelljacke ab. Und dort eilt ein glückliches Kindlein zum Süßwarengeschäft, aber warum bricht es so plötzlich in Tränen aus? Taschendiebe haben ihm den Pfennig aus der Hand gerissen. All dies, und vielleicht noch mehr, mag einem vorschweben, wenn man besagte Warnung liest. Man beginnt, seine Mitmenschen zu verdächtigen – und merkt, dass man wiederum von ihnen verdächtigt wird. Sie ruft beunruhigende Wahrheiten ins Bewusstsein: die allgemeine Unberechenbarkeit des Lebens, die menschliche Schwachheit, die Gewaltbereitschaft der Armen und die törichte Gutgläubigkeit der Reichen, die stets erwarten, beliebt zu sein, ohne etwas dafür tun zu müssen. Sie ist gewissermaßen ein *Memento Mori* inmitten des Jahrmarkts der Eitelkeit. Als Warnung schüchtert sie uns ein, obwohl uns Angst nichts bringt; wir müssen lediglich auf unsere geliebten Taschen aufpassen, wobei uns Angst keine Hilfe ist. Abgesehen vom Vermitteln einer Information hat sie eine Stimmung erzeugt – und in dieser Hinsicht ist die Warnung Literatur. »Vorsicht: Taschendiebe!« ist gewiss nicht hohe – und nur unbewusst – Literatur, aber diese Wörter üben zwei Funktionen aus, während das Wort »Haltestelle« nur eine ausübt, und das ist ein bedeutender Unterschied, mit dem wir den ersten Schritt dieser Betrachtungen abschließen.

Für den nächsten trage man alles Gedruckte der Welt auf einem Haufen zusammen: Gedichtbände, Schulbücher, Theaterstücke, Zeitungen, Werbung, Straßenschilder – einfach alles. Nun sortiere man diesen Haufen und bilde eine Reihe: an einem Ende Texte, die nur Informationen vermitteln, am andern diejenigen, welche nur eine Stimmung erzeugen, und dazwischen Texte, die beides tun. Es entsteht also ein Spektrum, auf dem man schrittweise von einer Funktion zur anderen gelangt. Am Extrem der reinen Informationsvermittlung befindet sich das Schild »Haltestelle«, am andern die freie Dichtung. Freie Dichtung ist gänzlich nutzlos. Sie ist das komplette Gegenteil eines Straßenschildes, da sie in keiner Weise Informationen vermittelt. Was ist der Nutzen von »Mein Geist, von Schlaf versiegelt« oder »Ob auf Idas beschatteter Stirn« oder »So schweifen wir nimmermehr« oder »Im Westen liegt ein Bruchland«?[4] Sie sagen nichts darüber aus, wo die Bahn hält oder ob es überhaupt eine Bahn gibt. Kommt man von der freien Dichtung zur Ballade, bleiben einem Informationen weiterhin vorenthalten. Zwar beschreibt »Die Ballade vom alten Seemann« eine Expedition in die Antarktis, allerdings auf so ungenaue Weise, dass das Gedicht einer tatsächlichen Expedition kaum hilfreich wäre; die Informationen über

Strömungen und Winde in Polargebieten stimmen einfach nicht. Auch »Sir Patrick Spens« handelt von einer realen Begebenheit im Jahr 1285, der Reise der Jungfrau von Norwegen[5], aber die Anspielungen sind so unklar und konfus, dass man sich in der Geschichtsschreibung Haare raufend von ihr abwendet. Freie Dichtung ist gänzlich nutzlos; Dichtung im Allgemeinen ist fast gänzlich nutzlos.

Nimmt man einen weiteren Schritt, kommt man von der Dichtung zur Dramatik. Besonders in Theaterstücken, die angeblich von gewöhnlichen Menschen handeln, stellt man eine Veränderung fest. Nutzlosigkeit dominiert weiterhin, aber nun werden auch Informationen vermittelt, zum Beispiel enthält »Julius Cäsar« einige verlässliche Informationen über das antike Rom. Dieser Unterschied tritt im nächsten Schritt von der Dramatik zum Roman noch deutlicher hervor. Plötzlich wimmelt es vor Informationen. Wie viel man in »Tom Jones« über die ländlichen Regionen im Westen Englands lernen kann! Und in »Northanger Abbey« über die gleiche Gegend fünfzig Jahre später! Romane vermitteln auch einiges über Psychologie. Wie sorgfältig Henry James bestimmte Winkel des menschlichen Geistes erkundet hat! Wie zutreffend »Der Weg allen Fleisches«[6] das Leben in einer Landpfarrei analysiert! Die Instinkte Emily Brontës bringen Licht ins Dunkel der Leidenschaft. Und Proust – wie verblüffend sind seine Beschreibungen, nicht nur der französischen Gesellschaft, nicht nur des Innenlebens seiner Figuren, sondern der Eigenschaften seiner Leserschaft, sodass es einem beim Lesen beständig den Atem verschlägt und man sich denkt: »Aber wie hat er das über mich erfahren? Ich wusste es nicht einmal selbst, bis er es mir sagte, aber es stimmt!« Romane sind – ganz egal, was sie sonst noch alles sein mögen – teilweise Straßenschilder. Dies ist der Grund, warum viele Menschen Romane schätzen und sich guten Gewissens kritisch über sie äußern können, auch wenn ihnen Dichtung und selbst Dramatik nichts sagt.

Jenseits des Romans kommt man zu Werken, deren erklärtes Ziel die Vermittlung von Informationen ist: gelehrte Werke aus der Historik, Soziologie, Philosophie, Psychologie, Wissenschaft usw. Nutzlosigkeit spielt nun eine untergeordnete Rolle, doch mag sie sich in bestimmten Fällen behaupten, zum Beispiel in »Verfall und Untergang des Römischen Reiches« oder »Die Steine von Venedig«[7]. Dann kommen Werke, die Informationen über aktuelle Geschehnisse vermitteln oder vorgeben, dies zu tun: nämlich Zeitungen. (Zeitungen sind so bedeutsam und eigenartig, dass ich weiter unten zu ihnen zurückkehren werde und sie an dieser Stelle nur hinsichtlich ihrer Position im Spektrum des Gedruckten nenne.) Dann kommen Werbung, Zeitpläne, Preislisten in Taxis und öffentliche Hinweise: die Warnung vor Taschendieben, die beiläufig eine Stimmung erzeugt, obwohl sie in erster Linie Informationen vermitteln soll, und dann die reine Informationsvermittlung des Wortes »Haltestelle«. Der Weg von der freien Dichtung zum Schild an einer Bahnstation ist lang, aber lückenlos. Wörter gehören zur gleichen Familie und verändern sich nicht, wenn sie in einem Buch oder auf einem Metallschild gedruckt werden. Sie unterscheiden sich aber anhand ihrer Funktion. Es gibt zwei Funktionen, und die Kombinationsmöglichkeiten dieser Funktionen sind unendlich. Wenn in einem irdischen Hause viele Wohnungen sind, dann im Hause der Wörter.

Hat man dieses Spektrum des gedruckten Wortes vor Augen, stellt sich wieder die Frage: Wissen Sie gerne, von wem ein Buch geschrieben wurde? Sollte ein Name darunterstehen? Nun wird es spannend. Offensichtlich sollte man wissen, wer einen Text geschrieben hat, der Informationen vermittelt. Denn Informationen sollten wahr sein; das ist der einzige Grund, warum es sie gibt. Wir müssen wissen, wer sie uns vorsetzt, damit diese Person zur Rechenschaft gezogen werden kann, wenn sie gelogen hat. Nachdem ich vergebens stundenlang unter dem Schild »Haltestelle« gewartet habe, ist es mein gutes Recht zu verlangen, dass es entfernt wird, aber dazu muss ich wissen, wer es aufgehängt hat. Macht man eine Aussage, setzt man seinen Namen darunter; das besagt der gesunde Menschenverstand. Nähert man sich aber der anderen Funktion von Wörtern an – der Erzeugung einer Stimmung –, verliert die Frage, wer etwas geschrieben hat, an Bedeutung. Es spielt keine Rolle, wer »Mein Geist, von Schlaf versiegelt« geschrieben hat, denn das Gedicht an sich spielt auch keine Rolle. Weist man es Ella Wheeler Wilcox zu, fährt die Bahn wie gewohnt. Es spielt kaum eine Rolle, wer »Julius Cäsar«

oder »Tom Jones« geschrieben hat. Sie enthalten Informationen über das antike Rom und England im achtzehnten Jahrhundert, und in dieser Hinsicht beurteilen wir die Verlässlichkeit der Informationen anhand ihrer Quelle, aber abgesehen davon bürgt der Name Charles Garvice[8] für genauso viel wie die Namen Shakespeare oder Fielding. Man kommt also zu folgenden Einsichten: erstens, dass ein Text, der Informationen vermittelt, nicht anonym sein sollte; zweitens, dass ein Text, der keine Informationen vermittelt, anonym sein darf.

Nun kann man noch tiefer auf diese Frage eingehen.

Was an einem Wort ist nicht Information? Ich habe dieses Element »Stimmung« genannt, aber es muss strenger definiert werden. Es findet sich nicht in einem bestimmten Wort, sondern in der Anordnung von Worten – anders gesagt, im Stil. Es beruht auf der Fähigkeit von Worten, uns zu erregen und unser Herz höher schlagen zu lassen. Es beruht aber auch auf etwas anderem, das sich ebenso unmöglich erklären lässt wie das Rätsel des Universums. Dieses »Andere« an Worten kann nicht definiert werden. Es bezieht sich auf die Fähigkeit von Worten, nicht nur eine Stimmung zu erzeugen, sondern eine ganze Welt zu erschaffen, die zeitweilig wirklicher und greifbarer scheint als das Alltagsleben mit seinen Taschendieben und Straßenbahnen. Uns ist vor der Lektüre von »Der alte Seemann« bekannt, dass keine Geister die antarktische See heimsuchen und dass das Erschießen eines Albatros einen Mann nicht zu einem Kriminellen, sondern einem Jäger macht, und sogar zu einem Naturforscher, wenn er den Albatros danach noch ausstopft. All dies ist bekannt. Liest man »Der alte Seemann« – oder ruft sich das Gedicht genaustens in Erinnerung –, überlässt das Bekannte seinen Platz dem Unbekannten. Man betritt eine Welt mit eigenen Spielregeln, die sich selbst trägt, in sich geschlossen ist und ihren eigenen Wahrheitsanspruch definiert. Informationen sind wahr, wenn sie stimmen; ein Gedicht ist wahr, wenn es sich zu einem Ganzen zusammenfügt. Informationen beziehen sich auf etwas anderes als sich selbst; ein Gedicht bezieht sich ausschließlich auf sich selbst. Informationen sind relativ, Gedichte absolut. Worte schaffen Welten jenseits von Raum und Zeit und dennoch weisen sie gewisse Züge beider auf: Sie sind ewig und unzerstörbar, gleichzeitig ist ihr Walten nicht stärker als das einer Blume; sie sind adamanten und doch nur, wie es einmal gesagt wurde, der Schatten eines Schattens; sie lassen sich am besten negativ definieren: Ihre Welt ist nicht diese Welt; ihre Gesetze sind nicht die der Wissenschaft oder Logik; ihre Sinnstiftung beruht nicht auf gesundem Menschenverstand. Sie hebeln herkömmliche Urteilskraft aus.

Nun kommt der springende Punkt. Rückt beim Lesen von »Der alte Seemann« nicht nur alles, was man über Astronomie und Geografie und gängige Moralvorstellungen gelernt hat, in den Hintergrund, sondern auch der Autor? Verpufft Samuel Taylor Coleridge – Dozent, Opiumesser und Dragoner – nicht zusammen mit dem Rest der Welt der Informationen? Man erinnert sich an ihn vor und nach der Lektüre des Gedichts, aber während des Lesens gibt es nichts außer des Gedichts. Während man »Der alte Seemann« liest, verändert sich also das Gedicht: Es wird anonym wie »Sir Patrick Spens«. Das bringt mich zu meiner Hauptaussage: Literatur strebt nach dem Zustand der Anonymität, und insofern Worte etwas erschaffen, lenkt ein Name nur von ihrer wahren Bedeutung ab. Dies bedeutet nicht, dass Literatur anonym sein »sollte«, denn die Literatur ist voller Leben und »sollte« gar nichts. Sie »will« anonym sein, das ist der Punkt. Sie strebt beständig nach diesem Zustand und verkündet sozusagen: »Ich bin es, was zählt, nicht wer mich erschaffen hat«. So tun es auch Bäume und Blumen und trotz der Mahnworte der Kirche und der Wissenschaft bestehen auch die Menschen darauf, dass sie sind, was zählt, und nicht Gott. Es liegt in der Natur der Schöpfung, dass der Schöpfer dabei vergessen geht. Sich an ihn zu erinnern, bedeutet, die eigene Jugend zu vergessen. Die Literatur will sich nicht erinnern. Sie ist lebensfroh, aber nicht im vagen und schmeichelnden Sinn dieses Ausdrucks; sie klammert sich an das Leben und ist stets darauf bedacht, die Spuren zur Werkstatt zu verwischen.

An dieser Stelle könnte man entgegnen, dass Literatur Persönlichkeit ausdrücke und dass sie einer individuellen Sichtweise entspringe, weshalb man mit gutem Recht wissen dürfe, wer einen Text geschrieben habe. Er gehöre einer Person und diese verdiene Anerkennung.

Ein wichtiger Einwand, aber auch ein neumodischer, denn weder beim Schreiben noch beim Lesen genoss Persönlichkeit in der Vergangenheit den hohen Stellenwert, der ihr heute beigemessen wird. Homer war sie nicht wichtig, und auch nicht den verschiedenen Menschen, die Homer waren. Den Autoren der »Griechischen Anthologie«[9], die ein Gedicht schrieben und es dann beständig in fast gänzlich identischen Worten umschrieben, war sie nicht wichtig. Für sie zählte das Gedicht, nicht der Dichter; sie waren überzeugt, dass sie durch dieses fortlaufende Umschreiben die perfekte und natürliche Ausdrucksform des Gedichts finden würden. Den Balladensängern des Mittelalters, die ihre Namen nie einem Werk beifügten, wie auch den Architekten der Kathedralen, war sie nicht wichtig. Weder beim Schreiben noch dem Übersetzen der Bibel spielte sie eine Rolle. Das Buch Mose besteht aus mindestens drei verschiedenen Quellen – dem Jahwist, dem Elohist und der Priesterschrift –, die in Jerusalem von einem Komitee auf Geheißen King Josias zusammengefügt und dann von einem Komitee auf Geheißen James I. in London ins Englische übersetzt wurden. Trotzdem gilt das Buch Mose als Literatur. Damals wusste man schon, dass die Worte eines Menschen seine Persönlichkeit ausdrückten, aber im Gegensatz zu uns machte man keinen Kult daraus. Bestimmt lag man damit richtig und bestimmt geht man mit dem Pochen auf Persönlichkeit in der zeitgenössischen Kritik zu weit.

Es geht zu weit, weil dabei nicht darüber nachgedacht wird, was Persönlichkeit bedeutet. Ebenso wie ein Wort zwei Funktionen hat – Information und Stimmung –, besteht jeder Mensch aus zwei Persönlichkeiten: eine an der Oberfläche, eine in der Tiefe. Die Oberflächenpersönlichkeit trägt einen Namen, zum Beispiel S. T. Coleridge oder William Shakespeare oder Mrs. Humphrey Ward[10]. Sie ist bewusst und wachsam, geht zum Abendessen in ein Restaurant, beantwortet Briefe usw., und sie unterscheidet sich deutlich und auf amüsante Weise von anderen Persönlichkeiten. Die Tiefenpersönlichkeit ist eine sonderbare Sache. In vieler Hinsicht ist sie vollkommen närrisch, aber ohne sie entsteht keine Literatur, denn nur wenn man gelegentlich einen Eimer in sie herunterlässt, wird man in der Lage sein, ein erstklassiges Werk zu schaffen. Sie hat etwas Allgemeines. Obwohl sie sich in den Tiefen eines S. T. Coleridges befindet, kann man sie nicht bei seinem Namen nennen. Sie teilt etwas mit allen anderen Tiefenpersönlichkeiten. In der Mystik nennt man dieses Gemeinsame Gott und glaubt, dass man sich hier, in den unerforschten Winkeln unseres Wesens, dem Göttlichen annähert. So oder so ist sie die Kraft, aus der Anonymität entsteht. Aus den Tiefen schwingt sie sich in Höhen, in denen Fragen über ihren spezifischen Ursprung keinen Belang haben. Da alle Menschen sie teilen, haben die von ihr inspirierten Werke etwas gemeinsam, nämlich Schönheit. Gedichte werden fraglos von Personen geschrieben, aber diese sind sich ihrer selbst beim Schreiben nicht bewusst, ebenso wie man sie beim Lesen vergisst. Große Literatur ist wundervoll, weil man sich beim Lesen der Person annähert, die sie geschrieben hat, und so den schöpferischen Drang auch in sich selbst weckt; man verliert sich in der Schönheit, in der sich der Schöpfer oder die Schöpferin verloren hatte, und gewinnt dadurch mehr, als man je verlor. Es bringt uns zu einem Unterschlupf, in dem der Geist sich heimisch fühlt, und es ruft in Erinnerung, dass am Anfang nicht ein Mensch war, sondern das Wort.

Ein Blick auf ein paar Schriftsteller, die nicht erstklassig genannt werden können – Charles Lamb[11] und R. L. Stevenson[12] –, veranschaulicht diesen Gedanken. Sie sind begnadete, sensible, verspielte, tolerante und lustige Gesellen, aber sie schreiben ausschließlich mit ihren Oberflächenpersönlichkeiten und lassen niemals einen Eimer in die Unterwelt herab. Lamb versuchte es gar nicht erst: »Eieieieieimer«, hätte er gesagt, »das übersteieieieieigt mich«, und ist deswegen als Schriftsteller umso gefälliger. Stevenson hingegen tat wirklich sein Bestes, doch entweder blieb der Eimer stecken oder war nach dem Aufziehen gefüllt mit dem R.L.S., der ihn heruntergelassen hatte – gefüllt mit den Angewohnheiten, der Unsicherheit, der Sentimentalität und der Beschaulichkeit, die er vermeiden wollte. Jeder Satz ist mit vollständigem Namen unterzeichnet, und dies gilt auch für Lamb. Sie jagen ihre Leserschaft von Seite zu Seite und wahre Freude bleibt aus. Sie sind Briefeschreiber, nicht Künstler, und es ist kein Zufall, dass beide charmante Korrespondenz produzierten. Briefe kommen von der Oberfläche: Sie beschäftigen sich mit dem Tagesgeschehen oder mit Plänen, und natürlich unterzeichnet man sie mit seinem Namen. Literatur versucht, dies zu vermeiden. Der Beweis dafür ist, dass man häufig hört: »Das ist wieder typisch Lamb!« oder: »Typisch Stevenson!«, aber niemals: »Das ist wieder typisch Shakespeare!« oder: »Typisch Dante!« Man ist sich nur der Welten bewusst, die sie geschaffen haben, und nimmt gewissermaßen an ihrer Schöpfung teil. Coleridge bewegt sich in bescheideneren Gefilden, doch auch er lässt seine Leserschaft an seiner Schöpfung teilhaben. Diese vergisst zeitweise seinen, aber auch ihre eigenen Namen; zeitweiliges Vergessen, diese momentane und gemeinsame Anonymität, ist der klare Beweis für ein hervorragendes Werk. Die gegenwärtig vorherrschende Meinung, dass Literatur Persönlichkeit ausdrücken solle, ist mir viel zu penetrant, und ich wünsche mir die Rückkehr früherer Formen der Kritik, in der ein Gedicht nicht als ein Ausdruck, sondern eine Entdeckungsreise galt, und manchmal sogar als eine göttliche Eingebung.

Die Persönlichkeit wird allerdings wichtig, sobald ein Buch zu Ende gelesen wurde und man mit der Analyse beginnt. Wenn der Glanz des Erschaffenen verblasst und das Rauschen in den Blättern des göttlichen Baumes verstummt ist, wenn man nicht mehr an der Schöpfung teilhat, dann verändert sich der Charakter eines Buches. Dann kann man bestimmte Fragen stellen, zum Beispiel: Wer hat es geschrieben? Wo lebte diese Person? War sie verheiratet? Was war ihre Lieblingsblume? Dann liest man das Buch nicht mehr, sondern analysiert es und ordnet es dem Verlangen nach Informationen unter.

»Analysieren« klingt andächtig. »Ich analysiere Dante« klingt nach viel mehr als: »Ich lese Dante«. In der Tat ist es viel weniger. Analyse ist lediglich ernst gemeinter Tratsch. Dank ihm lernt man alles über ein Buch, außer das Wesentliche, wobei ein Wall rund um dieses errichtet wird, den man nur auf den Schwingen des inspirierten Geistes überwinden kann. In der Wissenschaft, Historik usw. ist die Analyse notwendig und angebracht, denn diese Disziplinen gehören der Welt der Informationen an, aber im schöpferischen Feld der Literatur … birgt die Analyse eine übermäßige Gefahr und sollte nie von unreifen Menschen versucht werden. Das moderne Bildungssystem fördert die ungezügelte Analyse der Literatur und konzentriert sich auf die Beziehung zwischen Biografie – Biografie der Oberflächenpersönlichkeit – und Werk. Das ist nur ein Grund, warum Analyse ein solcher Fluch ist. Über den Akt des Lesens kann man keine Fragen stellen, weil, in den Worten Paul Claudels »la paix succède à la pensée«[13]. Man kann keine Prüfung über »Der Alte Seemann« halten, weil das Gedicht das Herz berührt und geschrieben wurde, um das Herz zu berühren – täte es dies nicht, wäre es gar nicht erst entstanden. Fragen stellen sich erst, wenn das Wesentliche des Gedichts aus dem Blickfeld gerät und man stattdessen wissbegierig und methodisch vorgeht.

Zum Abschluss noch eine Bemerkung über Zeitungen, denn sie bringen ein interessantes und mit dem Thema verwandtes Problem zur Sprache. Ich habe schon angemerkt, dass eine Zeitung Informationen über Aktualitäten vermittelt oder dies zumindest vorgibt. Ihr Wahrheitsanspruch basiert nicht auf sich selbst, wie das bei einem Gedicht der Fall ist, sondern auf den Fakten, die sie vermitteln, ebenso wie das Schild an der Bahnstation. Die Morgenausgabe landet auf dem Frühstückstisch, gänzlich überladen mit Wahrheiten über die Welt. Wahrheit, Wahrheit, nichts als die Wahrheit. Das Bankett stillt den Appetit aber nicht und am Nachmittag kauft man eine Abendausgabe, die, wie der Name es schon sagt, am Mittag veröffentlicht wurde, und macht sich erneut ein Festmahl daraus. Am Ende der Woche kauft man eine Wochenzeitung oder eine Sonntagsausgabe, die offensichtlich am Samstag gedruckt wurde, und am Ende des Monats eine Monatszeitung. So bleibt man über die Geschehnisse informiert, wie es sich für praktisch denkende Menschen gehört.

Aber wer sorgt dafür, dass man informiert bleibt? Wer legt die Informationen vor, anhand derer man seine Urteile bildet und die letzten Endes auch den eigenen Charakter beeinflussen? Verblüffend ist, dass man es selten weiß. Zeitungsartikel sind größtenteils anonym. Es werden Aussagen gemacht, ohne einen Namen zu geben. Man stelle sich vor, eine Zeitung berichtete über den Tod des Kaisers von Guatemala. Zuerst fühlt man sich leicht bestürzt. Aus einem überheblichen Anstandsgefühl bedauert man das Ereignis, obwohl der Kaiser keine Rolle im eigenen Leben spielte, und die Ladys sagen sich gegenseitig: »Die arme Kaiserin tut mir schrecklich leid«. Aber schon erfährt man, dass der Kaiser nicht tot sein kann, da Guatemala eine Republik ist, und die Kaiserin keine Witwe, weil es sie nicht gibt. Wenn der Name des verantwortlichen Dummkopfs bekannt wäre, könnte man alles, was er zukünftig schreiben wird, ignorieren. Wenn ein Beitrag ohne Namen veröffentlich wird, was häufiger der Fall ist, oder aus der Feder »unseres Sonderkorrespondenten« stammt, kann man sich nicht vor weiteren Falschinformationen schützen. Der Mensch, der über Guatemala schrieb, wird sich als Nächstes vielleicht den Zusammenbruch des Frankens vornehmen und seine Leserschaft darüber hinters Licht führen.

Es scheint widersprüchlich, dass ein Artikel einen bleibenderen Eindruck hinterlässt, wenn er anonym veröffentlicht wurde; eine bestimmte Schwäche der menschlichen Psychologie sorgt dafür. Anonyme Aussagen haben eine universelle Aura, wie oben besprochen. Die absolute Wahrheit, die gesammelte Weisheit des Universums, scheint sich nicht der zitternden Stimme eines einzelnen Menschen zu bedienen. Heutzutage nutzen Zeitungen diesen Umstand aus. Das Ganze ist eine üble Karikatur der Literatur. Zeitungen haben sich am göttlichen Streben nach Anonymität vergriffen; sie erheben für Informationen Anspruch auf etwas, das ausschließlich dem kreativen Schaffen angehört. Sie werden es so lange weitertreiben und die psychologische Schwäche ausnutzen, wie wir es erdulden. »Die erhabene Aufgabe der Presse«. Die arme Presse! Als ob sie in der Lage wäre, eine Aufgabe zu haben! Es liegt an uns, etwas zu unternehmen. Es ist nicht möglich, einen Menschen mithilfe von Zeitungen oder Propaganda jeglicher Art zu heilen; man kann höchstens die Symptome seiner Erkrankung verändern. Einzig die Entwirrung des Verstands verspricht Heilung. Zeitungen legen die Öffentlichkeit nicht in erster Linie mit ihren Lügen herein, sondern indem sie diese bestimmte menschliche Schwäche ausnutzen. Sie verwechseln beständig die beiden Funktionen von Wörtern und erwecken den Anschein, dass die Sätze, »Kaiser von Guatemala gestorben« und »Mein Geist, von Schlaf versiegelt« in die gleiche Kategorie gehörten. Sie reißen Privilegien an sich, die ausschließlich dem Nutzlosen angehören, und sie werden dies so lange tun, wie wir es zulassen.

Hiermit enden diese Betrachtungen. »Sollten Texte anonym sein?« Diese auf den ersten Blick einfache und eigenständige Frage konnte nur beantwortet werden, indem zuerst das Wesen der Wörter bedacht und zwischen ihren beiden Funktionen unterschieden wurde. Beruft man sich auf den gesunden Menschenverstand, stellt man dabei bald fest, dass Informationen nicht anonym sein sollten. Zeitungen, deren Artikel größtenteils anonym veröffentlicht werden, haben dadurch ihren unerwünschten Einfluss gewonnen. Kreatives Schaffen entpuppte sich als eine komplizierte Frage. Literatur strebt nach Anonymität, so meine These. Kreatives Schaffen entspringt der Tiefe – in der Mystik würde man von Gott sprechen. Eine Unterschrift, ein Name, gehören der Welt der Oberflächenpersönlichkeit an, der Welt der Informationen. Sie sind die Etiketten, nicht das Wesen, des Lebens. Beim Schreiben vergisst man den eigenen Namen; beim Lesen eines Textes vergisst man ebenfalls den Namen der Person, die ihn geschrieben hat, sowie den eigenen. Nach Abschluss der Lektüre stellt man sich Fragen und analysiert ein Buch und die Person, die dahintersteht; wir zerren beide in das Reich der Informationen. Auf diese Weise lernt man unzählige Dinge, aber das Wertvollste kommt abhanden. Abgelenkt von all den Fragen und Antworten, dem reißenden Strom an Tratsch und Prüfungen, vergisst man den Grund, aus dem etwas geschaffen wurde. Dies ist kein Aufruf zur Ehrfurcht, diese ist für Literatur tödlich. Dies ist ein Plädoyer für etwas Essenzielleres: Vorstellungskraft. »Die Vorstellungskraft ist der unsterbliche Gott, der Fleisch werden soll zur Erlösung von irdischem Leiden« (Percy Shelley). Die Fantasie ist der einzige Zugang zu den von Worten erschaffenen Welten. Ob diese Worte anonym sind oder nicht, spielt keine Rolle mehr, sobald man von der Vorstellungskraft erlöst wird, denn nun nähert man sich dem Zustand an, in dem die Worte geschrieben wurden, und in diesen Tiefen gibt es keine Namen, keine Persönlichkeit im allgemeinen Sinn, keine Ehe und kein Geben des Namens in der Ehe. Was genau dort unten ist, das benötigt einen anderen Ansatz, aber man wünscht sich, dass die Religion und Wissenschaft ihn zukünftig erfolgreicher verfolgen wird als bisher.

# *Brauchen wir Kultur?*

## *I*

Kultur ist ein gebieterisches Wort, doch ich kenne kein besseres, um die verschiedenen schönen und spannenden Dinge zu benennen, die in der Vergangenheit von Menschenhand geschaffen und an uns weitergegeben wurden und die einige von uns an die Nachwelt weitergeben möchten. Viele Menschen verpönen diese Dinge. Sie beharren darauf, dass dieses Kulturzeugs zu viel Platz und Zeit einnehme und man es daher besser verschrotte. Und sie beharren etwas weniger vehement darauf, dass wir in einer neuen, von der Wissenschaft bereinigten Welt lebten, in der man aus der Tradition keinen Profit schlagen könne. Die Wissenschaft werde auch den Menschen unermüdlich bereinigen, und zwar in immer knapperen Abständen. Der Rundfunk und das Kino haben das Bühnenschauspiel weggewischt, und schon bald mag etwas Neues die Filmindustrie und die Rundfunkgesellschaften wegwischen. Bleibt in einer solch gesäuberten Welt noch Platz für die Brandenburgischen Konzerte oder eine zurückgezogene Lektüre Dantes oder die Mosaike in der Hagia Sophia oder auch Fotografien dieser? Eher werden wir uns tagsüber in die

Arbeit und in unserer Freizeit in das stürzen, was den geringsten Aufwand erfordert.

Eine fürchterliche Prognose, deren Eintreten ich mit aller Kraft – und unbesorgt, dass ich dabei nicht unvoreingenommen sein kann – verhindern möchte. Es ist schlichtweg unmöglich, bei Fragen des Glaubens unvoreingenommen zu sein – Religionen haben dies erwiesen –, und mein Glaube an das Kulturzeugs ist so stark, dass mich nichts von der Überzeugung abbringen kann, dass es auch anderen Menschen etwas bedeuten müsse und dass es uns überall im Weg liegen solle. Glaube schürt auch Häme: Ich freue mich stets, wenn die Kultur ihren Feinden eins auswischt. Beispielsweise bereitete mir eine Aussage Richard Terrys, dem Organisten der Westminster-Kathedrale, höllische Freude. In einer Rede vor jungen Musikern in Blackpool hielt er fest, dass sie vor einer Wahl stünden: Sie könnten entweder Männer oder Schnulzensänger werden, jedoch nicht beides. Ein Sturm im Wasserglas brach aus. Mr. Jack Payne und Mr. Henry Hall, ihres Zeichens Leiter von Tanzensembles, waren zutiefst erzürnt, und die weniger umsichtigen Mitglieder ihrer Truppe sprachen mit der Presse. Ein Schnulzensänger warf ein, dass er und seine Freunde Sir Richard ohne Weiteres in den Boden stampfen könnten, weshalb kein Zweifel an ihrer Mannhaftigkeit bestehen könne. Ein anderer bemerkte, dass er und seine Freunde mehr Geld verdienten als Sir Richard und seine Freunde, weshalb kein Zweifel an ihrer Musikalität bestehen könne. Die Selbstherrlichkeit und Eingebildetheit dieser Unterhaltungsfritzen zeichneten sich mit erstaunlicher Klarheit ab. Sie schienen in einem ewigen Tanztee zu leben, den sie für das Universum hielten, und sie konnten es nicht ausstehen, geneckt zu werden. Ich höre mir gelegentlich gerne eine Schnulze oder auch das Gedröhne einer Wurlitzerorgel an, und Sir Richard Terrys Spezialgebiet, das Madrigal, langweilt mich. Trotzdem handelt es sich bei der Musik, für die er und seinesgleichen stehen, um wertvolles Zeugs, für das wir einstehen sollten und das es sich gelegentlich erlauben darf, anderen eins auszuwischen. Denn in der Regel befindet sich die Kultur, die man heute mit erschreckender Feindseligkeit behandelt, auf dem Rückzug.

Natürlich hatten die meisten Menschen noch nie etwas für die Klassiker übrig, ob in der Musik oder sonst wo, allerdings nahmen sie sie mit Gleichgültigkeit, anzüglichem Humor oder Gutmütigkeit entgegen und machten sich nicht die Mühe, sie zu verurteilen. »Nicht mein Geschmack, zu zahm«, sagte man, oder »Klingt wie eine kranke Katze, miaauu«, oder »Puh, ihm muss es dreckig gegangen sein, dass er blaue Äpfel gesehen hat« – ehemals typische Reaktionen auf Racine beziehungsweise Stravinsky oder Cézanne. Weiter als »Nicht mein Ding« ging es nicht. Doch nun verpufft die Gutmütigkeit, das Gelächter verwandelt sich in ein höhnisches Grinsen und die typische Reaktion lautet: »Was erlaubt sich diese sogenannte Kunst? Wenn es nach *mir* ginge …« Mrs. Leavis hat diese Feindlichkeit in ihrer Studie des englischen Romans zutreffend analysiert. Sie zeigt auf, dass Verkaufsschlager zwar bereits seit zweihundert Jahren geschrieben wurden, aber sich erst seit Kurzem ihrer Kraft bewusst geworden sind, und dass kommerziell erfolgreiche Autoren und Autorinnen der Gegenwart neuerdings ihren literarisch gesinnten Brüdern und Schwestern feindlich gesinnt sind – eine Einstellung, die von der Presse und auch den billigen Bibliotheken weitgehend unterstützt wird. Mrs. Leavis' Perspektive führt leicht zu Selbstgefälligkeit, doch ich ziehe Überheblichkeit der Kriecherei vor. Es ereignete sich einst ein sonderlicher Fall, der in mehreren Spalten der »Times« ausgetragen wurde. Ein beliebter Komödiant war während einer Ausstrahlung der B.B.C. abgeschnitten worden, wonach sich die sonst so starrsinnige Rundfunkgesellschaft regelrecht katzbuckelte und entschuldigte und die gräuliche Missetat in peinlichster Manier zu erklären versuchte. Später erschien die Antwort des Komödianten, der sich beschwichtigt zeigte und sogar dazu bereit erklärte, auch in Zukunft wieder im Radio zu erscheinen. Ich frage mich, welches Tamtam ein Philosoph oder eine Dichterin veranstaltet hätten, wenn man sie im Radio abgeschnitten hätte, und auch, wie viele Spalten des Bedauerns man ihnen in der Tagespresse gewährt hätte.

Solche Vorfälle, so banal sie scheinen mögen, weisen darauf hin, dass die Vergangenheit und die Werke, die der Vergangenheit entspringen, wenig Achtung gebieten und bald über Bord geworfen werden. In diesen unruhigen Zeiten ist es unsere Pflicht, dieses alte Zeugs zu großen Teilen ans Ufer zu retten, und mit altem Zeugs beziehe ich mich nicht nur auf Bücher, Gemälde und Musik, sondern auch auf die Fähigkeit, sich an ihnen zu erfreuen und sie zu verstehen. Wenn diese Fähigkeit verloren geht, werden die Bücher und alles andere in Museen verschwinden und sterben oder nur als absurde Karikaturen überleben. In »Babbitt« beschreibt Sinclair Lewis eine Gesellschaft ohne Tradition, die sich folglich sowohl im Beruf als auch in der Freizeit nur mit Müll beschäftigen kann. Man hatte zwar von der Vergangenheit gehört, war aber nicht in der Lage, sich an ihr zu erfreuen oder sie zu verstehen. Ein düsterer Moment während einer Séance, bei der Dantes Geist heraufbeschworen wird, verbildlicht dies. Die versammelte Gruppe kennt Dante als einen Mann, der sich die Finger verbrannte, und so erscheint er als solcher und kehrt nach einer kurzen Plauderei und mit einem zufriedenen Grinsen zu seinen Flammen zurück. Er wurde zu einer wahren Witzfigur, und scheinbar wird ihm im sowjetischen Russland ein ähnliches, wenngleich weniger extremes Schicksal zuteil. Zwar wurde er dort ans Ufer gerettet, aber auch als Sadist abgestempelt. Soll heißen, die Fähigkeit, ihn zu verstehen, ging am anderen Ufer vergessen. In der Tat besagen die Worte, die laut Dante an den Toren der Hölle stehen, dass diese von Gottes Kraft, Weisheit und Liebe geschaffen wurden (Fecemi la divina Potestate / La somma Sapienza e il primo Amore), und weder im Mittleren Westen Amerikas noch in der Sowjetunion noch hier werden wir dem beipflichten können. Doch wir sollten versuchen, es zu verstehen, und wir sollten versuchen, unseren Verstand seinem anzugleichen, selbst wenn wir unseren dazu dehnen und strecken müssen. Die Aussagen der Vergangenheit bilden oft unwirtliches Gelände, doch mithilfe geübter Vorstellungskraft kann man sich zu ihrem Kern durchschlagen. Dante erscheint mir als Fallbeispiel. Geben die Menschen ihn auf, ist es ein klares Anzeichen dafür, dass sie Kultur über Bord werfen, da ihnen der Seegang zu stark wird, und sie sich lieber ohne Dante, ohne Shakespeare und ohne alles ans andere Ufer retten.

Das Leben am anderen Ufer stelle ich mir durchaus nicht als Albtraum vor. Es wird Arbeit und Unterhaltung für alle geben, doch zwischen Arbeit und Unterhaltung wird man unterscheiden: Die Arbeit wird mechanisch sein, die Unterhaltung belanglos. Gibt man Tradition und Kultur auf, verliert man die Fähigkeit, Arbeit und Unterhaltung zu verbinden und aus dem Leben ein harmonisches Ganzes zu machen. Die Vergangenheit hat dieses Ziel selbst nie erreicht, doch sie kann uns helfen, es zu erreichen – aus diesem Grund ist sie nützlich. Schnulzensänger, Verkaufsschlager, Wurlitzerorgeln, Radiokomödianten, Filmsternchen und Mickey-Mäuse können uns dabei nicht behilflich sein; ihr Gewicht liegt ausschließlich auf einer Waagschale und verstärkt das Ungleichgewicht. Solange sie sich nicht überschätzen, richten sie keinen Schaden an. Doch wenn sie sich brüsten und die besten Plätze für sich beanspruchen und sie auch noch zugesprochen bekommen, dann läuft etwas aus dem Ruder. Das Leben am anderen Ufer mag nicht das eines Albtraumes sein, doch einige von uns mögen den Schlaf, der keine Träume schürt, bevorzugen.

## 2

Kultivierte Menschen sind wie Tintenkleckse im Meer. Sie vermischen sich guten Mutes mit anderen Klecksen; vergangen sind die Tage, in denen kultivierte Menschen sich nur mit ihresgleichen abgaben und es ihnen in der Gegenwart jedes Menschen, dessen Innenleben sich von dem ihrigen unterschied, vor Furcht die Sprache oder den Atem verschlug. Zum guten Glück funktioniert Kultur nicht mehr als gesellschaftliches Mittel, das man als Barriere gegen den Pulk oder Leiter zum Adel einsetzen kann. Dies ist eine der wenigen Verbesserungen, die sich in England seit dem letzten Krieg eingestellt haben, und sie wurde treffend von Mrs. Woolf in ihrer Biografie von Roger Fry beschrieben, in der sie den Verfall der Kultur als Gepflegtheit oder Mode sowie die Entwicklung des Elements der Unterhaltung nachzeichnet.

Wie dem auch sei, wir sind Kleckse im Meer. Nur wenige Menschen teilen unsere Freuden. Stecken wir doch unsere Köpfe zusammen (wir sind ja eine bescheidene Gruppe) und betrachten unser besonderes Problem, unseren besonderen Segen, unseren besonderen Jammer. Wen dies nicht interessiert, kann weghören. Zusammen flüstern wir also in einer Ecke der Welt, die mit anderen und lauteren Geräuschen erfüllt ist.

Treten Sie näher. Wir müssen uns in erster Linie die Frage stellen, ob sich das, worüber wir verfügen, weiterzugeben lohnt. Grob zusammengefasst verfügen wir über ein bescheidenes Wissen über Bücher, Gemälde, Melodien, Runen und auch ein wenig über deren Verständnis. Neben Gasheizungen und unter elektrischen Lampen sitzend haben wir eine etwa dreitausendjährige Tradition geerbt. Diese Tradition erfreute sich zeitweilig der Beliebtheit, überlebte aber hauptsächlich durch die Gönnerschaft des Adels. In der Vergangenheit kam die Oberschicht für die Kultur auf. Diese wusste indes nicht immer, wofür sie eigentlich bezahlte, dennoch bezahlten sie aus ähnlichen Gründen, wie sie zur Kirche gingen: Es ziemte sich und es war eine Art Snobismus, und so erhielt die Kunst hier eine Mahlzeit, dort eine Pfründe und die kreative Arbeit bestand fort. Die Weltanschauung der Menschen an der Spitze unserer Gesellschaft ist in verschiedener Hinsicht weniger verklärt und aufrichtiger als diejenige der Oberschichten der Vergangenheit, und sie weigern sich, für etwas zu bezahlen, das sie nicht begehren. Die Geräusche aus der Wohnung über uns lassen mich schließen, dass die Nachbarn sich weder Bücher, Gemälde, Melodien, Runen als auch jegliches anderes solches Zeugs wünschen, das wir ihnen nahelegen würden. Sollten wir sie damit belästigen? Sollten wir uns, während sie ihren eigenen Leben nacheifern, tantenhaft vor ihnen aufbauen, als hätten wir die Arme voller Päckchen und sagen: »All das wurde mir ausdrücklich für Sie gegeben … Sophokles, Velázquez, Henry James … ich befürchte, sie sind nicht allzu leicht, aber mit der Zeit werden Sie sie liebgewinnen, und wenn Sie sie mir nicht abnehmen, wer dann … bitte … ich bitte Sie … sie sind wirklich wichtig, sie sind Kultur.«

Wir können davon ausgehen, keine bejahende Antwort zu erhalten, aber, ob wir zurückgewiesen werden oder nicht, was sollen wir unternehmen? Das ist unser Problem, über das wir uns hier zuflüstern, während die Nachbarn sich über den Handelspreis von Batterien oder die schnellste Verbindung zwischen Balham und Ealing streiten. Sie kümmern sich nicht um das Zeugs, das wir anzubieten haben. Das Interesse an Kunst und Literatur, das John Ruskin und William Morris festzustellen glaubten, ist versiegt. Die Nachbarn werden uns die Päckchen nicht abnehmen, es sei denn, wir verlocken sie geschickt dazu, denn sie sind Durchschnittsbürger und Durchschnittsbürgerinnen unserer Zeit und treten als solche den Werken der Vergangenheit entweder gleichgültig gegenüber (die Position der Industrie und der Gewerkschaften) oder beäugen sie misstrauisch (die kommunistische Position) und weisen sie zurück, bis sie in Moskau desinfiziert worden sind. Hier in England, wo die Privatwirtschaft noch die Oberhand hat, herrscht Gleichgültigkeit vor. Ich kenne einige Leute aus der Arbeiterklasse, die sich an Kultur erfreuen, aber ich befürchte, dass ich sie damit langweile und so ihre Bekanntschaft aufs Spiel setze. Was soll man also machen?

Es ist verlockend, gar nichts zu tun; Kultur nicht zu empfehlen; davon auszugehen, dass es zukünftig keine mehr geben wird oder sie eine Form annehmen wird, die wir nicht verstehen können; einfach weiterhin tantenhaft herumzustehen und an den Päckchen festzuhalten und aufzuhören, herumzuzappeln. Diese Einstellung ist würdevoll und hat den zusätzlichen Vorteil, dass ich sie mit meinem Respekt für meine Nachbarn, die über mir streiten, vereinbaren kann. Wer bin ich denn, dass ich sie belangen könnte? Als Auslaufmodell gefallen mir andere Auslaufmodelle und bin dazu bereit, in ihrer Gesellschaft aus dem Blickfeld zu schwinden, der Hinterbliebene eines Lebens, das niemanden mehr interessiert. Stimmen Sie mir zu? Setzen wir uns zu Boden und lasst uns erzählen ohne Missmut traurige Geschichten über den Tod von Königen, wir, die letzten ihrer Nachkommen. Lasst uns den Wein trinken, den sonst niemand kosten möchte, obschon er aus den Rebbergen Griechenlands, aus den Gärten Persiens stammt. Lasst uns das Glas zerschmettern, denn niemand schenkt ihm jegliche Bewunderung, niemand sorgt sich mehr über die Qualität der Formen. Ohne Gram und ohne Eingebildetheit lasst uns Abschied nehmen. Die Zeit hat uns bloß ein Bein gestellt, weder Schmach noch Stolz gebührt uns.

Die Schwierigkeit ist, dass die erhabenen Freuden nicht Weine oder Gläser sind. Sie gleichen eher einer Religion, und es ist unmöglich, sich an ihnen zu erfreuen, ohne sie mit anderen teilen zu wollen. Jemand, der ein Kunstwerk erlebt, wird auf seine eigene Weise zu einem

Künstler; er kann nicht ruhen, ohne anderen mitzuteilen, was ihm zuteilwurde. Dieser Impuls kann verschiedene Formen annehmen, zum Beispiel Didaktik oder auch Kritik, doch beides ist ein Abglanz des glühenden Feuers, dessen Auslöschung das Ende der Verkündung der frohen Botschaft bedeutet. Daher ist es unmöglich, allein mit seinen Büchern und Drucken herumzusitzen, oder nur mit Gleichgesinnten, und sich nicht an Außenstehende zu wenden. Selbstverständlich wäre Dogmatismus ein Fehler, und sogar der Toleranz und taktvoller Zurückhaltung haftet zu viel des Missionierungsgeistes an, um eine befriedigende Alternative zu bieten. Das Evangelium der Kultur erfordert, dass man sein eigenes kleines Licht leuchten lässt, um die Neugier anderer zu wecken, sodass sie fragen, warum uns Sophokles, Velázquez und Henry James solch unmäßige Freude bereiten. Man muss auf dieser Freude bestehen. Wenn man die »Klassiker« als trist und säuerlich anpreist, wird sie niemand kosten wollen. Aber wenn kultivierte Menschen wie der verstorbene Roger Fry[14] offensichtlich Spaß haben, werden andere versucht sein, daran teilzuhaben und herauszufinden, warum es ihnen solche Freude bereitet.

Weiter werden wir – die sich in einer Ecke unserer unscheinbaren Wohnung zuflüstern, während oben die Nachbarn, die über lautere Stimmen verfügen als wir, über die Verbindung zwischen Balham und Ealing streiten – mit der Betrachtung unseres Problems nicht kommen. Bedenken Sie übrigens, dass es sich bei uns nicht um Künstler oder Künstlerinnen handelt, die einen anderen Ansatz wählen könnten und gewiss dringendere Aufgaben haben. Unsere Hauptaufgabe ist es, uns zu erfreuen und nicht den Mut zu verlieren, und Kultur zu verbreiten, nicht etwa, weil wir unsere Mitmenschen lieben, sondern weil wir bestimmte Dinge für einzigartig und unersetzbar halten und diese uns regelrecht dazu drängen, in ihrem Auftrag in der Welt zu handeln. Es ist ein Evangelium, und zwar kein vollkommen gütiges; es ist die Inbrunst, anderen mitzuteilen, was man selbst erfahren hat. Kunstwerke besitzen diese sonderbar fordernde Eigenschaft: der Seelenzustand, in dem sie geschaffen wurden, haftet ihnen an und lässt alle, die ihre Kraft gespürt haben, selbst im Kleinen zu Künstlern und Künstlerinnen werden.

# *Gemälde nicht sehen*

Es ist nicht einfach, sich Gemälde anzusehen. Sie bringen einen zum Träumen; bieten Material für Witze; lassen vage erinnertes historisches Wissen anklingen; stellen Landschaften dar, in denen man gerne herumwandern würde, und Menschen, denen man gerne ähnlich wäre oder die man schön findet; doch nichts von dem bedeutet, sich ein Gemälde anzusehen. Und trotzdem wurden sie gemalt, um angesehen zu werden. Gemälde wurden erschaffen, um das Auge anzusprechen, doch, wie wenn man in die Sonne blickt, verschließen sich die Augen, sobald sie mit ihnen in Kontakt kommen. Stattdessen übernimmt der Verstand die Zügel und folgt auf den Spuren einer fremden und derartig ansprechenden Vision, die ihn vergessen lässt, was ihn ursprünglich in Gang gesetzt hatte. Van Gogh und Corot und Michelangelo sind unterschiedliche Maler, doch wenn das Auge den Verstand nicht beherrscht und zügelt, versetzen uns alle drei möglicherweise in die gleiche Stimmung und führen uns jedes Mal auf dem gleichen Pfad durch das Traumland oder den Lustgarten, ohne dass wir je etwas Neues erleben.

Ich bin schlecht darin, mir Gemälde anzusehen, weshalb der verstorbene Roger Fry[15] mich hier und da gerne in eine Galerie begleitete. Es amüsierte ihn, zur Abwechslung mit einem Menschen dort zu sein, der beinahe nie sah, was gemalt worden war. »Sag, warum gefällt dir das? Warum gefällt dir dieses besser als jenes?«, fragte er mich und staunte jeweils über meine unsinnige Antwort. Eines Tages standen wir vor einer italienischen Predelle aus dem fünfzehnten Jahrhundert, auf der ein heiliger Georg einen plesiosaurusartigen Drachen mit einem Speer aufspießte. Ich musste lachen. »Nun, *was* ist denn so lustig?«, fragte Fry prompt, und ich erklärte es ihm bereitwillig. Die Komik lag im Gesichtsausdruck des Drachens; der Speer hatte seinen gewundenen Hals bereits einmal durchstochen, und nun schien die Kreatur erschrocken, da der Speer sich einer anderen Windung näherte. »Ach du meine Güte«, schien der Drache zu denken, »nicht noch einmal, ich hatte mich zu früh gefreut.« Fry musste ebenfalls lachen, aber nicht über das Unglück des Drachens; er war verblüfft, dass ich mich so gehen lassen konnte. Zwar tat dies niemandem weh, doch so ginge das doch nicht! Noch erstaunter war er, wenn uns dasselbe Gemälde begeisterte: »Es scheint mir, dass wir von verschiedenen Dingen sprechen«, entgegnete er oft und hatte damit stets recht. Mir gefiel ein Bergrücken, weil er mich an einen Pfau erinnerte, ihm, weil er eine strukturelle Funktion erfüllte (allerdings eine nicht so ausgeprägte wie der Kartoffelsack im Vordergrund).

Seit Jahren wandle ich meilenweise durch Galerien und ich bin mir sicher, dass diesen farbigen Tafeln, die wir »Gemälde« nennen, etwas Kostbares innewohnt – etwas, das ich selbst zwar nicht wahrnehmen, aber durch die Augen anderer erhaschen kann. Wie viel und was genau entgeht mir? Und ergeht es anderen ähnlich? Unser Zeitalter ist ein hörendes und kein sehendes; im Konzertsaal verlieren wir uns nicht dermaßen und scheinen in der Lage zu sein, die Musik nicht nur zu hören, sondern sie als Musik zu hören, während viele von uns in Galerien urplötzlich in Gelächter ausbrechen oder aufseufzen oder einem liebeshungrigen Tagtraum verfallen. Zwecklos mahnen die Gemälde: »Was haben eure Eigentümlichkeiten mit uns zu tun? Wir sind weder ein Varieté noch ein Sprungbrett, sondern Farbe. Seht euch unsere Farben an.« So versuchen wir es erneut – wobei die Gemälde gutmütig still bleiben, in welcher Hinsicht sie zuvorkommender sind als Musik – und sehen sie an. Doch irgendetwas wird uns zwangsläufig ablenken – die Locke einer Frisur, die halb offene Tür einer Sommerresidenz, der Leckerbissen eines Crivelli[16], das dämonische Durcheinander eines Bosch[17] – und uns auf Irrwege führen.

Etwas, das uns das Sehen erleichtern kann, ist die Komposition eines Gemäldes. Schon seit Jahren verbinde ich Komposition mit einer Diagonalen, und wenn ich eine solche finde, bin ich mir sicher, das Geheimnis des Gemäldes gelüftet zu haben. Giorgiones »Castelfranco Madonna« weist eine Diagonale in der Form der Lanze des Heiligenkriegers auf, und in Tizians »Pietà« in Venedig findet man ebenfalls ein außerordentlich gutes

Exemplar. Die Diagonale besteht aus fünf Figuren: Sie beginnt oben links mit der Statue Mose, zieht sich durch die Köpfe der Magdalena, Maria und des toten Christi und stürzt durch den Körper Josefs von Arimathäa in den Boden. Im rechten Winkel zur Diagonale flattert der geflügelte Geist des Begräbnisses. Und rechts, etwas abseits und aufrecht, bildet die Statue des Glaubens ein Gleichgewicht zum Moses gegenüber. Daher ist die »Pietà« eines der einfachsten Gemälde für mich. Ich sehe mir Fotografien desselben wissend an und versuche, die Diagonale und den Pathos sich gegenseitig verstärken zu lassen. Ich sehe klarer als sonst den grimmigen Alkoven im Hintergrund und die düsteren Sockel der Statuen mit ihren Reißzähnen. Gestein umschließt Fleisch; das Gemälde als Ganzes ist eine Grabstätte. Ich vernehme Klagen, doch sie sind nicht laut genug und vermögen nicht, die allgemeine Struktur zu zerschlagen, da diese von der gebieterischen Diagonale zusammengehalten wird – und diese kann keine Rührung brechen. Zwar wird mir Tizians hohes Alter bewusst, in dem er dieses Meisterwerk erschuf, doch nicht auf unangemessene Weise. Bei diesem Gemälde hat sich die Komposition als wahrlich hilfreich erwiesen, und übersehen kann man sie keinesfalls. Die Diagonale ist so ersichtlich wie das Antriebsband einer Dreschmaschine, und sie erbebt vor Kraft.

Da ich leider über keinen Sinn für Ästhetik verfüge, suche ich alle Gemälde nach Diagonalen ab und schließe, wenn ich nicht fündig werde, dass die Komposition fehlerhaft sein müsse. »Diagonale« ist ein Wort, ein einzelnes Wort, das ich in der Fremdsprache der Ästhetik gelernt habe. So war ich beispielsweise komplett verdattert, als ich mir »Las Meninas« von Velázquez ansah. Wo war nur die Diagonale? Da mischte sich der Freund ein, mit dem ich vor dem Bild stand – es war Charles Mauron, der mir nebst Roger Fry am meisten über Gemälde beigebracht hat –, und griff mir unter die Arme, indem er die Motive erklärte. Dort sehe man eine ganze, hier eine halbe Welle. Diese beginne mit dem Kopf der Isabel de Velasco und verebbe in den kleinwüchsigen Gestalten, jene beginne oben links mit dem Kopf des Malers und bewege sich durch die Köpfe der drei Mädchen. Als Antwort auf diese großen Kurven, oder auch als Umkehrung, fänden sich kleinere Kurven in den Kleidern der Frauen und anderen Stellen. All diese Wellen seien mehr als bloße Muster, sie hätten auch eine andere Funktion, zum Beispiel verstärkten sie die Tiefe des Raumes und die Textur der Luft. Ebenfalls wichtig seien die vordergründigen Gegenstände am rechten und linken Rand, einerseits die Staffelei des Malers, andererseits die Pfoten des gelassenen Hundes. Von diesen Punkten aus bögen sich die Kurven zurück zur Figur im Zentrum, der lieblichen Kinderprinzessin. Ich gebe es schlechter wieder, als Mauron es tat, und ich gehe auch nicht davon aus, dass Velázquez Maurons Ausführungen bestätigt haben würde oder dass er überhaupt irgendwelche Ausführungen zu seinem Gemälde angestellt hätte. Es ist lediglich ein Beispiel, wie sich ein Außenseiter wie ich ein Gemälde ansehen kann: ruhig und geduldig, als ob die Gemälde Formeln enthielten, deren Entziffern schließlich in der Wertschätzung von etwas nicht Mathematischem münde. Bei »Las Meninas« wie bei der »Pietà« verstärkt die Komposition das Subjekt und umgekehrt. Ich erfreute mich immer mehr an der lieblichen Gruppe, die nicht nur von mir, sondern auch vom König und der Königin von Spanien überrascht worden waren. Dort sah man sie im Spiegel! »Las Meninas« erinnert an einen Schnappschuss, ganz so, als hätte Philip IV. eine Kodak gehabt. Alles wirkt so ungezwungen und doch ist alles ausgearbeitet und raffiniert. Die Kurven und alles andere heben diese Eigenschaften hervor und lassen das Bild einer vergangenen Zivilisation auferstehen.

Neben Komposition gibt es auch Farbe. Darauf achte ich auch, aber mit bescheidenerem Erfolg. Farbe wird mir ersichtlich, wenn sie mir in die Augen gespritzt wird, wie zum Beispiel die beiden Kirschen in dem grauen Gemälde von Michael Sweerts in der National Gallery, aber in der Regel ist sie mir lediglich Nährboden für Träumereien.

Insgesamt habe ich mich weiterentwickelt, und nach all den Jahren habe ich gelernt, mir weniger im Weg zu stehen und empfänglicher zu sein, wodurch ich Gemälde besser zu schätzen gelernt habe. Wenn also ich fähig bin, in dieser Hinsicht Fortschritte zu verzeichnen, dann sollte es anderen noch leichter fallen. Man benötigt dazu lediglich eine Mischung aus Mut und Bescheidenheit. Man hat so wenig davon, alles Geschaffene auf die eigenen Gedanken zu reduzieren, selbst wenn der Gedanke an sich ein vortrefflicher ist. Kunst nicht anzusehen, führt nur zu einem Ziel; sie anzusehen, zu vielen.

# *Musik nicht hören*

Musikhören ist eine solch undurchsichtige Angelegenheit, dass man gar nicht weiß, wo man mit einer Beschreibung beginnen sollte. In meinem Fall scheint mir die wichtigste Feststellung, dass ich während eines Konzerts die meiste Zeit nicht zuhöre. Die schönen Klänge lassen mich an andere Dinge denken. Meine Gedanken schweifen ab und ich bin überrascht, wenn es anderen nicht auch so geht. Professionelle Kritiker oder Kritikerinnen können einem Musikstück durchgehend und gleichmäßig folgen, als läsen sie ein Kapitel in einem Roman. Dies scheint mir eine bemerkenswerte Leistung, für die sie ihren Intellekt entsprechend trainiert haben müssen. Vermutlich erkennen sie in der Musik etwas Ähnliches wie eine Handlung; sie folgen dem Bass oder erwarten die Rückkehr des Themas in der Dominanten und so weiter, und verhindern auf diese Weise, dass ihre Gedanken auf Irrwege kommen. Ich hingegen verliere mich fast umgehend: Schon nach ein oder zwei Takten denke ich, wie musikalisch ich doch sei; oder es kommt mir eine schlaue Bemerkung in den Sinn, die ich in einem Gespräch habe fallen lassen; oder ich frage mich, was der Komponist – der schon seit ein paar Jahrhunderten verstorben ist – wohl fühlt, während das Feuer weiterhin auf seinem Altar flackert; oder wie rasch eine Bombe alles auslöschen könne. Von den vielen anderen Ablenkungen möchte ich gar nicht erst sprechen: vom Winkel des Kinns – oder der Kinne – der Sopranistin; von den Kapriolen des Dirigenten, der wie ein leidenschaftstrunkener Käfer in der Nacht mit seinen Flügeln flattert; von den Allüren des Pianisten, wenn er unter größter Mühe einen hohen Ton trifft, als ob auch er eine Sopranistin wäre; von den Rückenlehnen der Stühle und den Beulen an der Decke; von der unaussprechlichen Hässlichkeit des Publikums. Das Publikum eines klassischen Konzerts ist gewiss die eigenschaftsloseste Ansammlung an Menschen, die sich je irgendwo für irgendetwas zusammengefunden hat; da ich ihr angehöre, darf ich mir diese Anmerkung wohl erlauben. Im Vergleich mit einer Gruppe an Seemännern oder Büroangestellten sind wir regelrecht widerlich. Auch das lenkt mich ab.

Doch was höre ich in den Momenten, in denen meine Gedanken nicht abschweifen? Zweierlei Musik. Sie verschmelzen beständig miteinander und können nicht klar benannt werden, weshalb ich an dieser Stelle von »Musik, die mich an etwas erinnert« und »Musik an sich« sprechen werde. Früher begeisterte mich Musik, die mich an etwas erinnerte, insbesondere Wagner. Bei Wagner wusste ich immer, woran ich war. Er ließ mir keine Gelegenheit, meiner Fantasie freien Lauf zu lassen. Eine Phrase stand für den Ring, eine andere für das Schwert, noch ein weitere für den unschuldigen Narr und so weiter. Er war so genau in seinen Andeutungen wie eine Bauchtänzerin. Wagner war höchst poetisch, und eigentlich spielte dieses Leitmotivsystem keine Rolle, doch ich nahm es viel zu andächtig an und zwang es anderer Musik auf, die sich nicht dafür eignete, zum Beispiel Beethoven oder Franck. Ich stand unter dem Eindruck, dass Musik besser sei, wenn sie eine Bedeutung habe. Zwar denke ich dies weiterhin, doch ich bin mir weitaus unsicherer, was eine »Bedeutung« sein möge. Damals war es ein nicht musikalisches Objekt, beispielsweise ein Schwert oder ein schuldloser Narr, oder ein nicht musikalisches Gefühl, zum Beispiel Furcht, Lust oder Resignation. Ich dachte, es würde mich weiterbringen, wenn mich die Musik an etwas erinnerte, das nicht Musik war. »Ganz wie Monet!«, sagte ich mir, wenn ich mir Debussy anhörte, und »Ganz wie Debussy!«, wenn ich Monet betrachtete[18]. Ich übersetzte Klänge in Farben und sah die Piccolo apfelgrün und die Trompeten scharlachrot. Die Künste bereicherten sich, indem sie sich gegenseitig beschäftigten.

Ich höre mir gewisse Musik auch heute noch auf diese Weise an. Zum Beispiel lässt die langsame Eröffnung Beethovens 7. Sinfonie eine graugrüne Tapisserie vor meinen Augen entstehen, auf der die Szene einer Jagd abgebildet ist, und der langsame Satz seines vierten Klavierkonzerts (der Dialog zwischen Klavier und Orchester) erinnert mich an den Dialog zwischen Orpheus und den Furien bei Gluck. Der Höhepunkt des ersten Satzes der Appassionata (das »più allegro«) scheint mir lustvoll, obwohl ich – und meines Wissens auch niemand sonst mit der Ausnahme von Tolstoi – kein Anzeichen dafür in der Kreutzer-Sonate finden kann. Brahms' enttäuschendes Geigenkonzert verspricht mir zu Beginn gutes Wetter, und erst, wenn die Geige immer und immer wieder aufgequietscht hat, stellt sich dieses Versprechen als ein leeres heraus. Wolfs »Ganymed« hingegen versorgt mich, Stratosphäre um Stratosphäre, mit einem offenem Himmel. In diesem und vielen anderen Fällen erinnert mich Musik an etwas nicht Musikalisches, und das scheint mir Teil ihrer Aufgabe. Nur ein extremer Purismus würde jede bildliche Parallele, jede emotionale Zuschreibung oder jedes Programm missbilligen.

Jedoch besteht die Gefahr, dass Musik, die an etwas erinnert, der leidigen Unaufmerksamkeit die Türe zum Konzertsaal öffnet. Ob man an eine graugrüne Tapisserie denkt oder die Rückenlehnen von Stühlen betrachtet, bildet keinen wesentlichen Unterschied. Man mag auf höheren gedanklichen Bahnen abschweifen, aber abschweifen tut man dennoch, und die Klänge gleiten verschwommen an uns vorüber. Die Klänge! Wegen ihnen sind wir doch erst gekommen, und je mehr wir uns ihnen annähern, desto besser. Daher bevorzuge ich »Musik an sich« und versuche, diese so gut zu hören, wie es mir meine Fähigkeiten erlauben. In dieser Hinsicht möchte ich ein Malheur besprechen, das mir kürzlich während der Coriolan-Ouvertüre[19] widerfahren ist. Lange hörte ich den Coriolan »an sich« und er gab mir das Gefühl, etwas Wichtiges und Aufrührerisches ginge vonstatten, ohne mir weitere Gedanken darüber zu machen. Dann erfuhr ich, dass Wagner die Ouvertüre mit einem Programm versehen hatte, das auch von Sir Donald Tovey[20] gutgeheißen wurde: Die Eröffnung stelle die Entscheidung des Helden dar, die Volsker auszurotten, gefolgt von einer lieblichen Melodie für den Einfluss einer Frau, dann einer getupft-zögernden Unentschiedenheit[21]. All dies scheint unanfechtbar und man kann kaum bezweifeln, dass Beethoven es genau oder beinahe so vorgesehen hatte. Und doch ist mir mein Coriolan entglitten. Seine Größe und Freiheit sind nicht mehr. Die exquisiten Klänge haben sich verhärtet wie eine Straße, die für den Verkehr geteert wurde. Jedes Mal, wenn die Ouvertüre nun gespielt wird, folge ich deren Verlauf, passiere den immer gleichen häuslichen Konflikt und gelange zur abermals gleichen militärischen Pattsituation.

Musik ist so sonderlich, dass ein Amateur meines Zeichens sich hilflos verzettelt, wenn er darüber schreibt. Sie scheint »wirklicher« als alles andere und wird wohl überleben, wenn der Rest der Zivilisation zerfällt. Sie bringt mir in unseren Tagen immer wieder Erleichterung, denn sie kann nicht ruiniert oder nationalisiert werden. Daher kann man sich keine bessere Musik anhören als diejenige, die nicht von Anspielungen gebunden oder verdorben ist. Durch sie kommen wir dem Kern der Realität näher. Obwohl sie unverdorben ist, ist sie nicht abstrakt. Sie ist nicht Mathematik, selbst wenn sie sich dieser bedient. Die Goldberg-Variationen,

Beethovens letzte Sonate, das Franck-Quartett, Schumanns Klavier-Quintett und die 4. Sinfonie Tschaikowskis verfügen alle über eine Aussage – doch was wollen sie uns denn nur sagen? Ich werde mich beim Versuch einer Antwort verrennen, doch Musik verfügt über eine Eindringlichkeit, die hauptsächlich durch Rhythmus ausgedrückt wird; es entsteht das Gefühl, dass uns etwas zugeschoben wird, das weder ästhetische Struktur noch Predigt ist, und dem horche ich besonders aufmerksam.

Musik an sich, so kann man feststellen, ist der Musik, die an etwas erinnert, vorzuziehen. Nun möchte ich mit einem wichtigen Punkt schließen: meinem eigenen Klavierspiel. Dieses verschlechtert sich jährlich, doch aufgeben werde ich es nie. Schon allein deswegen nicht, weil es mich dazu zwingt, aufmerksam zu sein – es bleibt kein Platz für ausschweifende Gedanken oder Erinnerungen an schlaue Bemerkungen –, und weil dabei alles nicht Musikalische abgesondert wird. Außerdem lehrt es mich etwas über Struktur. Ich sehe, was aus einer Phrase wird, wie sie sich verwandelt oder zurückkehrt, manchmal auf den Kopf gestellt, und beginne die Beziehung zwischen den Tonarten zu verstehen. Indem ich Beethoven spiele, was meistens der Fall ist, mache ich mich mit ihm vertraut, mit seinen Maschen, seiner Ungeduld, seiner unerwarteten Sanftheit, dem halbtönigen Fallen eines tragischen Themas, seiner Liebe für C-Moll bei tragischer Materie und seiner Abscheu für B-Dur. Das Spielen bietet mir eine körperliche Auseinandersetzung mit Beethoven, die ich nicht erreichen könnte, wenn ich mich durch den ganzen Sumpf der »Wertschätzungen« seiner Werke schlagen würde. Selbst wenn Menschen so schlecht spielen wie ich, sollten sie es nicht aufgeben, denn es wird ihnen helfen, hinzuhören.

# *Die Pflicht der Gesellschaft gegenüber der Kunst*

Schon so manches wurde über die Pflicht der Kunst gegenüber der Gesellschaft gesagt. Dichtung, Romane, Gemälde und Musik seien der Gemeinschaft verpflichtet; bei den Menschen, die solche Kunstwerke erschaffen, handle es sich um gewöhnliche Bürger und Bürgerinnen, die, wie alle anderen, ihren Beitrag zu leisten hätten und sich weder wichtigtuerisch spreizen noch um Vorzugsbehandlung bitten sollten; auch sie müssten ihre Steuern tunlichst bezahlen und sich an die Gesetze halten, die zum Wohle der Allgemeinheit erlassen wurden. So lautet diese – durchaus vernünftige – Position. Doch es gibt auch eine andere Sichtweise: Welche Pflicht hat die Gesellschaft gegenüber der Kunst? Schließlich besteht kein Zweifel daran, dass die Gesellschaft ihren Mitgliedern verpflichtet ist, zum Beispiel den Ingenieuren und Ingenieurinnen, die ihr treu und fachkundig dienen und die sie mit den notwendigen Arbeitsmitteln versehen und vor dem Verhungern bewahren muss. Gleiches gilt für die Makler und Maklerinnen an der Börse, da diese einen Teil des Finanzsystems bilden, auf das die Gesellschaft sich eingelassen hat, und so das Recht auf Unterstützung und einen angemessenen Anteil haben. Dies scheint offensichtlich, doch was sagt es über die Pflicht der Gesellschaft gegenüber der Kunst aus? Wenn Künstler und Künstlerinnen ihr treu und fachkundig dienen, sollten nicht auch sie von ihr belohnt werden wie alle anderen, die einen Beruf ausüben?

Leider ist es nicht so einfach. Zwar ist Kunst ein Beruf – Schriftsteller oder Musikerinnen müssen ihr Handwerk ebenso erlernen wie Ingenieure oder Börsenmaklerinnen das ihrige, und sie müssen gleichermaßen Rechnungen bezahlen und daher entschädigt oder anderweitig unterstützt werden –, doch es ist ein sonderlicher Beruf. Darauf komme ich demnächst zurück, vorerst aber möchte ich die Gesellschaft, besonders die Gesellschaft, die uns nach dem Krieg erwartet, betrachten. Diese wird höchstwahrscheinlich stark zentralisiert und hoffentlich auf die Aufrechterhaltung des Friedens ausgelegt sein. Unter Umständen muss sie auch auf die Verhinderung zukünftiger Kriege ausgelegt und daher noch stärker zentralisiert sein. In beiden Fällen können wir von einer engmaschig organisierten Gesellschaft ausgehen. Sie wird der Planung und der Bürokratie entspringen. Bürokratie ist in einem technologischen Zeitalter wie dem unseren unumgänglich. Der Fortschritt der Wissenschaft bedeutet auch das Wachstum der Bürokratie und die Herrschaft der Expertise, und folglich wird man zukünftig zwischen Gesellschaft und Staat nicht mehr unterscheiden können.

Dies war in der Vergangenheit nicht der Fall. Früher war die Gesellschaft viel loser. Es gab zwar eine Regierung, die Gesetze erließ und Kriege führte, sich aber nicht unmäßig in das Leben der Einzelperson einmischen konnte. Dazu fehlten ihr die Mittel. In meiner Kindheit gab es weder den Rundfunk noch Automobile. Etwas früher hatte es weder die Telegrafie noch die Eisenbahn gegeben. Und noch früher nicht einmal die Post. Man kann sich nicht in das Leben anderer einmischen, wenn man sie nicht einfach erreichen kann. Dementsprechend war die Gesellschaft früher loser als heute, und in dieser Losgelöstheit blühte die Kunst auf. Nehmen wir als Beispiel einen Maler: Früher hätte er im Auftrag des Königs oder der Hofgesellschaft gemalt, die vermutlich bestimmte Vorstellungen von Malerei hatten; oder er hätte für die Mitglieder des Hochadels oder einer Gutsherrschaft oder auch für die Kirche gemalt, die zwar keine Einzelperson war, allerdings klare Vorstellungen davon hatte, was ein Gemälde abbilden sollte. Er lebte in einer in Gruppen aufgebrochenen Gesellschaft, in der ihm die Möglichkeit offenstand, eine passende Gruppe auszuwählen. Nach Tausenden von Jahren hat sich diese Gesellschaftsform verhärtet und wurde zentralisiert. Zukünftig wird die einzige effektive Förderinstanz der Staat sein. Der Staat ist in der Lage, Gemälde, Statuen, Symphonien, Romane, Epen, Filme oder anrüchigen Jazz in Auftrag zu geben – alles, wonach ihm gerade der Sinn steht. Er verfügt über das Geld und die Menschen mit den notwendigen Talenten. Er wird fähige Ingenieure und Börsenmaklerinnen und Metzger fördern, doch welche

Förderung wird den Künstlern und Künstlerinnen zugesprochen werden?

Um diese Frage zu beantworten, stelle ich mir ein Gespräch zwischen einer Künstlerin – einer genialen Malerin – und einem Beamten namens Herr Biedermann vor. Die Künstlerin fragt: »Ich würde gerne die neue Polizeiwache bemalen. Kriege ich den Auftrag?« Herr Biedermann hat kein Interesse an Malerei und auch keinen Grund anzunehmen, dass sich die Polizei dafür interessiert, doch er kommt seiner Pflicht nach, durchsieht sein Regelbuch und stellt fest, dass Polizeiwachen zwar häufig nicht bemalt werden, dies allerdings nicht vorschriftswidrig ist. »Tatsächlich«, entgegnet er, »ist das ordnungsgemäß. Es ist Teil meiner Arbeitspflicht, Kunst zu fördern, und ich erteile Ihnen den Auftrag in Anbetracht der Tatsache, dass Sie über die nötigen Kenntnisse verfügen. Könnten Sie mir Näheres dazu sagen, wie Sie die Wache zu bemalen gedenken?«

»Das wird sich zeigen, nachdem ich begonnen habe«, erwidert die Künstlerin mutwillig.

»Nachdem Sie begonnen haben? Könnten Sie etwas präziser sein? Gewiss kann ich davon ausgehen, dass Sie etwas Erbauliches und Inspirierendes malen werden, zum Beispiel eine Abbildung der Justitia?«

»Das kann ich nicht versprechen. Mir liegt wenig daran, erbaulich oder inspirierend zu sein. Unser Staat ist sicherlich bewundernswert und die Polizei eine rechtschaffene Institution, aber – nein, ich möchte nichts Lehrhaftes malen.«

»Nun gut«, sagt Herr Biedermann und denkt sich, wie viel einfacher der Umgang mit einem Börsenmakler doch sei. »Die Kunst ist Ihr Gebiet, nicht meines. Jedoch ging ich bisher davon aus, dass es der Zweck der Kunst ist, aus Menschen bessere Bürger und Bürgerinnen zu machen.«

»Manchmal ist das der Fall«, antwortet die Künstlerin, »aber nicht immer. Einerlei steht mir gerade nicht der Sinn nach so einem Gemälde. Tut mir leid.«

Herr Biedermann, einem bis in die Knochen anständigen Mann, tut es ebenfalls leid, doch dann kommt ihm eine gute Idee.

»Es gibt doch auch leichte Kunst«, stellt er ernst fest, »Kunst, die belustigt und unterhält. Vorausgesetzt, Sie halten sich an die Gebote des Anstands, wäre einem massentauglichen Gemälde nichts entgegenzusetzen.«

»In der Tat ist Kunst manchmal unterhaltsam«, antwortet die Künstlerin, »aber nicht immer. Und nach so etwas steht mir gerade auch nicht der Sinn.«

»Ohne Ihnen nahetreten zu wollen, dürfte ich Sie fragen, wonach Ihnen der Sinn denn steht?«

»Ich möchte experimentieren.«

»Experimentieren? Eine Polizeiwache ist kaum ein Ort für Experimente.«

»Ich möchte experimentieren. Ich möchte das menschliche Empfindungsvermögen durch Malerei weiterentwickeln. Alles andere interessiert mich nicht. Es ist aber möglich, dass das Gemälde für erbaulich oder inspirierend gehalten wird, vielleicht wird es sogar unterhalten. Das kann ich nicht sagen und ist mir gleichgültig. Ich möchte etwas malen, das auch in der Zeit verstanden wird, wenn unsere Gesellschaft und die Polizeiwache in Trümmern liegen.«

»Die neue Polizeiwache in Trümmern? Sie hat Tausende Pfund gekostet. So eine Unverfrorenheit!«

»Ja, in Trümmern wie in der Wüste von Palmyra oder in Angkor Wat oder in Zimbabwe, in Trümmern wie Borobudur oder Ajanta[22]. Sie gingen nicht etwa vergessen, weil sie ursprünglich einem Zweck dienten, sondern weil an ihren Wänden künstlerisch experimentiert und dabei Neues entdeckt wurde. In Trümmern wie ...«

Doch an dieser Stelle hebt Herr Biedermann seine Hand. Seine Geduld hängt an einem seidenen Faden und er kann wahrhaftig nicht noch mehr Zeit mit solchem Gefasel verschwenden.

»Ich bedaure, Ihnen nicht weiterhelfen zu können«, entgegnet er. »Sie sind nicht angepasst, und wenn Sie nicht in den Staat passen, warum sollte der Staat Sie dann beschäftigen?«

Die Künstlerin erwidert: »Ich bin mir bewusst, dass ich nicht angepasst bin; es ist Teil meiner Pflicht, das nicht zu sein, Teil meiner Pflicht gegenüber der Menschheit. Ich fühle und ich drücke aus, was noch nicht gefühlt und ausgedrückt wurde. Das ist meine Rechtfertigung. Und ich verlange vom Staat, dass er sich auf mein Wort verlässt und mich bezahlt, auch wenn er mein Handeln nicht nachvollziehen kann.«

Hier endet das Gespräch. Herr Biedermeier verweigert der Künstlerin den Auftrag, schließlich ist es zu viel des Guten, etwas zu finanzieren, das man nicht versteht. Wer zahlt, erwartet, bestimmen zu können.

Ich habe dieses Gespräch erdacht, um das grundlegende Problem zu veranschaulichen, das sich dem gegenwärtigen zentralisierten Staat bei der Förderung von Kultur stellt. Beispielsweise glaubt der Staat an Bildung, doch bildet Kunst? »Manchmal, aber nicht immer« lautet die – unzureichende – Antwort. Der Staat glaubt an Freizeitunterhaltung, doch ist Kunst unterhaltsam? Erneut lautet die Antwort: »Manchmal, aber nicht immer«. Der Staat glaubt gewiss nicht ans Experimentieren oder an die Entwicklung des menschlichen Empfindungsvermögens über die eines Durchschnittsbürgers oder einer Durchschnittsbürgerin hinaus. Doch die Künstlerin oder der Künstler glaubt daran, folglich müssen sie dem Staat – schon bald ihr einziger Auftraggeber – widersprechen.

Das sind die Gründe, warum der Fall der Künstlerin im Gegensatz zu dem eines Metzgers oder einer Ingenieurin ein besonderes Problem darstellt. Die Künstlerin wird niemals wirklich angepasst sein. Dies spielte in den losen Gesellschaften der Vergangenheit keine Rolle, wird aber zukünftig der Fall sein, wenn die Allgemeinheit die einzige Förderinstanz sein wird und die Gefahr, gar die Wahrscheinlichkeit, besteht, dass Kunst verschwinden wird.

Möglicherweise wird ein Zitat aus einem anderen Gespräch, einem Dialog Platons, diesen Umstand verdeutlichen. Sein Leben lang interessierte sich Platon für die

Beziehung zwischen Kunst und Staat und war besorgt, dass Künstler sich nie wirklich an diesen anpassen würden – wohlgemerkt, er selbst war künstlerisch veranlagt. So beschreibt er in einem seiner frühen Dialoge, dem »Phaidros«, die Dichtung als Wahnsinn … den Wahnsinn derer, die von den Musen besessen sind, und der die feinen Gemüter befällt und zum Rasen bringt … Doch wer vor den Toren steht und Einlass in den Tempel erhalten möchte, ohne dass seine Seele vom Wahnsinn der Musen berührt wurde, soll, so sage ich es, mitsamt seinen Gedichten verweigert werden. Der gesunde Mann hat keine Chance, wenn er mit einem Wahnsinnigen konkurriert.

Der gesunde Mann, in unsrem Fall Herr Biedermann, wird sich kaum für die Finanzierung des Wahnsinns aussprechen, schließlich besteht der Staat für die gesunden Menschen, die gelernt haben, sich anzupassen. Platon sah dies ebenfalls und wurde später ein großer Befürworter des Staates, was ihn dazu zwang, seine Einstellung zur Dichtung und Kunst anzupassen. Zwar liebte er beide weiterhin wie zuvor, doch er erkannte ihre störende Kraft. So verbannte er die Dichter aus seiner Vision des idealen Staates, weil sie ihre Mitmenschen beunruhigten und man nie wissen konnte, was sie als Nächstes sagen würden. Anders gesagt lernte er die Sichtweise Herrn Biedermanns zu schätzen.

Da ich Platons totalitäre Impulse nicht teile, bin ich der Meinung, Herr Biedermann hätte der Malerin den Auftrag erteilen müssen, obwohl ich die Schwierigkeit seiner Position durchaus anerkenne. Wie hätte er beispielsweise sicher sein können, dass es sich bei der Antragstellerin nicht um eine Betrügerin handelte? (In dieser Frage hätte er sich auf den Rat eines Fachgremiums verlassen müssen.) Und selbst wenn er überzeugt gewesen wäre, dass die Künstlerin aufrichtig war – insofern dies einer Künstlerin möglich ist –, welche Rechtfertigung hätte er finden können, öffentliche Gelder an eine so nutzlose Person zu verschwenden? (Die Antwort liegt in der Bildung. Nicht etwa der Bildung eines feinen Kunstverständnisses, sondern eines allgemeinen Respekts für die Kunst. Unsere Beamteten sollten bei Amtsantritt in sanften Worten unterwiesen werden, dass die Kunst, diese sonderliche Sache, einen Wert hat, den sie nicht verstehen können, und dass sie ihr Bestes versuchen sollten, ihr das nicht übel zu nehmen.)

Übrigens gehen diese Betrachtungen davon aus, dass uns eine stabile Zukunft nach dem Krieg erwartet. Wenn die Zukunft im Chaos versinkt, wird die Künstlerin eine Bohemienne und Außenseiterin werden, was das Problem entschieden verändern würde.

# *Virginia Woolf*

Ein Vortrag im Rahmen der Rede-Lecture,
gehalten am 29. Mai 1941
im Senate House, Cambridge University

Nachdem ich erfuhr, dass ich für die Rede-Lecture ausgewählt worden war, dachte ich häufig an Virginia Woolf und ihr Werk, weshalb ich vorschlug, dieses zu besprechen – es zu besprechen und nicht zusammenzufassen, denn einer Zusammenfassung stehen zwei Hindernisse im Weg: die Reichhaltigkeit des Werkes und seine Komplexität. Lassen wir von der Legende der kränklichen Lady von Bloomsbury ab, die Arnold Bennett allzu gutgläubig akzeptierte, eröffnet sich uns eine verwirrende Welt, in der es an Schlagwörtern mangelt[23]. Wir erinnern uns an »Die Wellen« und sagen: »Das ist Virginia Woolf«; dann denken wir an die Essays in »Der gewöhnliche Leser«, wo sie anders auftritt, und an »Ein Zimmer für sich allein« oder das Vorwort zu »Life as We Have Known It«: Auch hier ist sie wieder anders. Sie gleicht einer Pflanze, die in einem vorbereiteten Gartenbeet artig gedeihen soll – dem Beet der obskuren Literatur –, dann aber überall Saugnäpfe hervorstößt, im Kies der Einfahrt und sogar zwischen den Pflastersteinen des Küchengartens.

Sie hatte viele Interessen und entwickelte mehr, je älter sie wurde; sie hatte eine Neugierde für das Leben; und sie war zäh – empfindsam, aber zäh. Wie soll man ihre Errungenschaften in einer Stunde zusammenfassen? Ein Schlagwort kann einem Dozenten in meiner Position als Rettungsring dienen, an den er sich klammen kann, bis er in den ersehnten Hafen gezogen worden ist. Werde ich heute ein passendes finden?

Das zweite Hindernis beschert uns das Jahr 1941, kein gutes Jahr, um irgendetwas zusammenzufassen. Unsere Urteilskraft befindet sich nicht auf ihrem Höhepunkt, um es gelinde auszudrücken. Wir leben, laut Woolf, in einem schiefen Turm, selbst diejenigen unter uns, die im neunzehnten Jahrhundert geboren wurden, als die Erde noch waagerecht und die Gebäude senkrecht waren. Aus unserem Blickwinkel erscheint uns die Landschaft verzerrt, und folglich können wir sie nicht richtig einschätzen. Die Dinge an sich sorgen kaum für Verwirrung: ein Baum, eine Welle, ein Hut, ein Edelstein, der Glatzkopf eines alten Gentleman – diese Dinge sehen aus wie gehabt. Die Distanz zwischen ihnen können wir jedoch nicht bestimmen, weshalb wir ein abschließendes Urteil einer anderen Generation überlassen müssen. Ich bin gar nicht zuversichtlich, dass auch nur irgendetwas, das wir derzeit schätzen, überleben wird (zwar könnte sich etwas weiterentwickeln, das wir hätten schätzen sollen, aber das ist eine andere Sache); und vielleicht wird eine kommende Generation Virginia Woolf als wertlos und mühsam abtun. Ich allerdings nicht und Sie vermutlich ebenfalls nicht. Uns bleibt weiterhin das Wort, und ich hoffe, dass ich sie ehren kann, hier an dieser Universität, die sie bewunderte, und noch dazu in diesem so bedeutenden Gebäude. Sie hätte sich über die Hommage mokiert, denn sie nahm bezüglich der Position der Frauen in der Akademie nie ein Blatt vor den Mund. »Herrje, ich im Senate House?«, hätte sie vielleicht gesagt. »Schickt sich das? Und könnt ihr meine Bücher erst besprechen, wenn ihr euch zuerst mit Talar und Quastenhut verkleidet habt?« Doch ich glaube, sie hätte sich trotz allem gefreut. Sie liebte Cambridge, und ich stelle mir gerne vor, dass sie einst hier studiert hatte. Eine Frau, die sich als Teil des Gefolges des Sultans von Sansibar verkleiden und sich mit geschwärztem Gesicht als Äthiopier auf das Kriegsschiff »Dreadnought«[24] eingeschlichen hatte,* könnte sicherlich unsere gutgläubigen Gelehrten hinters Licht führen und dem Vize-Rektor hier, an dieser Stelle, auf Knien das vortreffliche, aber rätselhafte Haupt Orlandos präsentieren.

Es gibt schließlich doch einen kleinen Rettungsring, an den wir uns klammern können: Sie mochte das Schreiben.

Diese Worte, die normalerweise kaum etwas bedeuten, müssen im striktesten Sinn auf sie angewendet werden.

---

* Vgl. Adrian Stephen, »The Dreadnought Hoax« und ebenfalls einen unveröffentlichten Vortrag, den sie für ein Fraueninstitut verfasst hatte, wo sich das Publikum vor Lachen kaum mehr einkriegen konnte.

Sie mochte es, Dinge zu erfahren – zu betrachten, zu hören, zu schmecken – und diese Erfahrungen in ihrem Verstand zu wenden, wo sie auf Theorien und Erinnerungen stießen, um sie danach wieder mit einem Füller auf Papier hervorzubringen. Dann erst begann die wahre Freude des Schreibens, denn diese Tintenkleckse auf Papier waren lediglich das Vorspiel, kaum mehr als Flecken an der Wand. Sie mussten zusammengeführt und arrangiert werden; hier musste etwas hervorgehoben, dort etwas gestrichen werden; neue Beziehungen mussten erstellt werden, neue Tintenkleckse, bis daraus etwas entstand – etwas Einzelnes, ein Ganzes. Dieses Ganze – ob es nun die Form eines Romans oder eines Essays oder einer Kurzgeschichte oder einer Biografie oder eines privaten Vortrags für den Freundeskreis hatte – war im Idealfall das Ebenbild einer Erfahrung. Obwohl es komplex und intellektuell und riesig und mit Fakten beschwert sein konnte, glich es doch den einfachen Dingen, aus denen es entstanden war: was sie betrachtet, gehört und geschmeckt hatte. Was Woolf erschuf, lässt sich am besten in den Worten beschreiben, in denen wir diese ursprünglichen Erfahrungen beschreiben, denn es handelt nicht von etwas, sondern es ist etwas. Das ist in den »ästhetischen« Werken wie »Kew Gardens« und »Mrs. Dalloway« am ersichtlichsten, etwas weniger in einem gelehrten Werk wie »Roger Fry«, doch auch hier stimmt die Analogie. Dank eines Artikels von R.C. Trevelyan wissen wir, dass sie das Schreiben dieses Buches als musikalische Komposition verstand: Im ersten Kapitel präsentiert sie die Motive, in den folgenden entwickelt sie jedes einzeln und versucht sie am Ende wieder zusammenzuführen. Die Biografie handelt von Roger Fry, aber sie ist auch etwas anderes; sie ist ein Ganzes.

Sie schrieb mit einer Intensität, die wenige je erreichten oder gar erst anstrebten. Die meisten schielen beim Schreiben mit einem halben Auge auf die Tantiemen, mit einer anderen Hälfte auf die Kritiken, mit einer dritten Hälfte auf die Verbesserung der Welt, weshalb ihnen nur eine Hälfte für die Aufgabe übrig bleibt, die Virginia Woolfs Blick vollkommen vereinnahmte. Sie richtete ihren Blick auf nichts anderes, wobei ihr sowohl ihre Umstände als auch ihre Veranlagung zugutekamen. Um Geld musste sie sich keine Sorgen machen, da sie über ein eigenständiges Einkommen verfügte, und obwohl finanzielle Unabhängigkeit nicht immer vor Kommerzialismus bewahrt, tat es dies in ihrem Fall. Über Kritiken dachte sie beim Schreiben niemals nach, obschon sie ihnen nachträglich ihre Aufmerksamkeit schenken und sogar bescheiden werden konnte. Das Verbessern der Welt hätte sie nicht in Erwägung gezogen, da die Welt von Männern geschaffen worden sei und sie als Frau daher keine Verantwortung für das Debakel trüge. Diese Haltung ist etwas sonderbar, weshalb ich später darauf zu sprechen kommen werde, doch es war ihre Haltung – und sie ist das letzte Glied in ihrer Rüstung, und weder Geld noch Ruhm noch Menschenliebe konnten sie ablenken. Sie hatte ein äußerst geschärftes Verständnis ihrer Aufgabe, an das in diesem Land lange niemand heranreichen wird; in der Tat sind Menschen, die das Schreiben so mochten wie sie, in jedem Zeitalter die Ausnahme.

Offensichtlich gibt es einen Stolperstein, der sich einer solchen Autorin stellt. Es ist der Tempel der Kunst, dieser bodenlose Schlund des Stumpfsinns, der als Tempel voll glorreicher Korridore und Dome kokettiert, in Wirklichkeit aber ein schreckliches Loch ist, in das eine unvorsichtige Ästhetin nur allzu leicht abrutschen mag, um auf Nimmerwiedersehen zu verschwinden. Woolf hat alle Eigenschaften einer Ästhetin: Sie wählt und spielt mit ihren Impressionen; sie hat kein Talent für das Zeichnen von Figuren; sie zwängt ihren Büchern Muster auf; und sie verfolgt keinen erhabenen Zweck. Wie schaffte sie es also, diesen Stolperstein zu vermeiden und an der frischen Luft zu verbleiben, wo man die Schritte des bestiefelten Stalljungen oder das Klatschen vertäuter Boote oder das Läuten von Big Ben hören kann? Wo wir das Brot wirklich schmecken und die Dahlien wirklich berühren?

Sie hatte einen Sinn für Humor, doch dieses ausgeleierte Argument kann es nicht erklären. Sie entkommt, weil sie aus Freude schrieb. Der Füller in der Hand war ihr eine Freude, und wenn sie in ernstes Schreiben vertieft war, machte sich diese plötzlich geltend. Ein gutes Beispiel hierfür ist der kurze Essay »Über das Kranksein«. Er beginnt mit der Feststellung, dass Krankheit in der Literatur nur selten angemessen behandelt werde (mit der Ausnahme von Thomas De Quincey und Marcel Proust) und dass der Körper in Romanen als Glasscheibe fungiere, durch die man die Seele erblicken konnte. Und das entspreche nicht der Erfahrung. Es ist eine vielversprechende Position, doch schon bald verliert Woolf das Interesse daran. Stattdessen verfolgt sie, was ihr Spaß bereitet, und nach einem Halbdutzend Seiten schreibt sie ausschließlich aus Freude und karikiert Besuche im Krankenzimmer und besteht darauf, dass »Two Noble Lives« von Augustus Hare am meisten von den Kranken verlangt werde, und so weiter. Sie konnte Krankheit beschreiben, wenn ihr danach war, zum Beispiel in »Die Fahrt hinaus«, aber diese Fähigkeit vergisst sie vergnügt in »Über das Kranksein«. Der Essay ist nicht umfangreich, verdeutlicht aber schön, wie ihr Verstand funktionierte. Literatur, und auch ihr Schreibzimmer, war ihr ein Jahrmarkt. Aus diesem Grund sind ihre Texte unterhaltsam, und es bewahrt sie vor dem Tempel der Kunst. Denn in diesem Tempel darf man nicht weilen, wenn man gelegentlich den Drang verspürt, den Narren zu spielen. Vielleicht erinnern Sie sich an Lord Tennyson, der glaubte, der Tempel würde vollkommen sein, wenn die Menschheit in ihrer ganzen Vielfalt darin Einzug erhalten hätte und sich ehrfürchtig benahm. Virginia Woolf fand eine einfachere und bessere Lösung.

Selbstverständlich birgt dies ebenfalls eine Gefahr. Sie hätte zu einer Diseuse verkommen und ihre wahre Tragweite zu reiner Schelmerei verkümmern lassen können, und tatsächlich erhielten einige, die sie persönlich kannten, genau diesen Eindruck. Es gab Zeiten, da konnte sie die Büsten hinter den Schnauzbärten, die sie ihnen aufgemalt hatte, gar nicht mehr ausmachen, und an den Büsten der Gegenwart ließ sie niemals auch nur ein sublimes Haar, ganz gleich, ob sie einen Gentleman mit einem Zylinder oder einen Jungen auf einem Sockel darstellten. Doch in ihren Werken, selbst in den unbeschwerten, erwies sie sich als äußerst kontrolliert. Sie beherrschte ihr kompliziertes Instrumentarium vollkommen, und während die meisten von uns gerne einmal ernsthaft und dann aus Spaß schreiben, schafft es kaum jemand, die beiden Impulse so zu lenken, dass sie sich gegenseitig befeuern, wie das ihr gelang.

Die bisherigen Beobachtungen sollten in erster Linie als Einführung dienen. Nun scheint es angebracht, sich an das zu erinnern, was sie tatsächlich geschrieben hat, und über ihre Entwicklung zu sprechen. Es begann im Jahr 1915 mit »Die Fahrt hinaus«, einem eigenartigen, tragischen und inspirierten Roman, der von englischen Touristen und Touristinnen in einem unmöglichen Hotel in Südamerika handelt. Ihre Leidenschaft für Wahrheit ist bereits vorhanden, und zwar in ihrem Atheismus, und ebenso ihre Leidenschaft für Weisheit, die sich als Musik äußert. Das Buch beeindruckte die wenigen Leute, die es gelesen hatten, zutiefst. Sein Nachfolger »Tag und Nacht« enttäuschte sie wiederum. Dieser Roman ist eine Stilübung im klassischen Realismus und enthält alle Elemente, welche die englische Literatur in den letzten zweihundert Jahren ausmachte, sowohl die guten als auch die schlechten: der Glaube an menschliche Beziehungen, unterhaltsame Nebenepisoden, geografische

Spezifität, die Darstellung kleinlicher gesellschaftlicher Überheblichkeiten: genau die Eigenschaften, über die sie sich in »Mr. Bennett und Mrs. Brown« lustig macht. Dieser Stil wurde zur Norm und war ermattet. Doch zur gleichen Zeit veröffentlichte sie zwei Kurzgeschichten, »Kew Gardens« und »Der Fleck an der Wand«. Diese sind weder matte noch normale, sondern anmutige kleine Geschichten. Woolf schlendert und plaudert und trägt ihren Stil wie eine Schleppe, in deren Falten Staub und Grashalme zurückbleiben. Anstelle der Präzision der früheren Werke ist hier eine Ungreifbarkeit, welche die englische Literatur bis dahin noch nie erreicht hatte. Anmutige kleine Geschichten, die allerdings nirgendwo hinführen; sie bestehen aus winzigen Punkten und Farbtupfern, das Ergebnis atemloser Inspiration, ein wunderschönes und unbekümmertes Rauschen oder Japsen. Sie waren perfekt in ihrer – bescheidenen – Wirkung, und niemand hätte ahnen können, dass dem Blütenstaub dieser Blumen die kommenden Bäume entwachsen würden. Daher waren wir alle höchst erstaunt, als 1922 »Jacobs Zimmer« erschien. Der Stil und die Empfindsamkeit von »Kew Gardens« bleibt erhalten, aber nun werden sie auf menschliche Beziehungen und die Gesellschaft angewandt. Die Farbtupfer ziehen weiterhin vorüber, doch mittendrin steht ein junger Mann, der ihren Strom bricht wie ein fest verschlossenes Einmachglas. Das Unwahrscheinliche war eingetreten: Eine im Wesentlichen lyrische und scheinbar belanglose Methode wurde für einen Roman eingesetzt. Woolf war sich der Möglichkeiten dieser neuen Methode noch unsicher, und »Jacobs Zimmer« ist ein unausgeglichenes Buch, aber es ist ihr großer Ausmarsch und ihre Abkehr von dem gescheiterten Versuch von »Tag und Nacht«. Der Ausmarsch führt direkt zu den Werken, in denen sich ihr Genie vollkommen entfaltete: zu »Mrs. Dalloway« (1925), zur »Fahrt zum Leuchtturm« (1927) und zu den »Wellen« (1931). Diese ausgereiften Werke sind durchdrungen mit Poesie und sind von ihr bestimmt. Ein Sommertag in London verleiht »Mrs. Dalloway« einen Rahmen, an dem sich zwei Schicksale entspinnen: das einer empfindsamen, weltgewandten Gastgeberin und das eines empfindsamen, rätselhaften Wahnsinnigen. Obwohl sie nie zusammenkommen, sind sie miteinander verbunden, und wir verlieren beide im selben Moment aus den Augen. Es ist ein kultiviertes Buch, das aus persönlicher Erfahrung geschrieben wurde. In ihren Werken, wie auch im Privaten, behandelte sie das Thema des Wahns stets rücksichtsvoll und bedacht. Sie konzentrierte sich auf den Kern dieser Krankheit, verstand sie ausschließlich als eine Krankheit und raubte ihr die üble Aura des Aberglaubens, der aus Furcht oder Kopflosigkeit entstanden war. Dies ist eines der Dinge, für die wir ihr dankbar sein müssen. Die »Fahrt zum Leuchtturm« ist allerdings eine weitaus größere Errungenschaft, unter anderem weil die Hauptfiguren, Mr. und Mrs. Ramsay, so spannend sind. Sie nehmen uns ein, wir stellen sie uns in anderen Umständen vor, und doch entsprechen sie vollkommen diesen Umständen, dem poetischen Rahmen.

»Die Fahrt zum Leuchtturm« wurde schon ein Roman in Sonatenform genannt, er besteht aus drei Sätzen und der wichtige und langsame Mittelteil, der den Gang der Zeit vermitteln soll, bedarf sicherlich einer musikalischen Analogie. Die Lektüre bietet uns die seltene Freude, gleichzeitig zwei Welten zu bewohnen – eine Freude, die uns nur die Kunst bescheren kann: eine Welt, in der ein Junge zu einem Leuchtturm fahren möchte, ihn aber erst als junger Mann und mit anderen Gefühlen erreicht; und eine Welt, in der es Muster gibt, die wir vor allem durch die Augen von Lily Briscoe, einer Malerin, zur Kenntnis nehmen. Dann kommen die »Wellen«. Nun herrscht das Muster vor – und steht sogar kursiv – und zwischen dem Kurs der Sonne und dem Wogen der Wellen, die jedem Teil vorangestellt sind, erstrecken sich – ohne Unterbrechung – Gespräche, Worte in Gänsefüßchen. Es ist ein seltsames Gespräch, da die sechs Figuren (Bernard, Neville, Louis, Susan, Jinny und Rhoda) sich nur selten direkt ansprechen, und es ist sogar möglich, dass sie alle verschiedene Facetten einer einzigen Person darstellen (wie auch schon Mrs. Dalloway und Septimus). Allerdings führen sie keine inneren Monologe, sie kommen mit den anderen in Kontakt und haben eine Beziehung zu Percival, der Figur, die niemals spricht. Das Schema perfekt abschließend fasst Bernard, der Bestrebungen hat, Schriftsteller zu werden, am Ende alles zusammen, bevor das Muster in der Dunkelheit verschwindet. »Die Wellen« ist eine außerordentliche Leistung, eine unermessliche Ausdehnung der Möglichkeiten von »Kew Gardens« und »Jacobs Zimmer«. Der Roman wabert, und wenn er das auch nur um ein Haar weniger täte, verlöre er seine Poesie; waberte er mehr, würde es in den Abgrund stürzen und wäre hohl und gekünstelt. Es ist ihr bestes Buch, wobei mir »Die Fahrt zum Leuchtturm« am liebsten ist.

Dann folgten »Die Jahre«, ein weiteres Experiment in der Tradition des Realismus. Der Roman erzählt die Schicksale einer Familie über einen bestimmten Zeitraum. Wie schon bei »Tag und Nacht« kehrt sich Woolf von der Poesie ab und scheitert erneut. In dem posthum veröffentlichten »Zwischen den Akten« nimmt sie den ihr vertrauten Modus allerdings wieder auf. Dieses Buch handelt von einer Theateraufführung auf dem Land, das die ganze Geschichte Englands präsentiert, in die das Publikum am Ende miteinbezogen wird, um sie weiterzuführen. »Dann ging der Vorhang auf« lautet der letzte Satz[25]. Das Konzept ist ein poetisches, der Text des Theaterstücks größtenteils in Versen. Woolf liebte ihr Land – das Land einer Landschaft, die einer unergründlichen Vergangenheit entstammt. Sie zollt diesem Land ein letztes Mal einen vorzüglichen Tribut, und sie deutet in die Zukunft. Ihre poetische Unschärfe gibt uns etwas Handfesteres als die patriotische Geschichtsschreibung, und damit auch etwas, für das es sich eher zu sterben lohnt.

Inmitten all dieser Fiktionen gediehen andere Werke, die sich gegenseitig nähren: Die beiden Bände von »Der gewöhnliche Leser« beweisen die Weitläufigkeit ihres Wissens und die Tiefe ihrer literarischen

Einfühlsamkeit – und alle, die sie für eine verzückte Eremitin halten, sollen bitte ihren Text über den Fuchsjäger Jack Mytton lesen. Als Kritikerin konnte sie sich in alles hineinfühlen, wenigstens alles Vergangene; mit Menschen aus der Gegenwart tat sie sich bei Gelegenheit schwer. Dann sind da die erdachten und herkömmlichen Biografien. »Orlando« ist, offensichtlich, ein originelles Werk, und der erste Teil ist hervorragend geschrieben: Die Beschreibung des Großen Frosts wird bereits als ein »Exempel« der englischen Literatur gehandelt, was auch immer ein Exempel sein mag. Nach dem Geschlechtswandel überzeugt das Buch weniger; die Autorin scheint nicht an ihre eigene Zauberei zu glauben und gar zu ermüden, weshalb der Abschluss der Biografie eher kompetent als brillant ist. Die Fantasie war zu geräumig, und man merkt, dass Woolf sich zu langweilen begann. Dagegen ist »Flush« in jeder Hinsicht ein Erfolg und erreicht alles, was es sich zum Ziel gesetzt hat: Das Material, die Methode, die Länge, alles ist aufeinander abgestimmt; das Buch ist tapsig, aber nicht flapsig, und vom Teppich neben dem Sofa blicken wir zu zwei erhabenen Persönlichkeiten der Dichtung herauf und erhalten damit auch eine neue Perspektive. Die Biografie von Roger Fry – vielleicht gehört es sich nicht, direkt von einem Spaniel zu einem Slade Professoren überzugehen, aber Fry hätte sich nicht daran gestört und Spaniel stören sich an gar nichts – zeigt eine weitere ihrer Fähigkeiten auf: die Fähigkeit, sich im Hintergrund zu halten. Zwar genießt sie das Muster des Buches, aber sie zwingt ihm nie ihre Persönlichkeit auf oder überspannt ihre Sprache; der Respekt für ihr Thema hält sie zurück, und nur gelegentlich gibt sie ihrer Fantasie freien Lauf, zum Beispiel in der Beschreibung der göttlichen Unordnung in Frys Studio mit dem Stillleben der Äpfel und Eier, das mit dem Vermerk »Bitte nicht berühren« versehen ist. Biografien werden zu häufig »Liebhabereien« genannt, doch »Roger Fry« gehört wirklich in diese Kategorie. Hier schreibt eine Künstlerin liebevoll über einen anderen, damit man sich an ihn erinnert und er Gerechtigkeit erfährt.

Schließlich gibt es die feministischen Bücher – »Ein Zimmer für sich allein« und »Drei Guineen« – sowie mehrere kurze Essays und andere, wovon einige von Bedeutung sind. Sie wird als Autorin von Romanen gemessen werden, doch auch ihr restliches Werk darf nicht in Vergessenheit geraten, einerseits, weil es gut ist, andererseits, weil dieses (wie William Plomer gezeigt hat) bisweilen mehr Züge eines Romans aufweist als ihre Romane.

Nach diesem Überblick können wir ihre Schwierigkeit benennen. Wie die meisten Schriftsteller und Schriftstellerinnen, die es sich zu lesen lohnt, weicht sie von der Norm ab. Sie träumt, gestaltet, macht Witze und Anspielungen, beobachtet Details, aber sie erzählt keine Geschichte und webt auch keine Handlung und – kann sie Figuren schreiben? Das ist der Kern ihrer Schwierigkeit, wo sie sich am stärksten der Kritik ausgesetzt sah – zum Beispiel der Kritik ihres Freundes Hugh Walpole.

Geschichte und Handlung darf man vernachlässigen, wenn man etwas anderes Ganzes erschafft, aber wenn man über Menschen schreibt, dann müssen diese lebendig sein. Hat sie ihre Menschen zum Leben erweckt?

Nun scheint es zweierlei Leben in der Fiktion zu geben: das Leben auf der Seite eines Buches und das ewige Leben. Über das Leben auf der Buchseite konnte sie verfügen, ihre Figuren sind nie unwirklich, egal wie dünn oder fantastisch sie gezeichnet sind, und sie benehmen sich immer angemessen. Das ewige Leben hingegen konnte sie nur selten verleihen und schaffte es kaum, eine Figur so darzustellen, dass man sich auch ohne das Buch an sie erinnerte, wie man sich an Emma Woodhouse oder Dorothea Casaubon oder Sophia und Constance in »The Old Wives' Tale« erinnert[26]. Welche Gespenster sind doch das luftige Sextett der »Wellen« oder Jacob aus »Jacobs Zimmer« außerhalb ihres Kontexts! Ihre Stimmen verstummen, sobald man die Seite umgeblättert hat. Und dies ist ihre größte Schwierigkeit. Mit einer Hand hielt sie sich an der Poesie fest und streckte und reckte sich nach Dingen, die man am einfachsten in den Griff bekommt, wenn man von der Poesie ablässt. Sie weigerte sich loszulassen, und meiner Meinung nach lag sie damit richtig, doch kritische Stimmen, laut denen ein Roman ein Roman zu haben sei, werden ihr widersprechen. Sie hatte recht, sich an ihre besondere Gabe zu klammern, selbst wenn sie dafür etwas anderes, das ebenfalls für ihre Kunst wesentlich war, aufgeben musste. Und schließlich musste sie nicht immer etwas aufgeben: Mr. und Mrs. Ramsay verbleiben nach der Lektüre, Rachel aus »Die Fahrt hinaus« und Clarissa Dalloway möglicherweise ebenfalls. Was den Rest betrifft, so kann man unmöglich behaupten, sie habe eine Sammlung unvergesslicher Persönlichkeiten geschaffen. Gesellschaftlich ist sie auf die obere Mittelschicht begrenzt und verwendet nur wenige ihrer Typen: den lustlos ehrlichen Intellektuellen (St John Hirst, Charles Tansley, Louis, William Dodge); den überlebensgroßen, majestätischen Helden (Jacob, Percival); den selbstherrlichen und wollüstigen Weltmann (Richard Dalloway in »Die Fahrt hinaus«, Hugh Whitbread); den Gelehrten, der sich nur für junge Männer interessiert (Bonamy, Neville); und den kauzigen Freisinnigen (Mr. Pepper, Mr. Bankes). Selbst die Ramsays wurden zuerst in der Form der Ambroses ausprobiert. Wenn wir ihr Instrumentarium einmal verstehen, wird klar, dass sie so gut mit Menschen umging, wie es ihr möglich war. Sie gehört der Welt der Poesie an, doch die andere Welt faszinierte sie, und so reckte sie sich aus dem Zaubergarten und haschte nach den Dingen, die auf dem Strom des Alltagslebens an ihr vorbeigeschwemmt wurden; und aus diesen Dingen baute sie ihre Romane zusammen. Sie tauchte nie in den Strom ein, und das hätte sie auch nicht tun sollen. Andererseits hätte sie sich auch in dem Zaubergarten verkriechen können und Melodien im Stil von »Blau und Grün« aus »Montag oder Dienstag« summen können, doch darauf ließ sie sich ebenfalls nicht ein, und die englische Literatur dankt ihr dafür.

Das ist also ihre Schwierigkeit. Sie ist eine Dichterin, die dem Roman in ihrem Schreiben so nah wie möglich kommen möchte.

Doch ich sollte auch etwas – es sollte eigentlich vieles sein – über ihre Interessen sagen. Ich habe darauf bestanden, dass sie gerne sowohl ernsthaft als auch zum Spaß schrieb, und ich habe versucht zu zeigen, wie sie schrieb: wie sie ihr Material sammelte und es verarbeitete, ohne ihm seine Frische zu nehmen; wie sie es arrangierte, bis es zu einem Ganzen wurde; wie sie, eine Dichterin, Romane schreiben wollte; und wie die Romane letztendlich die Züge – andere würden von Narben sprechen – ihrer eigenartigen Entstehung aufweisen. Ich möchte mich nun mit Materie beschäftigen, mit ihren Interessen und Meinungen. Und um Unklarheit zu vermeiden, beginne ich mit dem Essen.

Bei Woolf ist es stets hilfreich, sich nach Beschreibungen des Essens umzusehen. Diese Passagen sind ausnahmslos toll und bestätigen, wie wach ihre sinnliche Wahrnehmung war. Sie verfügte über eine erhabene Gefräßigkeit, um die sie sogar Gentlemen beneideten und in der ihr nur wenige Männer ebenbürtig waren. Der Wein, den uns George Meredith einschenkt, enthält einen Tropfen Kerzenwachs; die Kruste des Schweinebratens von Charles Lamb ist eine Spur zu papieren; und alles, was uns Henry James auftischt, ist fad. Wenn uns jedoch Virginia Woolf einen Leckerbissen anbietet, dann steckt sie uns diesen direkt in den Gaumen, soweit die Essbarkeit des Gedruckten dies erlaubt. Wir können ihre Aromen schmecken, und wenn sie ungenießbar sind, verziehen wir den Mund lachend zu einer Grimasse. Ich werde diese erlauchte Universität Oxbridge nicht mit der Erinnerung an das Mittagessen quälen, das Woolf im Jahr 1929 zusammen mit einem Dozenten hier verspeiste. Solche Erinnerungen sind mittlerweile zu schmerzhaft. Und ich werde auch nicht das edle Frauencollege der gleichen Universität – das den Namen Fernham trägt –, beleidigen, indem ich an das leidige Abendessen erinnere, das sie am Abend des gleichen Tages dort zu sich nahm und das so schäbig war, dass sie es danach mit einer Flasche aus einem Schrank herunterspülen musste. Zwar mögen diese Erinnerungen den Tatsachen entsprechen, doch ich kann mich unbesorgt auf die großmächtige »Boeuf en Daube«, das zentrale Element der »Fahrt zum Leuchtturm« berufen: die Mahlzeit, an die alle Teile des Romans angebunden sind; die Mahlzeit, die Fürsorglichkeit und Poesie und Lieblichkeit ausstrahlt, sodass alle Figuren endlich gegenseitig das Beste ineinander sehen können, wenigstens für einen Moment, und die bei einer von ihnen, Lily Briscoe, den Nachgeschmack der Realität hinterlässt. Eine solche Mahlzeit kann nicht erschaffen werden, wenn dem Autor oder der Autorin entweder die Fähigkeit oder das Interesse fehlt, sie unter der Cloche hervorzuholen. Wahrhaftiges Essen ist erforderlich, und Woolf wusste, wie sie das bewerkstelligen konnte, sowohl in ihrer Fiktion als auch ihrem Zuhause. Die »Boeuf en Daube«, welche die Köchin drei Tage lang vorbereitet hat und die Mrs. Ramsay besorgte, während sie sich die Frisur machte, steht vor uns in einem »Durcheinander von würzigen braunen und gelben Fleischstücken, und Lorbeerblättern und dem Wein«[27]. Unser Blick wandert die glänzenden Seiten des großen Schmortopfs herunter, wir erhalten eines der besten Stücke und wir – die wir doch in der Regel so schwer zufriedenzustellen sind wie William Bankes – sind zufrieden. Essen war für sie kein literarischer Handgriff, mit dem ein Buch realistischer wurde; sie beschrieb es, weil sie es schmeckte; weil sie Bilder sah; weil sie Blumen roch; weil sie Bach hörte; weil ihre Sinne sowohl fein als auch unersättlich waren und sie beständig mit frischen Eindrücken der Welt konfrontierten. In dieser Hinsicht stehen wir in ihrer Schuld: Sie erinnert uns an die Bedeutung der Sinne in einem Zeitalter der Brutalität und Idealvorstellungen. Ich hätte Sinneswahrnehmungen in ihren Werken schicklicher veranschaulichen können, indem ich auf die anmutige Stelle im Blumengeschäft in »Mrs. Dalloway« oder Rachels Klavierspiel in »Die Fahrt hinaus« hingewiesen hätte, doch Blumen und Musik gehören zum gewöhnlichen Repertoire der Literatur, eine anständige Mahlzeit allerdings nicht. Letzteres schien mir passender, um ihre Wahrnehmungsfähigkeit zu illustrieren. Ich möchte noch hinzufügen, dass Woolf Raucherin war, und nun soll die »Boeuf en Daube« abgeräumt werden. Sie wird zu unseren Lebzeiten nicht mehr serviert werden, denn sie ist nichts für uns. Doch die Fähigkeit, sie zu schätzen, verbleibt, und damit auch die Fähigkeit, jede Art der Unterscheidung zu schätzen.

Die Sinne sind also erledigt, nun zum Intellekt. Sie schätzte Wissen und glaubte an Weisheit. Obwohl man sie nicht als Optimistin bezeichnen könnte, war sie zutiefst davon überzeugt, dass der Verstand mit der materiellen Welt ringe und beständig an Boden gewinne. Zwar war sie sich unsicher, ob von ihr oder ihrer Generation irgendetwas erreicht werden könnte, doch ihre vornehme Herkunft ermutigte sie zur Hoffnung. Mr. Ramsay, der über den Geranien steht und versucht zu denken, soll keine Witzfigur sein, ebenso nicht diese Universität, trotz ihrer Konventionen und Kostüme: Woolf spricht vom »Licht, das dort leuchtet – das Licht von Cambridge«.

Kein Licht leuchtet heute in Cambridge, was zur Feststellung verleiten könnte, dass Woolfs Bücher das Produkt ihrer Zeit seien, dass sie die jüngste Bedrohung unserer Zivilisation nicht hätte verarbeiten können. Das U-Boot hätte ihr wohl keine Schwierigkeiten bereitet, Bomber und Landminen eher schon. Mit der Vorstellung, dass Gestein gleich Gras sei und zusammen mit allem Fleischlichen in einem Augenblick vernichtet werden könnte, musste sie sich nie auseinandersetzen, und es wird geraume Zeit dauern, bis die Literatur dessen fähig sein wird. Sie gehörte einem Zeitalter an, in dem klar zwischen der Vergänglichkeit des Menschen und der Dauerhaftigkeit seiner Monumente unterschieden und die Kuppel des Lesesaals im British Museum für ewig gehalten wurde. Zerfall ließ sie jedoch zu: Die zierlichen grauen Kirchen am Londoner »Strand« würden nicht immer dort stehen, doch Woolf ging – wie wir alle – davon aus, dass sie allmählich zerfallen würden. Die nächste Generation – die man der Handlichkeit halber die »Auden-Isherwood-Generation« nennen kann – hatte in dieser Hinsicht einen klareren Blick, als es ihr möglich gewesen wäre, und sie konnte der Vision dieses Blicks nicht gerecht werden, ebenso wie sie die Experimente dieser Vision nicht wertschätzen konnte – ausgerechnet sie, die in ihrer Zeit so viel experimentiert hatte. Nun ist es eine gewöhnliche Verfehlung, der eigenen Zeit anzugehören, und sie machte das Beste aus ihrer. Sie schätzte und erwarb Wissen, sie glaubte an Weisheit. Aus intellektueller Hinsicht kann man nicht mehr von einem Menschen verlangen, und da sie eine Dichterin und keine Philosophin oder Historikerin oder Prophetin war, musste sie sich nicht fragen, ob die Weisheit sich behaupten würde und ob das Quadrat auf dem Rechteck, das Rhoda der Musik Mozarts entlas, jemals fest auf unserer zerstreuten Erde stehen würde. Das Quadrat auf dem Rechteck. Ordnung. Gerechtigkeit. Wahrheit. Diese Abstraktionen bedeuteten ihr etwas und sie versuchte ihrer Pflicht als Künstlerin nachzukommen, indem sie ihnen mithilfe von Symbolen Ausdruck verlieh, selbst wenn sie sich der Unangemessenheit solcher Symbole bewusst war.

> Dann erscheinen käferförmige Männer mit ihren Geigen; warten; zählen; nicken; die Bögen senken sich. Und dann gibt's ein Geriesel und Gelächter, ähnlich dem Tanz von Ölbäumen … »Wie« und »gleich dem«

> und »ähnlich jenem«— aber was ist denn nun das Ding, das unter dem ihm ähnlichen liegt? Nun, da der Blitz den Baum gespalten hat und der blühende Ast abgebrochen ist … will ich mir das Ding ansehen. Da ist ein Quadrat; da ist ein Rechteck. Die Musiker nehmen das Quadrat und setzen es auf das Rechteck. Sie setzen es sehr genau auf; sie errichten eine vollkommene Wohnstätte. Sehr wenig bleibt außerhalb davon. Die Struktur ist nun sichtbar; was noch ungestaltet ist, wird hier ausgesagt; wir sind weder so vielfältig noch so armselig; wir habe Quadrate verfertigt und sie auf Rechtecke gestellt. Das ist unser Triumph; das ist unser Trost.[28]

Das heißt, der Trost des Erhaschens einer Abstraktion. Diese muss als Symbol gefasst werden, und das Quadrat auf dem Rechteck ist ein solches Symbol wie auch der tanzende Ölbaum, doch aufgrund der Kargheit drücken sie besser aus, worauf Woolf hinauswill. In dieser Suche sind wir »weder so vielfältig noch so armselig«; wir haben der menschlichen Tradition etwas beigefügt und die Weisheit bestärkt.

Das nächste ihrer Interessen, dem wir uns zuwenden sollten, ist die Gesellschaft. Sie beschränkte sich nicht auf die Sinne und den Intellekt, sie war ein soziales Wesen mit einer sowohl warmen als auch schlauen Weltanschauung, doch es war eine spezifische, die wir am besten verstehen, wenn wir einen bestimmten Aspekt betrachten: ihren Feminismus.

Der Feminismus inspirierte eines ihrer brillantesten Bücher – das wundervolle und überzeugende »Ein Zimmer für sich allein«. Dieses Buch erzählt die Geschichte des Mittagessens in Oxbridge und des Abendessens in Fernham, und auch die unvergessliche Begegnung mit dem Hausmeister, als sie vor dem College über den Rasen lief, sowie die berührende Rekonstruktion der Schwester Shakespeares (sie war Shakespeare ebenbürtig, doch sie verkam, weil sie weder Rang noch Geld hatte und das gleiche Schicksal erlitt wie unzählige andere Frauen in der Geschichte). Doch der Feminismus hat auch das schlechteste ihrer Bücher – das zankhafte »Drei Guineen« – zu verantworten, ebenso wie die weniger erfolgreichen Teile von »Orlando«. Feministische Züge finden sich in jedem ihrer Werke und sie dachte beständig über das Thema nach. Sie war der Überzeugung, dass die Gesellschaft von Männern geschaffen worden war und dass deren Hauptbeschäftigungen Blut vergießen, Geld machen, Befehle geben und Uniformen tragen waren – und dass keine dieser Beschäftigungen Bewunderung verdienten. Frauen kleideten sich aus Freude oder dem Bedürfnis, hübsch zu sein, Männer um des Pomps willen. Sie urteilte gnadenlos über den Richter in seiner Perücke, den General mit den Bändchen an der Brust, den Bischof in seinen Roben und sogar den harmlosen Dozenten in seinem Talar. Sie war der Meinung, dass solche Männer an einer Pantomime teilnahmen, über deren Inhalt man nie die Meinung der Frauen zugezogen hatte, und die ihr, abgesehen davon, nicht gefiel. Sie weigerte sich, in der Theorie, zu kooperieren, und manchmal auch in der Praxis. Sie weigerte sich, Komitees beizutreten oder Aufrufe zu unterschreiben, da sie glaubte, dass Frauen weder den von Männern geschaffenen Schlamassel gutheißen noch nach den Krümeln der Handlungskraft haschen sollten, die ihnen Männer gelegentlich an diesem scheußlichen Mahl abwarfen. Wie Lysistrata[29] zog sie sich zurück.

Aus meiner Sicht ist dieser extreme Feminismus etwas altmodisch, er geht auf ihre Jugend als Frauenrechtlerin in den 1910er Jahren zurück, als Männer glaubten, Frauen mit Küssen vom Stimmrecht ablenken zu können, und damit zu Recht Woolfs Zorn auf sich zogen. In den 1930ern konnte sie sich allerdings über weitaus weniger beschweren und schien aus schierer Gewohnheit weiter vor sich her zu grummeln. Sie beschwerte sich zu Recht darüber, dass Frauen zwar Einlass in Berufe und Handwerke erhalten hatten, dort allerdings gegen männliche Verbrüderung anliefen, wenn sie versuchten, an die Spitze zu gelangen. Doch sie weigerte sich anzuerkennen, dass die Verbrüderung mit jedem Jahr schwächer wurde und dass Frauen in nicht allzu ferner Zukunft genauso viel Macht zum Guten und zum Bösen haben werden wie Männer. Sie hatte ein Gespür für die Vergangenheit, der Gegenwart gegenüber verhielt sie sich gelegentlich unvernünftig. Allerdings spreche ich hier als Mann, und dazu noch ein älterer. Es sind weder ältere Männer noch ältere Frauen, die am besten über ihren Feminismus urteilen können, sondern junge Frauen. Wenn sie, wenn Fernhams Studentinnen der Meinung sind, dass Woolfs Feminismus ein weiterhin bestehendes Problem auf den Punkt bringt, dann werden sie damit recht haben.

Sie hielt sich nicht nur für eine Frau, sondern auch eine Lady, und das verleiht ihrem Gesellschaftsverständnis eine weitere Facette. Sie redete bei diesem Thema nicht um den heißen Brei herum. Sie war eine Lady, sowohl durch Geburt als auch Erziehung, und warum sollte sie diese Tatsache scheuen und so tun, als hätte ihre Mutter an der Mangel gestanden und als wäre ihr Vater, Sir Leslie Stephen, der Gehilfe eines Gipsers gewesen. Autoren und Autorinnen aus der Arbeiterklasse sprachen häufig über ihre Herkunft und man respektierte sie dafür – und deshalb würde sie auch über die ihre sprechen. Und ihr Snobismus – denn sie war ein Snob – war eher mutig als arrogant. Er steht mit ihrer unerschöpflichen Ehrlichkeit in Verbindung und ist nicht, wie der Snobismus von Clarissa Dalloway, oberflächlich und salonfähig und unbewusst aus dem Stoff vorzüglicher Polstermöbel in sie übergegangen. Eher ist er der Snobismus von Kitty, als sie bei den Robsons zum Tee eingeladen ist; er steht aufrecht im Raum und dient allen, die ihn treffen möchten, als Zielscheibe. In der Einführung zu »Life as We Have Known It« (einer Sammlung an Biografien von Frauen aus der Arbeiterklasse, die von Margaret Llewelyn Davies herausgegeben wurde) stellt sie sich den Vorwürfen: »Ich könnte unmöglich Mrs. Giles aus Durham sein, denn mein Körper stand noch nie neben einem Bottich voller Wäsche; meine Hände haben noch nie das Fleisch, das man einem Minenarbeiter zum Abendessen zubereitet – welches Fleisch es auch sein mag –, gewunden oder geputzt oder gehackt.« Dies ist nicht entwaffnend, und es soll auch nicht entwaffnen. Wenn man sie darauf hinweisen würde, dass sie doch mit nur geringem Aufwand herausfinden könne, was für Fleisch ein Minenarbeiter am Abend esse, würde sie entgegnen, dass es deswegen nicht gehackt werden würde und dass man sich nicht durch Wissen, sondern nur durch Arbeit in das Leben eines arbeitenden Menschen versetzen könne – und dass sie selbst kein Fleisch hacken würde. Sie würde es kaum hinkriegen und daher nur ihre Zeit verschwenden. Sie würde nichts winden oder schrubben, wenn sie schreiben wollte und konnte. Vernahm sie ein gerauntes »Was für ein Glück die Lady doch hat«, antwortete sie: »Ich bin tatsächlich eine Lady« und schrieb einfach weiter. »Bald wird es keine Ladys mehr geben, kapierst du das?« Sie kapierte es. Ohne Zorn oder Überraschung oder Sorgen nahm sie es zur Kenntnis und umso schneller bewegte sich ihr Füller. Denn war es nicht umso wichtiger, dass die letzte dieser womöglich vom Aussterben bedrohten Lady-Kreaturen ihre Eindrücke aufzeichnete und in einem Buch zusammenführte? Wenn sie dies nicht tat, wer dann? Nicht Mrs. Giles aus Durham. Mrs. Giles würde anders schreiben, vielleicht sogar besser, aber sie hätte nicht »Die Wellen« oder das Leben Roger Frys verfassen können.

In dieser Hinsicht zeigt sie eine bewundernswerte Härte, sofern Härte Bewunderung verdient. Es ist kaum Mitgefühl vorhanden, und meines Erachtens hatte sie nicht viel Mitgefühl. Sie konnte charmant sein, sowohl zu Menschen aus der Arbeiterklasse oder anderen Schichten, doch was sie antrieb, war Neugier und Ehrlichkeit. Wir sollten ebenfalls bedenken, dass Mitgefühl in ihrem Fall einen außerordentlichen und erschöpfenden Akt erforderte, auf den sie sich nicht leichtsinnig einließ. Dieser beinhaltete weder ein Geldstück oder freundliches Wort noch eine gute Tat, philanthropische Predigt oder erhabene Geste; sie bedeutete es, die Sorgen eines anderen Menschen zu den eigenen hinzuzufügen. In spielerischem Ton, aber mit vollkommenem Ernst, schreibt sie:

> Aber Mitgefühl können wir nicht aufbringen. Fatum, das Weise, sagt nein. Sollten seine Kinder, so kummerbeladen wie sie schon sind, auch diese Bürde noch auf sich nehmen, im Geiste den eigenen Schmerzen noch andere hinzufügen, so würde kein Bauwerk mehr entstehen; Straßen würden sich in Wiesenpfade verlieren; mit Musik und Malerei wäre es vorbei; ein einziger großer Seufzer nur würde aufsteigen zum Himmel; und es gäbe für Frauen und Männer einzig die Haltung des Schreckens und der Verzweiflung.[30]

Hier zeigt sich möglicherweise der Grund, warum sie Mrs. Giles aus Durham nicht mit mehr Wärme und Menschlichkeit begegnen kann.

Diese Distanzierung von der Arbeiterklasse und der Linken an sich bestärkt die Distanziertheit ihres Feminismus, und folglich war ihre Haltung zur Gesellschaft reserviert und sperrig. Sie ließ sich faszinieren, sie war furchtlos, aber sie verabscheute die Kumpelei und machte der Mode der Presse ihrer Zeit mit ihrem »Lasst uns doch alle Freunde sein«-Kniff keine Zugeständnisse. Gegenüber der Masse – soweit es eine solche Einheit überhaupt gibt – verhielt sie sich gutmütig, nur händigte sie den Mittelsmännern, die das Recht, die Masse zu interpretieren, für sich in Anspruch genommen hatten und von der Tagespresse und vom Rundfunk dafür bezahlt wurden, keine Komplimente aus. Schließlich bildeten diese Mittelsmänner eine äußerst kleine Clique – zwar größer als die von Bloomsbury, die sie unermüdlich anprangerten, aber doch nicht mehr als ein Tropfen im Ozean der Menschheit. Und da diese Clique nicht mehr als ein Tropfen war, deren Einfluss ihrer Größe entsprach, sah sie keinen Grund, sich mit ihr abzufinden.

»Um nun zusammenzufassen«, sagt Bernard im letzten Teil der »Wellen«. Das kann ich leider nicht, aus Gründen, die bereits genannt wurden: Das Material ist so reichhaltig und widersprüchlich, und unsere Zeit ist keine, die sich für Urteile eignet. Ich bin von einem Punkt zum nächsten gegangen, so gut es mir möglich war, von ihrer Methode zu ihren Büchern, von ihren Schwierigkeiten als Dichterin, die Romane schrieb, zu ihren Schwierigkeiten als Frau und Lady. Dabei habe ich mich bemüht, mit einer Direktheit zu sprechen, die sie sich gewünscht hätte und ohne die man ihr nicht gerecht werden könnte. Doch wie kann man all diese Punkte zusammenführen? Welches Muster ergibt sich daraus? Auch hier zitiere ich am besten Bernard: »Mich überkommt die Illusion, dass etwas für einen Augenblick Zusammenhang hat, Umfang, Gewicht, Volumen hat, vollrund wird. Das scheint für den Augenblick [ihr] Leben zu sein.« Bernard bringt es auf den Punkt, doch, wie Rhoda im vorherigen Zitat andeutet, sind diese Worte nur Gleichnisse, Vergleiche mit materiellen Dingen, und wir sind auf das aus, das unter dem ihm Ähnlichen liegt. Nur das kann uns zufriedenstellen, nur das kann alles ausdrücken.

Welches Muster schlussendlich auch hervortreten mag, es wird gewiss kein deprimierendes sein. Wie all ihre Freunde vermisse ich sie sehr – ich kannte sie, seit sie zu schreiben begonnen hatte. Doch das ist eine persönliche Angelegenheit und es gibt hier keinen Grund zur Klage oder für einen Nachruf. Virginia Woolf erarbeitete ein enormes Werk; sie gab uns neue und kristalline Formen der Freude; sie erhob das Licht der englischen Sprache und leuchtete weiter in die Finsternis. All dies sind Tatsachen. Die Grabinschrift einer solchen Künstlerin kann nicht von einem gemeinen oder vergrämten Verstand verfasst werden. Zwar wird es versucht werden, in der Tat wurde es schon versucht, aber solche Worte ergeben keinen Sinn. Es ist ratsamer und sicherer, ihre Karriere als einen Triumph zu verstehen. Sie triumphierte über das, was man spröde »Schwierigkeiten« nennen kann, und sie triumphierte auch im anderen Sinne des Wortes: Sie brachte die Beute zurück. Und manchmal erscheint mir ihr Werk als eine Reihe kleiner Silbertassen, die im Licht aufglänzen. »Diese Trophäen«, besagt die Inschrift, »gewann der Verstand der Materie ab, seinem Feind und Freund«.

# *Die Raison d'Être der Kritik*

Eine Rede anlässlich des Symposiums für Musik an der Universität Harvard

Da ich Musik für die tiefste und am tiefsten verwurzelte der Künste halte, werde ich mich in diesem kurzen Überblick der *Raison d'Être* der Kritik bevorzugt auf sie berufen. Dazu fehlt mir die Autorität; ich bin ein Amateur, dessen unzureichende Expertise sich allzu bald zeigen wird, doch vielleicht können Sie sich mir erbarmen, wenn ich Sie daran erinnere, dass das Wort »Amateur« Liebe voraussetzt[31]. Ich liebe Musik. Auf sich allein gestellt genügt diese Liebe, oder auch die Liebe für jemanden oder etwas, nicht. Sie muss geläutert und gebändigt werden, um aus ihr schöpfen zu können, und bei dieser Aufgabe kann uns die Kritik behilflich sein. Trotzdem muss am Anfang die Liebe sein. Im Fall der Musik muss man die Musik hören wollen; fehlt dieses Verlangen und bleibt das Mitgefühl nach dem Hören aus, bedeutet die Musik nichts, ist unverständlicher Schall und Wahn, auch wenn sie intellektuell gesehen noch so inhaltsreich ist.

Die Argumente *gegen* die Kritik sind bedenklich überzeugend, und mein Überblick ist gezwungenermaßen weitgehend der eines Advocatus Diaboli, doch heute ist nicht ihr Tag, weshalb ich mit den Argumenten *für* die Kritik beginne.

Die meisten unter Ihnen werden mir vermutlich zustimmen, dass der Auseinandersetzung mit der Kunst idealerweise eine gewisse Ausbildung vorangeht. Wir misstrauen der unbedarften Wertschätzung der Kunst, da sie sich oft selbst im Wege steht. Zwar sollte Wertschätzung genügen, doch wenn uns nicht gezeigt wird, wie wir sie anwenden können, wenn wir nicht lernen, indem wir wegen ihr scheitern, und wenn wir sie nicht mit anderen Ansätzen vergleichen können, hat diese Wertschätzung keinen Biss. Wir werden an der Oberfläche von Meisterwerken umherplantschen und vor Freude kreischen, ohne je in sie einzutauchen. »O, wie ich Bach doch liebe«, ruft einer, während eine andere erwidert, »Wirklich? Mir ist Chopin lieber«. Die beiden verlassen die Bühne an entgegengesetzten Enden und beschwören jeweils Bach und Chopin und hören dabei weniger den Klang der Musik als den ihrer eigenen Stimmen. Sie erinnern mich an Menschen, die an der Börse tätig sind und die über die Vernünftigkeit ihrer Investitionen forthalten; dass die Bach-Aktien ja nicht an Wert verlören, der Kurs der Chopin-Aktien ja nicht falle, sonst stünde man an der Börse der Ästhetik als wahrer Dummkopf da. Der Einwand gegen die unbedarfte Wertschätzung der Kunst ist daher nicht ihre Naivität, sondern dass sie in erster Linie zu Selbstwertschätzung führt und sonst zu nichts. Dieser Albernheit kann der kritische Geist entgegenwirken.

Außer im Moment, in dem wir mit dem Kunstwerk in Berührung kommen – und ich habe einiges über diesen schwierigen Moment zu sagen –, lohnt es sich zu verstehen, warum man etwas schätzt, und man profitiert davon, seine Vorlieben rational rechtfertigen zu können. Dadurch bestärkt sich unser Urteil und – gesetzt den Fall, alles laufe rund – wird die Berührung mit dem Werk intensiver, einnehmender und wertvoller.

Ich stipuliere die Bedingung, »alles laufe rund«, da der Erfolg dieser Berührung im Ermessen eines unbekannten Gottes liegt. Es lauert auch beständig die entgegengesetzte Gefahr: dass Vertrautheit, die Empfindsamkeit fördern soll, diese sterilisiert; dass sie zu Wissen und nicht Weisheit und dass Kritik zu nichts als Kritik führt; dass der Überfluss der spontanen Freude, wie Matthew Arnold in »The Progress of Poesy« beschreibt, nicht mit voller Macht strömt, weil man allzu gewissenhaft versucht hat, sie in bestimmte Bahnen zu lenken. Dieses Risiko muss man hinnehmen, schließlich wäre der Strom vielleicht schon versiegt, hätte man sich gar nicht um ihn gekümmert. Wir hoffen also, dass die Kritik uns hilft. Wir respektieren sie als humane Tätigkeit, als ein Teil desjenigen Erbes, das uns von den Tieren unterscheidet.

Wie setzt man diese Tätigkeit am besten um? Man muss ihr die Freiheit einräumen, ästhetische Theorien aufzustellen, wenngleich diese von manchen als tragbare Sezierapparaturen verspottet werden, als ein Prokrustesbett, auf dem Milton zu lang und Keats zu kurz ist[32]. In einem Zeitalter, in dem man Theorien respektiert – wie man zum Beispiel im siebzehnten Jahrhundert Aristoteles' Theorie der drei dramatischen Einheiten respektierte –, können sie hilfreich und anregend sein, besonders für das Verständnis der Form[33]. Die französische Tragödie gipfelte in Racine, weil man sich dermaßen an gewisse Gängelbänder gewöhnt hatte, dass man sie kaum noch spürte. Schlechter erging es Corneille und Tasso. Nachdem Corneille den »Cid« vollendet hatte, verschwendete er geraume Zeit damit, seine Abweichungen von der aristotelischen Theorie zu rechtfertigen[34]; und Tasso verschwendete noch mehr Zeit, denn er veröffentlichte seine Theorie des christlichen Epos, bevor er »Das befreite Jerusalem« geschrieben hatte, das die Theorie veranschaulichen sollte. Das Epos wurde kritisiert, weil es weder dem, das Aristoteles, noch dem, das Tasso gesagt hatte (beziehungsweise dem, was dieser dachte, gesagt zu haben), entspräche. Tasso war gekränkt; verrannte sich in einer Kontroverse, die drei Bände zutage brachte, die nicht einmal Professor Saintsbury gelesen hat; schrieb ein zweites Epos, das alle Regeln befolgen sollte; schaffte es nicht; und verlor schließlich den Verstand. Außer in Russland, wo die Regelbrechungen Schostakowitschs Parallelen zu diesen Fällen aufweisen[35], verfügen Theorien nirgends auf der Welt über die bildende Kunst, weder zum Guten noch zum Schlechten. Es fehlt der Nährboden, in der Theorien gedeihen können, und die Versuche bestimmter Regierungen, diesen in Büros anzulegen, sind zum Scheitern verdammt. Die Entwicklung ästhetischer Theorien und deren Vergleich sind erstrebenswerte kulturelle Übungen, doch Theorien an sich werden weder breiten Anklang finden noch besonders hinderlich oder hilfreich sein.

Eine praktischere Anwendung der Kritik ist die aufmerksame Analyse bestimmter Kunstwerke. Welches Ziel wollte der Künstler oder die Künstlerin erreichen? Welche bewussten oder unbewussten Mittel setzen er oder sie dazu ein und erzielen diese Mittel die erwünschte Wirkung? Und falls nicht, kann man dies auf etwas Bestimmtes zurückführen? Bei einer solchen Analyse zerbrechen die Werkzeuge, sobald sie mit dem lebendigen Gewebe des Werkes in Berührung kommen. Die Apparatur bedeutet nichts, der Untersuchungsgegenstand alles. Ich bezweifle, dass versierte Kritiker und Kritikerinnen eine solch extreme Position gutheißen werden, doch ich verfolge bestimmte Betrachtungen gerne so weit, wie es einem Amateur wie mir möglich ist. Abgesehen davon, dass es mir Freude bereitet, lohnt es sich auch, so gut es der eigene Verstand zulässt, gewisse Details eines Arguments auf die Spitze zu treiben und im Kielwasser der Experten und Expertinnen zu fahren, bis das Argument endgültig hinter dem Horizont verschwindet. Dabei ist es hilfreich, ein bestimmtes Kunstwerk vor sich zu haben. So lernt man etwas über dieses und entwickelt seine Fähigkeiten weiter. Darin liegt meines Erachtens die Hauptaufgabe der Kritik: in der Bildung durch Genauigkeit.

Eine dritte, weniger bedeutende Anwendung muss hier genannt werden, und da ich mich besser mit ihr auskenne als mit Genauigkeit, werde ich sie ausführlicher behandeln: Kritik kann anregen. Nur wenigen von uns ist es gegeben, die Schönheit und Herrlichkeit der Welt ohne Weiteres wahrzunehmen; wenn die Kunst sie uns enthüllt, kann dies eine gegenläufige Wirkung haben, und anstatt etwas klarer zu sehen, erhebt sich ein Schleier vor unseren Augen. Dieser abstumpfenden Wirkung kann man häufig schon mit einem sorgsam ausgewählten Wort entgegenwirken. Eine Bemerkung, die weder tiefsinnig noch wahr sein muss, kann uns aufrütteln und uns zur Suche nach der Schönheit und Herrlichkeit anregen, der wir zuvor keine Aufmerksamkeit schenkten. Hierin liegt das Potenzial des Journalismus und des Rundfunks. Sie eignen sich zwar weder zur Synthese noch zur Analyse von Kunstwerken, jedoch zur Verbreitung geflügelter Worte, die dazu anregen, sich mit den Quellen auseinanderzusetzen, aus denen sie stammen.

Es gibt auch eine Form der Kritik, die keinen interpretatorischen Wert hat, wofür man sie nicht übereilt verurteilen sollte. Beispielsweise wurde schon vieles über Musik geschrieben, das sich nicht wirklich mit Musik befasst und das Musiker und Musikerinnen zum Schmunzeln bringen muss. In der Regel handelt es sich dabei um Beschreibungen des Zustands, in den jemand im Konzertsaal versetzt wurde, und der Bilder, die dabei aufkamen. Ich gebe Ihnen ein Beispiel von Walt Whitman, ein äußert reizendes, wenn ich dies anmerken darf. Whitman hatte sich »eines von Beethovens meisterhaften Septetten« in Philadelphia angehört (Beethoven schrieb nur ein Septett, aber dies wusste der alte Haudegen nicht). Das Konzert, gespielt von einer »kleinen Gruppe hervorragend ausgewählter und kombinierter Instrumente« brachte ihn der Entrückung nahe.

Sanfte Selbstaufgabe, als säße die Natur auf einem sonnigen Hügel und lachte. Ernste und strenge Monotonien, wie die des Windes. Ein Horn, das im Dickicht des Waldes erklingt, und sein ebbender Widerhall. Das besänftigende Schäumen der Wellen, die sich plötzlich erheben und aufklatschen und grummeln, zornig und schwer. Hie und da markerschütterndes Glockengelächter und dann auch seltsam, wie es die Natur in gewissen Stimmungen ist, doch meistens spontan, leichtfüßig und unbeschwert – häufig an die nackten Körper spielender oder schlafender Kinder erinnernd. Gerne beobachtete ich, wie die Geiger ihre Bögen meisterhaft zogen – jede Bewegung bis ins letzte Detail einstudiert. Ich erlaubte mir, wie ich es manchmal tue, mich davontreiben zu lassen. Es formte sich ein Bild vor meinen Augen von einem frischen Hain voller singender Vögel, in deren Mitte zwei einfache menschliche Seelen besonnen und im Einklang ihre Gedankenverlorenheit und Freude bekundeten.

Eine anmutige Passage, allerdings eine literarische, und was hat sie mit Beethovens op. 20 zu tun? Es hat die Vorstellungskraft eines Dichters entfacht. Er hat sich erlaubt, sich davontreiben zu lassen, allerdings nicht in Richtung Beethoven, was vermutlich das Ziel war. Stattdessen hat er Bilder heraufbeschworen, die ihm, dem Dichter, entsprechen, und daher wird am Ende des Zitats eher ein himmlisches Konzert beschrieben als dasjenige, dem Whitman beiwohnte.

Ein weiteres Beispiel dieser Form der Kritik findet sich bei Marcel Proust. Proust ist das Gegenteil von Whitman – intellektuell, gepflegt, clever und gebrechlich –, doch auch er reagiert visuell auf ein Septett und lässt sich in Gefilde weitab des Konzertsaals abtreiben. Bei ihm handelt es sich um das Septett von Vinteuil, einem unbekannten Organisten aus der Provinz, der bis zu diesem Zeitpunkt in der Erzählung kaum vorkam und der Leserschaft lediglich als Komponist einer Geigensonate bekannt war. Jedoch ist seine Sonate, genauer gesagt »la petite phrase«, ein entscheidendes Element der ausufernden Handlungslosigkeit des Romans. Eine Figur nach der anderen kriegt sie zu Ohren und verspürt dabei Hoffnung, Eifersucht, Verzweiflung und Ruhe, je nach den Umständen, in denen die »petite phrase« erklingt. Wir können nicht wissen, wie sie klingt, doch ihr Erscheinen bedeutet stets emotionale Verdichtung.

Gegen Ende des Romans wohnt der Protagonist einem Konzert bei, an dem ein neues Werk gespielt werden soll. Da er in eine gesellschaftliche Kleinlichkeit verwickelt wird, sieht er sich das Programm nicht an und weiß daher nicht, dass es sich bei dem neuen Werk um ein Septett handelt. Die ersten Takte sind düster und unterkühlt – das Meer vor dem Morgengrauen. Er findet sich in einer fremden Welt wieder, in der alles seinem Verständnis trotzt. Inmitten dieser Verwirrung taucht sie auf, die »petite phrase«, eine Anspielung an die Sonate.

Die Hauptfigur hört sich ein posthum veröffentlichtes Werk Vinteuils an, den er nicht kannte. Plötzlich nimmt alles Form an. Es ist ihm, als sei er durch unbekanntes Land gewandelt und wäre über das Törchen zum Garten eines Freundes gestolpert. Das Septett dehnt sich aus und nimmt immense Proportionen an, doch nun kann er es fassen. Der Sonnenaufgang färbt das Meer scharlachrot ein, die Freude des gleißenden Mittagslichts erzeugt noch mehr Bilder und die »petite phrase«, einst jungfräulich und scheu, ist nun erhaben, farbenfroh, vollendet, reif.

Derartige bildliche Fantasien sind nicht unbedingt nach meinem Geschmack[36]. Whitmans Unbefangenheit hat etwas, doch Prousts prätentiöse Art ist mir unangenehm. Sollten wir nun schließen, dass sie uns in Sachen Musik nichts sagen und auch nichts zu sagen haben? Dieses Urteil ist mir zu streng. Obwohl sie uns die Musik der Septette Beethovens beziehungsweise Vinteuils nicht näherbringen, regen sie uns dazu an, uns die Musik anzuhören; sie fordern uns auf, die Beschreibung mit unserer eigenen Erfahrung zu vergleichen und zu sehen, ob diese etwas gemeinsam haben. Diese Schärfung des Interesses ist durchaus wünschenswert, und sie kann aus verschiedenen Quellen stammen, zum Beispiel der Feder eines arrivierten Kritikers wie Donald Tovey[37], eines alten Haudegens in Philadelphia oder eines überheblichen Franzosen im Faubourg Saint-Germain. Nicht alle haben die gleiche Qualität. Die besten Interpretationen werden stets von denjenigen geschrieben, welche die

Musik tatsächlich hören, doch auch diejenigen, die sich nach den ersten Takten abtreiben lassen, haben ihren Nutzen. Ihre gedankenverlorenen Beobachtungen, Vorstellungen und Träumereien schärfen unsere Wahrnehmung. Sie erinnern uns daran, dass es um die Musik an sich geht, und vielleicht können wir, die wir ihnen doch in anderer Hinsicht unterlegen sind, der Musik länger zuhören als sie.

Beispiele von höherem musikalischem Wert enthalten die frühen journalistischen Schriften von George Bernard Shaw. Obwohl Shaw ein Literat war, ebenso wie Whitman und Proust, und daher gerne seinen eigenen Gedanken und Vorstellungen nacheifert, vergisst er die Musik nicht. Und so kann er sowohl interpretieren als auch anregen. Zum Beispiel sagt er Folgendes über Haydn: »Haydn hätte einer der Größten werden können, wenn er die Entschlossenheit gehabt hätte, sich dieser schrecklichen Eminenz anzunehmen. Wir haben das Glück, dank ihm wenigstens ein Genie zu kennen, das zufrieden im Tal der Demut ruhte und keinen Drang verspürte, das finstern Tal zu erklimmen.« Eine äußerst feinsinnige und zutreffende Einschätzung. Wie gut sie Haydns Angewohnheit, sich von der Tragik abzuwenden, in Worte fasst – man denke beispielsweise an die Eröffnung der 97. Sinfonie in C-Dur. Dort wendet er sich der Fröhlichkeit zu, nicht etwa, weil er sich vor der Tragik und deren Wirkung auf die Hörerschaft fürchtet, sondern weil er es schlicht und einfach bevorzugt, nicht der Tragik zu verfallen. Dies ist ein essentielles Merkmal Haydns;

indem Shaw es hervorhebt, beweist er seine Fähigkeit, die Musik von innen zu verstehen; und er hätte sie wohl noch tiefgehender analysieren können, hätte seine Karriere und seine Vorlieben ihm den Platz dafür gelassen.

Zu diesem Thema erinnere ich mich auch gerne an scherzhafte Aussagen über Musik, deren unverantwortliche Albernheit gelegentlich und nebenbei frischen Wind in die Angelegenheit bringen kann. Auch sie können uns dazu anregen, uns die Musik genauer anzuhören. Zum Beispiel besagt die Beobachtung des englischen Komikers Beachcomber, Wagner sei der Puccini der Musik, weitaus mehr, als ihm bewusst ist. Abgesehen davon, dass er eine klischierte Wendung auf die Schippe nimmt, wischt er der großen Operntradition eins aus und schert dabei Brünnhilde und Madame Butterfly salopp über den gleichen Kamm. Ich erinnere mich auch gerne an eine Bemerkung meines Onkels – eines wahren Kerls, der jagte und fischte und sich seine Zeit im Allgemeinen mit Waffen und Sport vertrieb und die Künste aufrichtig verabscheute. »Mir wurde gesagt«, sinnierte er einmal, »dass Musik wie eine Waffe ist: Sie schmerzt weniger, wenn man sie selbst abfeuert.« Abgesehen davon, dass er damit meiner Tante – einer Frau, die Mendelssohn anbetete – zielsicher einen Stich versetzte, zeigte er treffend die Kluft zwischen Kunst und Kritik auf. Wer erschafft und wer auswertet, sind nie gleichermaßen betroffen. Diese Kluft stellt das Hauptproblem dar, dass ich hier behandle, und hoffentlich wird es uns frischer erscheinen, nachdem sich mein Onkel in seiner hemdsärmeligen Manier darüber lustig gemacht hat, bevor er strammen Schrittes zu seinen Hunden zurückkehrte.

An dieser Stelle entfaltet sich das ganze Ärgernis. Wir werden einer Meinung sein, dass Kritik sowohl bildet als auch einen kulturellen Wert hat. Einerseits trägt Kritik zur Zivilisierung der Gemeinschaft bei, legt Standards fest, bildet Theorien, regt an, analysiert, und sie ermutigt uns, die Welt zu genießen. Andererseits deckt sie Hochstapelei und Überheblichkeit auf und hält die Eingebildetheit in Schranken. All dies sind beachtliche Leistungen, doch mir wäre es lieber, wenn ich die *Raison d'Être* der Kritik an etwas Höherem festmachen könnte als öffentlichem Nutzen. Ich möchte die geistige Ebenbürtigkeit zwischen Kritik und ihrem Objekt aufzeigen, und das ist keine leichte Aufgabe – diese Schwierigkeit wurde schon von verschiedener Seite auf den Punkt gebracht. Zum Beispiel hielt Mr. F.L. Lucas die Kritik für einen reizenden Parasit, während Tschechow sie als Hornisse verstand, die den Ochsen vom Pflügen abhält, und Lord Kames, ein Philosoph aus dem achtzehnten Jahrhundert, sie mit einem Wicht vergleicht, der Kritiker und Kritikerinnen von ihrer wahren Aufgabe abbringt und sie dazu verführt, sich bloß gegenseitig zu kritisieren. Mein Problem liegt nicht darin, dass die Kritik ein Parasit, eine Hornisse oder ein Wicht sei, sondern dass sich der kritische und schöpferische Geist grundlegend unterscheiden. Diesen Unterschied möchte ich Ihnen nun genauer vorlegen.

Wie verhält es sich mit dem schöpferischen Geist? Man vergisst sich selbst; man lässt gewissermaßen einen Eimer in das Unbewusstsein herunter und befördert etwas an die Oberfläche, über das man sonst nicht verfügen könnte. Man vermischt dieses Etwas mit Dingen, die man erlebt hat, und aus dieser Mischung schafft man ein Kunstwerk. Dieses mag gut oder schlecht sein – wir setzen uns in diesen Betrachtungen nicht mit der Frage der Qualität auseinander –, doch ob gut oder schlecht, es wird auf diese sonderbare Weise verdichtet worden sein, und danach wird der Künstler oder die Künstlerin nicht nachvollziehen können, wie dieser Vorgang vonstattenging. So scheint mir der schöpferische Geist zu funktionieren. Technische Fertigkeit und Wissen über die Welt mögen zu diesem Prozess beitragen, und auch von kritischen Standards kann der schöpferische Geist profitieren, doch stets ist da das Zeugs aus dem Eimer, das unbewusste Zeugs, das man nicht willkürlich hervorrufen kann. Wenn der Vorgang abgeschlossen ist, das Gemälde oder die Sinfonie oder das Gedicht oder der Roman (oder was auch immer es sein mag) vollendet, werden sich der Künstler oder die Künstlerin wundern, wie um Himmels willen sie es zustande gebracht hatten, und in der Tat war der Akt eher himmlisch als irdisch.

Ein hervorragendes Beispiel des schöpferischen Aktes findet sich im »Kubla Khan«. Mithilfe einer Dosis Opium kam Samuel Taylor Coleridge sein berühmter Traum, und er tauchte tief in sein Unbewusstsein ein. Als er erwachte, schrieb er alles auf, bis jene Person aus Porlock ihn leider störte, um geschäftliche Dinge mit ihm zu besprechen[38].

Auf dass ein Kreis sich um ihn schließ!
Senkt scheu den Blick vor dieser Schau,
denn dieser aß vom Honigtau,
Und trank die Milch vom Paradies …[39]

… und schon klopft die Person aus Porlock an der Türe. Danach konnte Coleridge seine Aufgabe nicht wieder aufnehmen, die Verbindung zum Unbewussten war gekappt. Er hatte etwas geschaffen und wusste nicht, wie. Zwar hat Professor John Livingston Lowes[40] gezeigt, dass sich viele Fragmente Coleridges täglicher Lektüre im »Kubla Khan« sedimentiert haben, doch das Gedicht als Ganzes gehört einer andern Welt an – einer Welt, die Coleridge nur selten aufzuzeichnen pflegte.

Der schöpferische Geist gleicht einem Traum. Coleridge hatte einen tatsächlichen, in anderen Fällen, zum Beispiel bei Jane Austen, ist das Träumen undeutlicher oder zahmer, doch selbst Austen mag auf »Emma« zurückgeblickt und festgestellt haben: »Meine Güte, wie kam mir denn diese Idee? Schlecht ist sie allerdings nicht.« In jedem Fall, sogar bei höchst realistischer Kunst, entsteht diese Distanz zwischen Person und Schöpfung, und mit ihr ein Überraschtsein.

Die beste Beschreibung des schöpferischen Geistes befindet sich meines Wissens in einem Werk des französischen Schriftstellers Paul Claudel. In »Die Stadt«

werden einem Dichter zwei Fragen gestellt: Woher nimmt er seine Inspiration und wie ist es möglich, dass in seinen Worten alles verständlich wird, obwohl er nichts erklärt. Der Dichter antwortet wie folgt:

Ich spreche nicht aus, was ich mir vorgenommen habe, sondern ersinne im Schlaf. Ich kann nicht erklären, woher mein Atem stammt, denn der Atem wird aus mir herausgezogen. Ich erweitere die Leere in mir, ich öffne meinen Mund, ich atme ein, ich atme aus. Ich gebe meinem Atem die Form eines verständlichen Worts, und nachdem ich gesprochen habe, weiß ich, was es war.

Die Stelle enthält eine weitere Idee, die ich in meiner verkürzten Übertragung gar nicht erst zu vermitteln versucht habe: dass, wenn das Einatmen die *In*spiration darstellt, das Ausatmen die *Ex*spiration ist, ein Vorzeichen des Todes und der Zeit, in welcher dem Menschen der Atem ein letztes Mal von einer unbekannten Kraft entzogen wird. Für Claudel sind Schöpfung und Tod eng miteinander verbunden, doch ich beschränke mich auf seine Beschreibung des schöpferischen Geistes. Wie präzise sie die Entstehung des »Kubla Khan« beschreibt! Alle Elemente sind vorhanden: das Ersinnen im Schlaf; die Verbindung des Unbewussten und Bewussten, die entstehen muss, bevor das Kunstwerk erschaffen werden kann; und das Überraschtsein des Schöpfers über seine eigene Schöpfung.

Je restitue une parole intelligible,
Et, l'ayant dite, je sais ce que j'ai dit.

Genau das widerfuhr Coleridge. Er sprach und wusste, was es war, doch sobald die Inspiration unterbrochen war, konnte er nicht weitersprechen.

Aber wenden wir unseren Blick nach dieser kurzen Betrachtung des schöpferischen Geistes dem kritischen Geiste zu. Dieser besitzt viele Vorteile und erfordert einige der höchsten und feinsten Fähigkeiten des Menschen. Dennoch ist er lachhaft weit von dem Geist entfernt, aus dem die Werke, die er zu untersuchen vorgibt, hervorgegangen sind. Kein Eimer wird in das Unbewusste hinuntergelassen, nichts wird im Schlaf ersonnen, und nachdem dieser Geist gesprochen hat, weiß er nicht, was es war. Denk, bevor du sprichst, lautet das Motto der Kritik; sprich, bevor du denkst, das der Schöpfung. Kein Besuch aus Porlock könnte die Kritik aus der Ruhe bringen; tatsächlich stammt die Kritik mitunter selbst aus Porlock. Obwohl Kritik weder Vorstellungskraft noch Mitgefühl ausschließt, kontrolliert sie diese und alle anderen menschlichen Fähigkeiten und setzt sie nur ein, wenn sie sich als hilfreich erweisen.

So nähert sich die Kritik ihrem Gegenstand an. Sie hat zwei Ziele. Das erste und wichtigere ist ästhetischer Natur. Zu diesem Zweck wird der Gegenstand an sich als Einheit betrachtet, und die Kritik sagt, was es über deren Innenleben feststellen kann. Das zweite Ziel ist untergeordnet: die Beziehung des Gegenstands zur Welt. Dabei werden weniger relevante Probleme betrachtet, zum Beispiel die Bedingungen, unter denen ein Werk geschaffen wurde; Dinge, von denen das Werk beeinflusst wurde (Kritik liebt Einflüsse); die Wirkung, die das Werk auf spätere Werke hatte; das Leben des Künstlers oder der Künstlerin und das Leben deren Eltern; Spekulationen über Dinge, die vor der Geburt anders hätten verlaufen können; und so weiter und so fort, wobei man auf der einen Seite in psychologische, auf der anderen in historische Betrachtungen abrutscht. Vieles davon ist wertvoll, doch selbst wenn wir uns eine ästhetische Theorie zurechtlegen – die beste verfügbare, und es stehen einige vorzügliche Theorien zur Auswahl – und ihre Maßstäbe und Zangen und Zirkel und Katheter auf ein bestimmtes Kunstwerk anwenden, überkommt uns – vorausgesetzt, wir sind empfindsam – ein Gefühl der Absurdität. Es funktioniert nicht: Die beiden Welten sind nicht einmal aufeinandergeprallt, sondern wurden einander entgegengestellt. Es entsteht keine geistige Ebenbürtigkeit. Wenn die Kritik sich von ihrer zentralen ästhetischen Motivation entfernt und Einflüsse und Psychologie und Geschichte in Betracht zieht, geschieht zwar etwas und etwas kommt mit etwas anderem in Berührung, doch nicht die Kritik mit dem Kunstwerk.

Kunstwerke sind merkwürdige Gegenstände, denn sie sind ansteckend. Im Gegensatz zu Maschinen verfügt ein Kunstwerk über die Kraft, die Person, die sich mit ihm auseinandersetzt, dem Zustand der Person, die es erschaffen hat, anzunähern. (Ich bediene mich hier absichtlich der klobigen Phrase »dem Zustand anzunähern«.) Wir – die betrachten oder zuhören oder was es sonst sein möge – erfahren etwas, das dem schöpferischen Akt gleicht. Etwas ergreift uns und zieht uns in die Gefilde, in denen der Künstler oder die Künstlerin waltete, und ihnen gleich, sind wir überrascht, wenn wir uns plötzlich auf der Erde wiederfinden. Es wäre vermessen zu behaupten, dass wir uns tatsächlich in den Zustand des Künstlers oder der Künstlerin einfühlen und so an der Schöpfung des Werkes teilhaben. Ganz egal, wie stark mich Brahms' 4. Sinfonie anregt, ich kann nicht davon ausgehen, dass diese Anregung der Brahms' entspricht, und vermutlich unterscheidet sich, was er fühlte, von dem, was ich als Anregung empfinde. Trotzdem wurde ich angesteckt und etwas wurde von Brahms' Musik auf mich übertragen. Etwas wurde weitergegeben. Ich habe mich seinem Zustand im Akt des Schöpfens angenähert, er hat mich mir selbst entzogen und mich in einen Traum versetzt. Und wenn die Passacaglia ausgeklungen und die Veränderung vollbracht ist, dann überkommt mich Überraschung.

Bedauerlicherweise ist diese Ansteckung, dieses Gefühl der Annäherung an den schöpferischen Akt, das den wichtigsten Schritt in unserer Pilgerreise durch die Künste darstellt, derselbe Schritt, bei dem uns die Kritik nicht behilflich sein kann. Sie kann uns im Allgemeinen auf ihn vorbereiten und uns lehren, unsere Sinne nicht zu verschließen, doch sie kann uns nicht beim wichtigsten Schritt begleiten und muss zurückbleiben wie Dantes Vergil auf dem Gipfel des Fegefeuers. Die Liebe rückt näher und wir müssen uns auf Beatrice verlassen, die wir schon seit jeher liebten[41]. Falls wir sie nie geliebt haben, ist jegliche Hoffnung verloren; wir werden uns mit Theorien und Einflüssen und psychologischen und geschichtlichen Betrachtungen etwas vorübergehend Nützliches zusammenschustern, müssen es jedoch an den Pforten des Himmels zurücklassen. Ich möchte nicht den Eindruck erwecken, dass das Verständnis der Künste einer mystischen Vereinigung gleichkommt oder gleichkommen sollte. Doch wie bei einer mystischen Erfahrung werden wir in einen ungewöhnlichen Zustand versetzt, der uns nur durch Liebe zugänglich wird. Drückt man es nüchterner aus, kann man sagen, dass wir Musik nicht verstehen, es sei denn, wir haben das Verlangen, sie zu hören. Und so kehren wir zur Erde zurück.

Betrachten wir nun das Kunstwerk, diesen garstigen Gegenstand, aus einem anderen Blickwinkel, der ebenfalls seine Widerständigkeit zur Kritik aufzeigt: Frische. Angenommen, ein Kunstwerk ist authentisch, wird es für immer taufrisch sein. Es soll immer zum ersten Mal gehört oder gelesen oder gesehen werden, und es soll immer überraschen. Es soll nicht analysiert und noch weniger soll es als Kreuzworträtsel verstanden werden, dessen Lösung langes Grübeln erfordert. Täte es dies, protzte es mit seiner Unverständlichkeit, dann wäre es in dieser Hinsicht kein Kunstwerk – nicht eine unsterbliche Muse, sondern eine Sphinx, die stirbt, sobald ihr Rätsel gelöst ist. Ein Kunstwerk setzt den idealen Empfänger oder die ideale Empfängerin voraus; dass es diese nicht gibt, ist ihm gleichgültig. Das Kunstwerk macht unserem Unwissen keine Zugeständnisse und unterwirft sich nicht unserem Wissen.

Diese ewige Frische stellt ein Problem für die Kritik dar, da diese beim zweiten Hören oder Lesen oder Sehen eines Kunstwerks zu Recht davon profitiert, es schon einmal gehört oder gelesen oder gesehen zu haben. Sie analysiert und vergleicht und erinnert sich und sieht sich häufig dazu gezwungen, den ersten Eindruck als nicht bedeutend abzustempeln. Daher mag die Kritik ein angemessenes und zutreffendes Verständnis des Werkes erlangen, doch sie sollte auch überrascht sein – und das übersteigt in der Regel ihre Fähigkeiten. Man denke beispielsweise an Beethovens 9. Sinfonie, diejenige in A-Dur (sie ist doch in A-Dur?). Die ersten Takte künden diese Tonlage so deutlich an, wie es Quinten vermögen, und es bleibt lediglich die Frage, ob der Satz sich als Dur oder Moll entpuppt. Mit dem fünfzehnten Takt stellt sich die schreckliche Überraschung ein: der Sturz in D-Moll, der die Musik an das unumgängliche Ende knüpft, egal, wie weit sie sich sonst in andere Richtungen erstreckt. Darf man sich erhoffen, diesen Schrecken und diese Überraschung zweimal zu erfahren? Ist es möglich, die ersten Takte nicht als Vorbereitung auf den Sturz zu hören, um den Sturz erneut in seiner vollen Kraft zu erleben? Ich denke, es ist möglich. Die bewusste Missachtung des bereits Erfahrenen ist möglich, sodass man zu einem Kind wird, dass jedes Mal »Oh!« ruft, wenn der Ball aufspringt, obwohl es ihn schon unzählige Male hat springen sehen und wissen müsste, dass er das tut.

Es ist möglich, aber selten. Kritiker oder Kritikerinnen, welche die Partitur der 9. Sinfonie in- und auswendig kennen und trotzdem die Eröffnung als eine zögerliche Bewegung in A-Dur zu etwas Unbekanntem hören können, haben den Gipfel ihrer Profession erreicht. Die meisten von uns werden sich damit begnügen müssen, gut informiert zu sein. Gut informiert zu sein hat eine beruhigende Wirkung. Dabei vergisst man, dass Beethoven beabsichtigte, dass man seine Sinfonie stets wie zum ersten Mal hören sollte. Wir vergessen noch leichter, dass Tschaikowski sich dies auch für sein Klavierkonzert in B-Moll wünschte. Wir beäugen dieses stiefelnde Ding zurecht skeptisch und bezichtigen es manchmal der »Abgestandenheit« – eine lächerliche Anschuldigung, denn auch es wurde in ewiger Frische geschaffen und sollte uns jedes Mal aufs Neue überraschen, wenn es in Walzerschritten dahergestapft kommt. Zweifelsfrei wurde das Klavierkonzert, wie viele andere Musik, schon zu häufig aufgeführt, ebenso wie viele Gemälde schon zu häufig angesehen wurden. Unerhebliche oder imperfekte Kunstwerke verlieren ihre Frische eher als großartige, trotzdem sind die Werke an sich ewig neu, während die Person, die sie aufnimmt, austrocknet. Zu Beginn Goethes »Faust« erscheint Mephistopheles die Welt abgestanden, weil er selbst es ist, und berichtet dies dem Herrgott. Doch die Erzengel schenkten ihm keine Beachtung und besingen weiterhin die ewige Frische der Schöpfung. In der Kritik sollte man die Haltung des Mephistopheles mit derjenigen der Erzengel verbinden:

Erfahrung mit Unschuld. Man sollte ein Werk in- und auswendig kennen und trotzdem überrascht werden. Virginia Woolf, eine Künstlerin und ausgezeichnete Kritikerin, war der Meinung, dass man ein Buch zweimal lesen müsse. Bei der ersten Lektüre las sie als Erzengel und verlor sich ohne Rückhalt in den Worten. Bei der zweiten spielte sie Mephistopheles und urteilte streng und erlaubte dem Text nichts, das er nicht rechtfertigen konnte. Nach dieser doppelten Lektüre sah sie sich imstande, ein Buch zu besprechen. Woolf gibt uns eine gute Faustregel, doch sie trifft nicht den Kern des Problems, der das Reich des Verstandes übersteigt, denn eigentlich sollte man ein Buch gleichzeitig auf beide Arten lesen (und ein Musikstück gleichzeitig auf beide Arten hören und ein Gemälde gleichzeitig auf beide Arten betrachten). Wir sollten ein derartiges Wunder vollbringen, auf das der Herrgott in seinem Kommentar anspielt, dass er sich Mephistopheles' Sicht jederzeit gerne anhöre.

Ich sollte nicht überhastet urteilen, doch es scheint mir, dass dieses Wunder im Fall der Musik am ehesten vollbracht werden kann. Die Musik, mehr als alle anderen Künste, beansprucht ein Doppelleben für sich. Sie besteht gleichzeitig in, aber auch jenseits der Zeit. Da mir die notwendige philosophische Ausbildung fehlt, übersteigt es meine Möglichkeiten, diesen Glauben in klare Worte zu fassen. Ich kann mir jedoch vorstellen, wie es ist, wenn ich einem Musikstück zuhöre, wenn es gespielt wird und wenn es vorbei ist. In letzterem Fall werde ich es als Einheit hören: als eine Klangarchitektur, nicht als Abfolge von Klängen oder etwas, das sich in Takte unterteilen lässt. Und doch ist dieses Verständnis auf natürliche Weise mit der Erfahrung im Konzertsaal verbunden. Architektur und Abfolge würde meines Erachtens enger verbunden sein als die beiden Lektüren, von denen Woolf spricht.

Aus diesen Gründen müssen wir der Kritik den Anspruch, das Innerste der Künste auszuleuchten, absprechen. Allerdings wurde an anderer Stelle ein weiterer, genauer definierter Anspruch erhoben, nämlich dass die Kritik die Kunst verbessere. Trifft dies zu, ist die *Raison d'Être* der Kritik umgehend etabliert: Die Kritik wäre eine wichtige Figur, sozusagen eine Kammerdienerin der Schönheit, die das heilige Licht emporhält, in dessen Glanz die Schöpfung vollbracht wird, und die Leuchte mit Öl versieht und den Docht trimmt, wenn er flackert oder qualmt. Es ist eine spannende Frage, ob die Kritik den Musikern und Musikerinnen der Gegenwart hilft, und wenn ja, auf welche Weise. Hält die Kritik die Lampe empor? Gewiss wirft sie Licht auf die Fehler und Erfolge der Vergangenheit, das liegt in ihrer Kraft, doch ist dieses Wissen praktisch wertvoll?

Mr. C. Day Lewis hat zu Beginn seines Buches »The Poetic Image« etwas Interessantes zu diesem Thema gesagt:

> Das Konzept der Kritik birgt für den Dichter jeweils etwas Furchterregendes – etwas, wenn ich es mir erlauben darf, Unwirkliches. Er schreibt ein Gedicht,

> dann nimmt er sich einer neuen Erfahrung an, dem nächsten Gedicht. Wenn dann ein Kritiker dahergekommt und ihm mitteilt, dass er mit dem ersten Gedicht richtig oder falsch liege, wird dies dem Dichter belanglos erscheinen.

Etwas Unwirkliches. Genau das ist es. Wer dichtet, entwickelt sich stets weiter und bleibt in Bewegung; wenn der schöpferische Geist mit Kommentaren über schon erschaffene Werke unterbrochen wird, entsteht ein Gefühl der Verwirrung, und mit ihr kommt die Antwort: »Wovon sprechen Sie? Und müssen Sie überhaupt etwas sagen?« Hier zeigt sich wieder, und in klarster Form, die Kluft zwischen dem kritischen und schöpferischen Geist und die Ungleichheit der beiden macht sich geltend. Sie zeigt sich in ihrer klarsten Form, weil die Dichtung eine extreme Kunstform ist und ein dienliches Medium für Experimente. Meine Kunstform, die Mischform der Fiktion, eignet sich weniger dafür, doch ich kann Mr. Day Lewis aufrichtig beipflichten und sagen, dass mir Kritik fast immer belanglos erschien. Wenn ich gelobt werde, bin ich zufrieden; wenn ich angeprangert werde, bin ich unzufrieden; wenn mir gesagt wird, ich sei schwer zu fassen, bin ich überrascht – und weder die Zufriedenheit noch die Unzufriedenheit noch das Überraschtsein hat irgendeinen Einfluss darauf, wie ich mich fühle, wenn ich wieder in den schöpferischen Geist eintauche. Unter Umständen kann man mithilfe der Kritik gewisse Defekte beheben, wobei es schwer ist, einen Defekt mit etwas Sinnvollem zu ersetzen. Einer meiner frühen Romane wurde einst dafür kritisiert, dass zu viele Figuren, genauer gesagt vierundvierzig Prozent meiner fiktionalen Bevölkerung, einem zu plötzlichen Tod unterlägen. Ich nahm mir das zu Herzen und bemühte mich, in folgenden Romanen die Figuren weniger häufig sterben zu lassen oder das Sterben, wenn möglich, weit im Voraus durch eine Krankheit oder anderen akzeptablen Hinweis anzudeuten. Doch mir kam keine Inspiration dafür, womit ich die plötzlichen Tode hätte ersetzen können. Das einzige Mittel gegen Fehler ist Inspiration, das Zeugs, das mit dem Eimer aus dem Unbewusstsein zutage gefördert wird. In meinen Ohren scheint zeitgenössische Musik voller plötzlicher Tode: Phrasen erlöschen so rasch wie die Figuren meiner Romane; die Akkorde schneiden sich gegenseitig die Kehle durch; das Arpeggio hat einen Herzinfarkt; und die Fuge wirft sich kopfüber in die Fluten. Doch diese Defekte – wenn es überhaupt Defekte sind – bilden einen wesentlichen Teil des Gesamten. Sie könnten nicht behoben werden, indem man sie mit lieblichen Elementen ersetzte. Und als Musiker oder Musikerin tut man sich gut daran, die Kritik zu ignorieren, selbst wenn sie gerechtfertigt ist.

Kritik kann der Kunst nur auf zwei Wegen behilflich sein. Der erste ist allgemein. Künstler oder Künstlerinnen sollten sich in guter Gesellschaft aufhalten – falls sie Gesellschaft wünschen. Es mag sich anbieten, alleine zu bleiben, dies war das Schicksal Beethovens, doch wenn sie sich mit den Ideen und Standards und Werken anderer Künstler und Künstlerinnen auseinandersetzen möchten – was in der heutigen Welt meistens der Fall ist –, sollten sie sich vor Zweitklassigem hüten. Es führt zu einer Erschlaffung des Gewebes und der Versuchung, sich auf der eigenen Überlegenheit auszuruhen. Ich wende Wörter wie »überlegen« und »unterlegen« nicht gerne auf Menschen an. In jedem Menschen spielen so viele Faktoren eine Rolle, dass man ihm unmöglich eine solche Wertung geben könnte. Doch man kann sie rechtmäßig auf kulturelle Standards anwenden. Künstler und Künstlerinnen sollten in dieser Hinsicht kritisch sein und sich besonders vor den Abwegen des Cliquenwesens hüten. Cliquen sind notwendige soziale Einheiten, die nur die Fanatischsten unter uns verurteilen würden. Sie können Künstler und Künstlerinnen schützen und ermutigen, wobei es deren Pflicht ist, eine gute Clique auszuwählen, wenn sie denn eine benötigen, und sicherzustellen, dass ihre Teilnahme sie nicht überheblich oder vertrocknet oder dämlich macht. Das Herabsetzen der kritischen Standards im Atelieralltag, ihre Korruption durch Anbetung oder Eifersucht, kann zu mangelhaften Kunstwerken führen. Gute Standards können zu guten Werken führen. Mehr kann man zu dieser unbestimmten Hilfestellung, welche die Kritik leisten kann, nicht sagen, und vielleicht war es die Bemerkungen nicht einmal wert.

Der zweite Weg, auf dem die Kritik der Kunst behilflich sein kann, kann genauer definiert werden. Sie kann ihr bei Details, bei Haarspaltereien und Kleinigkeiten des Stils helfen. Um nochmals meine eigene Arbeit als Beispiel zu nennen, diese hat zweifelsohne vom Rat profitiert, das Wort »doch« nicht so häufig zu benutzen. Sie müssen wissen, ich wurde an einer Universität ausgebildet und diese Ausbildung erzeugt eine Vorliebe für diese Konjunktion. Der akademische Verstand zeigt seine Stärke in seiner Ausgeglichenheit und der Fähigkeit, beide Seiten eines Problems zu sehen. Seine Schwäche liegt in der Zurückhaltung und der Angst, sich lächerlich zu machen, von der Samuel Butler spricht. Sowohl diese Stärke als auch Schwäche produzieren eine Vorliebe für den unbedachten Gebrauch von »doch«. Diese Rede enthält viele »dochs«, doch nicht so viele, wie wenn man mich nicht darauf hingewiesen hätte. Ein Schriftsteller der entgegengesetzten Überzeugung, also ein extrovertierter Mann, der weiß, was er weiß, und mag, was er mag, und dem es egal ist, wer darüber Bescheid weiß – er müsste sich zweifelsohne die gegenseitige Disziplin auferlegen; er würde dafür kritisiert werden, nie »doch« zu verwenden und würde gut daran tun, sich einschränkender Nebensätze zu bedienen. Und jemand mit einem juristischen Geist würde vielleicht davon profitieren, sich weniger auf »gesetzt den Fall« zu verlassen. Kleinliche Nichtigkeiten, ich bin mir dessen bewusst. Dies ist die nebensächliche Hilfe, welche die Kritik der Kunst bieten kann. Bei größeren Problemen kann sie ihr nicht behilflich sein.

Ich schließe meine Rede mit diesen zusammengewürfelten Beobachtungen. Die zweite Hälfte mag von meinem Bewusstsein der Kluft zwischen dem schöpferischen und kritischen Geist überschattet, gar gebeutelt worden sein. Vielleicht gibt es diese Kluft nicht, vielleicht bedeutet sie nichts, vielleicht habe ich aus einer Mückenkluft einen Elefanten gemacht, doch in meiner Sicht ist sie der Grund, warum man keine überzeugende *Raison d'Être* der Kritik in der Kunst bestimmen kann. Die einzige Aktivität, die eine solche *Raison d'Être* etablieren kann, ist die Liebe. Und so kommen wir vorsichtig und mit allfälligen Vorbehalten und nach einigen Klärungen unausweichlich zurück zur Liebe. Sie allein gewährt uns Einlass in den schöpferischen Geist, also die Erfahrung, für die allein wir unsere ästhetischen Pilgerreisen auf uns nehmen. Sie allein verspricht geistige Ebenbürtigkeit. Meine Hauptschlussfolgerung zur Kritik muss daher negativ ausfallen: Sie leuchtet nicht das Innere der Künste aus und vermag dies auch nicht, und es war mir auch nicht möglich festzuhalten, dass sie den Künsten wesentliche Hilfestellung bietet.

## *Kunst um der Kunst willen*

Eine Rede an der American Academy
und am National Institute of Arts and Letters,
gehalten in New York

Ich glaube an Kunst um der Kunst willen. Es ist ein aus der Mode gekommener Glaube, weshalb einige meiner Aussagen wie eine Entschuldigung klingen werden. Vor sechzig Jahren wäre ich mit mehr Selbstvertrauen vor Sie getreten. Vor sechzig Jahren hätte ich mich als Schriftsteller oder Redner darauf verlassen können, mit dem Thema »Kunst um der Kunst willen« den Nerv der Zeit zu treffen. So sicher hätte ich mir des Erfolgs sein können, dass ich mich vielleicht passend zum Anlass in Schale geworfen hätte, zum Beispiel einen bestickten Hausmantel oder einen blauen Samtanzug mit Spitzenkragen oder eine Toga oder einen Kimono, in der antiquierten Hand eine Mohnblume oder Lilie oder eine lange Pfauenfeder. Doch die Zeiten haben sich geändert; weder kann ich mich noch mein Thema auf diese Weise präsentieren. Stattdessen möchte ich Sie bescheiden bitten, sich ein wenig Zeit zu nehmen, um eine Redewendung zu überdenken, die häufig falsch verwendet und kritisiert wird, die aber wohl von großer Bedeutung für uns ist – gar in alle Ewigkeit.

Heutzutage können wir die Pfauenfedern und andere Marotten leicht von der Hand weisen – schließlich sind sie bloß Spielerei –, aber ebenfalls möchte ich einen viel gefährlicheren Irrglauben von der Hand weisen, nämlich die alberne Vorstellung, dass nur Kunst bedeutsam sei. Sie hat sich mit der Idee der Kunst um der Kunst willen vermischt und zu ihrem schlechten Ruf beigetragen. Viele Dinge sind bedeutsam, nicht nur die Kunst. Kunst ist lediglich eines der Dinge, die bedeutsam sind, und obwohl ich sie außerordentlich schätze, möchte ich sie nicht überbewerten. Niemand kann sein Leben ausschließlich der Erschaffung und Wertschätzung von Meisterwerken widmen. Der Mensch lebt, wie es ihm gebührt, in einer komplexen Welt voller Widersprüche: Wenn wir diese auf Ästhetik reduzieren, beschneiden wir ihn. Kunst um der Kunst willen bedeutet nicht, dass nur Kunst zählt, und aus diesem Grund möchte ich auch lieber nichts von Floskeln wie »das Leben der Kunst«, »für die Kunst leben« und »die erhabene Aufgabe der Kunst« wissen. Sie stiften Verwirrung und führen auf Abwege.

Doch was bedeutet die Redewendung? Statt zu verallgemeinern, nehmen wir doch ein konkretes Beispiel, Shakespeares »Macbeth«, und sagen »Macbeth um Macbeths willen«. Was bedeutet das? Nun, das Theaterstück hat verschiedene Seiten: Es ist lehrreich; es bringt uns etwas über die Legenden Schottlands bei, auch über das jakobitische England und einiges über die Natur des Menschen und ihre Gefahren. Wir können seine Ursprünge untersuchen; wir können die dramatische Struktur sowie die Musik der Worte untersuchen und genießen. All dies stimmt. Aber »Macbeth« ist auch eine eigene Welt, die von Shakespeare erschaffen wurde und kraft ihrer eigenen Poesie existiert. Insofern ist das Stück Macbeth um Macbeths willen, und das ist es auch, was ich meine, wenn ich von »Kunst um der Kunst willen« spreche. Ein Kunstwerk ist – egal, was es sonst noch sein mag – ein eigenständiges Gebilde mit einem eigenen Leben, das ihm von seinem Schöpfer oder seiner Schöpferin gegeben wurde. Es verfügt über eine innere Ordnung, die auch eine äußere Form haben kann. Daran erkennen wir es.

Nehmen wir als weiteres Beispiel ein Bild Seurats, das ich vor zwei Jahren in Chicago gesehen habe: »La Grande Jatte«. Auch hier gibt es vieles zu beobachten und zu genießen: den Pointillismus; das charmante Gesicht des sitzenden Mädchens; das Sonnenlicht eines Sonntags im Paris des neunzehnten Jahrhunderts; das Gefühl der Bewegung in der Bewegungslosigkeit. Aber auch hier gibt es noch etwas anderes: »La Grande Jatte« ist eine eigene Welt, die von Seurat erschaffen wurde und kraft ihrer eigenen Poesie existiert. »La Grande Jatte pour La Grande Jatte«. »L'art pour l'art«. Genau wie »Macbeth« verfügt das Gemälde über eine innere Ordnung und inneres Leben.

Nun möchte ich mich dem Begriff der Ordnung zuwenden. Er spielt eine wichtige Rolle in meiner Argumentation, weshalb ich einen Umweg machen und Ordnung im Alltagsleben betrachten möchte, bevor ich zur Ordnung in der Kunst komme.

In der Welt des Alltags, in der wir wohl oder übel leben müssen, ist häufig die Rede von Ordnung, besonders vonseiten der Regierung und Politik. In beiden Bereichen neigt man dazu, Ordnung mit Anordnungen zu verwechseln, ebenso wie Geschaffenes mit Verfügtem verwechselt wird. Ordnung, so sehe ich es, entwickelt sich aus dem Inneren; sie wird nicht von außen aufgezwungen. Sie ist eine innere Stabilität, eine essenzielle Harmonie. Im Sozialen und Politischen gab es sie noch nie, außer als zweckmäßige Kategorie der Geschichtsschreibung. Nüchtern betrachtet zeigt sich die Vergangenheit als Anreihung von *Un*ordnungen, für deren Abfolge man zweifellos Regeln finden kann und die sich unbestreitbar durch die zunehmende Einmischung des Menschen auszeichnet, was aber nichts daran ändert, dass es sich um Unordnungen handelt. Daher hoffe ich als Schriftsteller auf eine Unordnung, die vorteilhafter ist für die Kunst als die jetzige und die ihr reichere Inspiration und bessere materielle Umstände bietet. Eine solche Unordnung wird nicht andauern – nichts ist von Dauer –, aber in der Vergangenheit gab es vorteilhafte Unordnungen, zum Beispiel im Athen der Antike, im Italien der Renaissance, im Frankreich des achtzehnten Jahrhunderts, zu gewissen Zeiten in China und Persien, und möglicherweise können wir dazu beitragen, die nächste schneller herbeizuführen. Aber ketten wir unsere Herzen nicht an Dinge, die keine wahre Freude bereiten. Uns wurde nach dem Ersten Weltkrieg mit dem Völkerbund eine neue Ordnung versprochen. Sie trat nicht ein und ich habe kein Vertrauen in aktuelle Versprechungen, egal, wer sie macht. Der unerbittliche Vormarsch der Wissenschaft verbietet es. Soziale und politische Stabilität sind unmöglich, weil wir kontinuierlich wissenschaftliche Entdeckungen machen und diese anwenden und so die Verhältnisse, die auf einfacheren Entdeckungen beruhten, umstürzen. Wenn sich die Wissenschaft mit dem Entdecken anstatt der Anwendung beschäftigte – anders gesagt: wenn sich Menschen mehr für Wissen als Macht interessierten –, befände sich die Menschheit in einer weitaus sichereren Lage. Die Stabilität, von der in der Politik geredet wird, wäre möglich; es könnte eine neue Ordnung auf dem Fundament einer essenziellen Harmonie entstehen; die Errettung der Welt könnte kommen. Aber es gibt keinen Grund zur Annahme, dass die Wissenschaft dies tun wird: Sie gab uns den Verbrennungsmotor und, bevor wir das verdaut und ihn unter qualvollen Mühen in unsere Gesellschaft integriert hatten, bändigte sie das Atom und zerstörte damit jegliche neue Ordnung, die sich gerade entwickelte. Wie soll der Mensch mit seiner Umwelt in Einklang kommen, wenn er diese ständig verändert? Die Zukunft unserer Spezies ist diesbezüglich unschöner, als uns lieb ist, und manchmal scheint es mir, dass unsere größte Chance in Trägheit, Einfallslosigkeit und Nichtstun liegt. Allgemeine Erschöpfung könnte schlussendlich zur Umkehr führen, die uns derzeit von unzähligen Kanzeln so dringlich ans

Herz gelegt wird. Allgemeine Erschöpfung wäre sicherlich eine neue Erfahrung. Die menschliche Spezies hat sie noch nicht gemacht, und sie ist noch zu keck, um zuzugeben, dass sich die Erschöpfung vielleicht bald einstellt und neues Leben aus den Ruinen blüht.

Doch ich sollte diese Vermutungen nicht auf die Spitze treiben: Auf ihren Spuren verlasse ich vertrauten Boden und entferne mich vielleicht auch von Ihnen. Aber ich möchte unterstreichen, dass Ordnung im Alltagsleben und in der Geschichte, im Sozialen und Politischen, in Anbetracht unserer Verfasstheit unerreichbar ist.

In welchem Bereich ist sie erreichbar? Nicht in der Astronomie, in der sie lange unbestritten herrschte, aber seit Einstein sind sich der Himmel und die Erde furchtbar ähnlich. Vorbei ist die Zeit, in der wir im Nachthimmel einen beruhigenden Gegensatz zum Chaos finden konnten, in der wir, wie George Meredith, zu den Sternen blicken, dem Heer des ehernen Gesetzes, oder der Sphärenmusik lauschen konnten. Dort herrscht keine Ordnung. Im gesamten Universum scheint sie nur in zwei Bereichen möglich. Erstens – auch hier verlasse ich vertrauten Boden – in der göttlichen Ordnung, der geheimnisvollen Harmonie, die laut allen Religionen denjenigen zugänglich ist, die sich auf sie besinnen. Wir können diese Möglichkeit aufgrund der Zeugnisse der Eingeweihten nicht ausschließen, und wir müssen ihnen glauben, wenn sie sagen, dass diese Ordnung durch Beten erreicht werden kann, wenn sie denn erreichbar ist. »Herr, der Du ewig bleibst, bleib auch bei mir«, sagte einer ihrer Dichter[42]. »Ordena questo amore, tu che m'ami«, sagte ein anderer. »O Du, der mich liebt – bring Ordnung in diese Liebe«[43]. Die Existenz einer göttlichen Ordnung kann zwar nicht bewiesen, aber auch nicht widerlegt werden.

Zweitens ist Ordnung im Ästhetischen möglich, wovon ich heute spreche – von der Ordnung, die man in einem Kunstwerk schaffen kann –, und zu ihr möchte ich nun zurückkehren. Ein Kunstwerk, Sie werden mir zustimmen, ist etwas Einzigartiges. Warum ist das so? Es ist einzigartig, nicht weil es clever oder erhaben oder schön oder aufgeklärt oder originell oder aufrichtig oder idealistisch oder nützlich oder lehrreich ist – obwohl es all diese Vorzüge verkörpern kann –, sondern weil es das einzige greifbare Objekt im Universum ist, dass eine innere Harmonie aufweist. Alle anderen wurden durch Druck von außen geformt; sie zerfallen, sobald man ihre Pressform entfernt. Ein Kunstwerk steht aus eigener Kraft, im Gegensatz zu allem anderen. Es schafft etwas, das uns schon oft, allerdings immer trügerisch, von der Gesellschaft versprochen wurde. Das Athen der Antike versank im Chaos, aber »Antigone« bleibt. Das Rom der Renaissance versank im Chaos, aber die Decke der Sixtinischen Kapelle wurde bemalt. James I. hinterließ Chaos, aber »Macbeth« bleibt. Louis XIV. … aber »Phèdre« bleibt. Kunst um der Kunst willen? Genau so kommt es mir vor, und in der Gegenwart noch mehr denn je. Sie ist die einzige Ordnung, die unsere dilettantische Spezies je erschaffen hat. Sie ist die Losung, die von tausend Lippen schallt, der Widerhall aus tausend finstern Gründen. Sie ist das Leuchtfeuer, das sich nicht verbergen lässt. »C'est le meilleur témoignage que nous puissions donner de notre dignité«[44]. Antigone um Antigones willen, Macbeth um Macbeths willen, La Grande Jatte um »La Grande Jatte« willen.

Sind diese Gedankengänge richtig, muss man folgern, dass Künstler und Künstlerinnen sich am Rande der Gesellschaft bewegen, in die sie geboren werden, und man im neunzehnten Jahrhundert nicht ganz falschlag, wenn man sie der Boheme zurechnete. Allerdings war dieses Bild in dreierlei Hinsicht falsch: Es setzte ein ökonomisches System voraus, in dem Kunst eine Vollzeitbeschäftigung sein konnte; es führte zum Irrtum, dass nur Kunst bedeutsam sei; und es legte zu viel Wert auf Eigensinn und Eigenwilligkeit – die Pfauenfeder – anstatt auf Ordnung. Aber es kommt der Wahrheit näher als die Vorstellung von Kunst, die in offiziellen Kreisen auf meiner Seite des Atlantiks vorherrscht – wie es bei Ihnen ist, kann ich nicht sagen. Bei uns werden Künstler und Künstlerinnen als hervorragende Werbemittel der Regierung angesehen, die sie ermutigt, freundlich zu sein und ihre Mitbürger und Mitbürgerinnen kumpelhaft zu behandeln und ja nicht affektiert aufzutreten.

Hoch geschätzt wird die Kumpelei; wer sie beherrscht, wird sich selbst und anderen viele kleine Freuden bereiten, aber sie hat keine nachvollziehbare Verbindung mit dem schöpferischen Drang und hemmt ihn aller Wahrscheinlichkeit nach sogar. Werden Künstler und

Künstlerinnen von der Kumpelei verführt, werden sie von der Aufgabe abgelenkt, die sie – und zwar nur sie – erfüllen können: Aus Worten oder Klängen oder Farbe oder Lehm oder Marmor oder Stahl oder Zelluloid etwas zu schaffen, das innere Harmonie aufweist und einem dauerhaft chaotischen Planeten als Beispiel von Ordnung dient. Diese Aufgabe scheint mir lohnenswert, selbst wenn man dabei riskiert, in den Zeitungen als versnobt bezeichnet zu werden. Vor einigen Jahren erschien ein Artikel in der »London Times«. Er trug den Titel »Der Niedergang der Schöngeister«, lobte den »Durchschnittsmenschen« und kritisierte die Gegenwartsliteratur aufs Schärfste, wenn sie nicht auf Linie war, wobei der Verlauf dieser Linie nur dem Verfasser des Artikels bekannt war. Sir Kenneth Clark, damals Leiter der National Gallery, reagierte in einem Brief, den man nicht genug zitieren kann, auf dieses schädliche Dogma: »Dichtung und Kunst«, schrieb Clark, »sind gerade deswegen wichtig, weil sie nicht von Durchschnittsmenschen erschaffen wurden, sondern von Menschen, die in ihrer Wahrnehmungsfähigkeit, Intelligenz und Erfindungskraft weit über dem Durchschnitt liegen«. Diese denkwürdigen Worte, besonders »Erfindungskraft«, ermöglichen der Boheme den Zugang zur Gesellschaft. So schlagen sich ihre Mitglieder in ihr durch und müssen sich sowohl Kritik als auch Lob anhören, nehmen aber beides gleichmütig hin. Sie machen sich nicht allzu große Sorgen um ihre Position in der Gesellschaft, denn sie sind sich etwas Wichtigerem bewusst – der Einladung zur Kreativität, zum Erschaffen von Ordnung – und ihrer Ansicht nach können sie diese Aufgabe besser meistern, wenn sie zur Gesellschaft auf Distanz gehen. Und so stehlen sie sich durch die Straßen, den Hut tief ins Gesicht gezogen, vielleicht sitzt eine Laus im Bart, und – wenn ihnen wirklich danach ist – halten sie auch eine Pfauenfeder in der Hand.

Sollte die gegenwärtige Gesellschaft auseinanderfallen – und wer wagt schon vorauszusagen, dass dies nicht geschehen wird? –, dann werden diese altmodischen und unzeitgemäßen Figuren sichtbarer werden: der Bohémien, die Außenseiterin, der Schmarotzer, die Ratten – Figuren, die derzeit weder in Kriegszeiten noch im Frieden eine Funktion haben. Es mag entwürdigend erscheinen, eine Ratte zu sein, aber viele Schiffe sinken gerade, was auch nicht würdevoll ist, denn sie wurden nicht ordentlich gebaut. Persönlich wäre ich lieber eine schwimmende Ratte als ein sinkendes Schiff – so kann ich mich wenigstens noch ein Weilchen länger umsehen – und ich kann mich daran erinnern, wie einer von uns, eine Ratte mit besonders wachen Augen namens Shelley, quiekte, »Dichter sind die verkannten Gesetzgeber der Welt«, bevor er in den Wogen des Mittelmeers verschwand[45].

Welche Gesetze hatte Shelley denn im Sinn? Keine. Die Gesetzgebung der Kunst wird nie sogleich in Worte gefasst, doch wird sie manchmal von zukünftigen Generationen erkannt. Die Kunst erlässt Gesetze durch Schöpfung; sie erschafft dank ihrer Empfindsamkeit und der Kraft, Dingen Form zu verleihen. Fehlt die

Form, verschwindet die Empfindsamkeit. Heute, in einer Zeit, in der die Menschheit versucht, den Wirbelsturm zu reiten, ist Form gleich bedeutsam wie in der weniger aufgewühlten Vergangenheit, als die Erde fest und die Sterne unverrückbar schienen und die Wissenschaft ihre Entdeckungen gemächlich machte. Form bedeutet nicht Tradition. Sie verändert sich von Generation zu Generation. Künstler und Künstlerinnen suchen immer nach neuen Ausdrucksformen und werden das auch weiterhin machen, solange ihr Tun sie begeistert. Aber irgendeine Form ist notwendig. Sie ist die Kruste an der Oberfläche der inneren Harmonie; sie ist der sichtbare Beweis der Ordnung.

Meine Bemerkungen zur Gesellschaft mögen Ihnen zu pessimistisch scheinen, aber ich bin der Meinung, dass die Gesellschaft nur einen Teil des menschlichen Geistes widerspiegelt und dass ein anderer Teil nur durch Kunst ausgedrückt werden kann. Ich wollte diese Gelegenheit, dieses Podium, nutzen, um nicht nur die Existenz der Kunst, sondern auch ihre Hartnäckigkeit zu unterstreichen. Wenn ich in die Vergangenheit blicke, scheint es mir so, als hätte es nie etwas anderes gegeben als Podien für Diskussionen und schöpferische Arbeit; ein kleiner Ausguck inmitten des sich wandelnden Chaos, von dem aus Blasen gepustet und Netze gesponnen wurden und das Verlangen, Ordnung zu erschaffen, vorübergehend befriedigt wurde; und die Losung schallt von tausend Lippen und die Jäger hören gegenseitig das Hallen ihrer Rufe, obwohl sie alle alleine durch den undurchdringlichen Wald irren, und die Leuchtfeuer haben nie aufgehört, über die undankbaren Wogen zu schweifen. In dieser Hartnäckigkeit, so scheint es mir, je älter ich werde, liegt etwas ganz Tiefes, das tatsächlich auch die Menschen etwas angeht, die sich nicht um Kunst scheren.

Zum Abschluss fasse ich die verschiedenen Bereiche zusammen, für die Ordnung schon beansprucht wurde:

(1) Im Sozialen und Politischen. Der Anspruch wird aufgrund der Beweislage der Geschichte und unserer eigenen Erfahrung abgewiesen. Sollte sich das Wesen der Menschen entwickeln, mag Ordnung in diesem Bereich möglich sein, ansonsten aber nicht.

(2) In der Astronomie. Der Anspruch wird bis zum aktuellen Jahrhundert gutgeheißen, in der Gegenwart aufgrund der Beweislage der Physik aber abgewiesen.

(3) In der Religion. Der Anspruch wird aufgrund der Beweislage der Mystik gutgeheißen.

(4) Im Ästhetischen. Der Anspruch wird aufgrund der Beweislage verschiedener Kunstwerke und unserer eigenen schöpferischen Impulse gutgeheißen, egal, wie schwach oder wie unausgereift diese sein mögen. Meiner Meinung nach sind Kunstwerke die einzigen Dinge im irdischen Dasein, die innere Ordnung haben. Das ist der Grund, warum ich – obwohl ich nicht finde, dass nur Kunst zählt – an Kunst um der Kunst willen glaube.

## *Ich, Die und Du*

Ich besitze einen Anzug. Er sitzt schlecht, aber hat einen modischen Schnitt. Ich kann ihn zu jeder Gelegenheit tragen und kürzlich trug ich ihn, als ich mir die Sargent-Ausstellung[46] in der Royal Academy ansah. Unter dem Anzug trug ich ein Hemd, unter dem Hemd ein Unterhemd, und unter dem Unterhemd war Ich. Mein Ich war den Blicken der anderen kaum ausgesetzt: Zwei Hände und ein Gesicht wiesen mich als Mensch aus, der Rest war in Baumwolle oder Wolle gehüllt.

Und doch war Ich es, der zählte, denn Ich war gekommen, um mir Die anzusehen. Die? Ja, die Dies, die uns regieren, die Herzöge und Herzoginnen und Erzbischöfe und Generäle und Industriebarone. Sie haben ihre Porträts von diesem berühmten Künstler malen lassen (gelegentlich hat Kunst einen Nutzen), und für einen Shilling und Sixpence ließen Sie sich inspizieren. Hätte ich den Shilling und Sixpence nicht gehabt, hätte ich draußen im Schnee bleiben müssen, doch ich hatte sie. Die Münzen gingen von einer Hand in die andere über, ich betrat die Ausstellung und fand mich umgehend vor einem respektablen Butler.

»Grauenhaftes Wetter«, sagte ich höflich, erhielt aber keine Antwort. Die Stirn legte sich in Falten, die Lippen verzogen sich überheblich. Ich hatte meinen Besuch mit einem schweren Faux-Pas begonnen, da ich das Porträt von Lord Curzon[47] angesprochen hatte. Sein Gesicht hatte mich getäuscht und ich ihn für einen Butler gehalten. Dabei hätte ich mir nur seine Kleidung ansehen müssen; sie war blau und blitzblank und er griff sie mit einer von blauen Venen durchzogenen Hand. Wahrscheinlich kosteten die Kleider ganze hundert Pfund. Wie billig mein Anzug plötzlich schien, wie unmöglich es war, sich vorzustellen, dass Lord Curzon unter seinen Kleidern weiterging und dass er ebenfalls (falls ich mir diese Parallele erlauben darf) ein Ich war.

Ich murmelte eine Entschuldigung, verließ die leuchtende Figur und begab mich in den nächsten Raum. Dort zog ein junger Asiate meinen Blick auf sich, er war unauffällig und charmant, war sich seiner Position allerdings nicht ganz sicher. Ich machte ihm ein überschwängliches Kompliment. Er verzog das Gesicht und sagte, er wisse nichts über den Orient. In der Tat hatte ich Sir Philip Sassoon[48] angesprochen. Auch in diesem Fall hätte ich mir zuerst seine Kleidung ansehen müssen. Sie war bodenständig und durch und durch englisch und sie ließ meine schäbig aussehen. Warum war er aus Täbris angereist, oder woher er auch gekommen sein mochte, um sie sich anzuziehen? Warum hatte er die lange Reise aus Samarkand auf sich genommen, um hier den Sozialismus zu kritisieren? Warum war er nicht dort geblieben, wo er sich als ein Ich fühlte? Doch diese Einschätzung erachtete er als Beleidigung, und so verließ ich auch ihn.

Die dritte Figur – man muss es neidlos anerkennen – war sich sicher, dass sie ein Ich war und niemand sonst. Und sie sah genauso aus wie der jemand, der sie war: die Frau des Botschafters in Berlin. Aufrecht stand sie da, hinter ihr konnte man eine kleine Balustrade und eine diplomatische Landschaft ausmachen. Sie war ausnehmend schön und unsäglich arrogant; ihre Perlen hätten nicht etwa nur Hunderte Menschen kleiden können, sondern sogar einige der Porträts, die mit ihr an den Wänden hingen. Was in ihrem Herzen lag – wenn denn eines vorhanden war –, konnte ich nicht wissen, doch die Stimme, die von den hellroten Lippen schallte, konnte ich klar und deutlich hören. Es war keine Stimme, die Ruhe in hohe Kreise bringen oder die Freundschaft zweier Nationen in einer schwierigen Unterhandlung fördern könnte. Ihre Gedanken galten der Rangordnung und wahrscheinlich war es ratsamer, sie dabei in Ruhe zu lassen.

So trieb ich von Die zu Die, fasziniert von den Händen und Gesichtern, die aus den Kostümen herauslugten. Lord Roberts konnte nur mit aller Mühe all die Anhänger an seiner Uniform tragen; Sir Thomas Sutherland war fett oberhalb einer fetten schwarzen Krawatte; ein Reitanzug stützte den kinnlosen Schädel eines Herzogs; ein gewisser Mr. John Fyfe, »der sich in der Granitindustrie von äußerster Fähigkeit erwiesen hatte«, stammte aus Aberdeen und war in Schwarz gekleidet; und ein Marquis tat tatsächlich etwas: Er trug ein Staatsschwert zum Anlass der Krönung König Edwards, während ein Page seine Schleppe trug. In manchen Fällen hatte der Maler hinter die Maske seiner Motive gesehen und sich auf köstlichste Weise auf ihre Kosten einen Scherz erlaubt; in anderen schien er von ihnen eingenommen – eine natürliche Reaktionen eines Mannes, der geraume Zeit damit verbringt, den Reichen nachzuhängen. Trotz des Charmes seiner Werke und den wunderbaren Farben und den graziösen Bildern von Venedig vermittelte mir die Ausstellung ein Gefühl der Ausgestopftheit. Die Porträts waren dominant. Sie blickten sich gegenseitig an und sagten: »Wie sähe das Land ohne unsereins aus? Wir haben Auszeichnungen und Perlen, wir betreiben Mode und Krieg, wir besitzen die größten Häuser und verzehren das beste Essen und kontrollieren die wichtigsten Zweige der Industrie und brüten die wertvollsten Kinder und uns ist das Reich und die Kraft und die Herrlichkeit in Ewigkeit«. Als Die mir so in den Ohren lagen, fühlte ich, dass Die recht hatten, und noch schlechter saßen meine Kleider. Keine Kluft schien unüberwindbarer als die Kluft zwischen Die und Ich – bis ich Dich sah.

Draußen im Schnee (an deinem dir angestammten Platz) gab es Dich zuhauf, doch ich war überrascht, Dich hier an diesem erhabenen Ort anzutreffen. Deines war fraglos das größte Bild in der Ausstellung. Du hingst zwischen Lady Cowdray und der ehrwürdigen Mrs. Langman und Du trugst den Titel »Vergast«. Deine Schönheit war göttlich – die Oberschicht gewährt der Unterschicht Einzug in die Kunst nur, wenn sie sich gewaschen haben und klassische Gesichtszüge besitzen. Diese Bedingung erfülltest Du: Eine Reihe goldblonder Apollos mit bandagierten Augen überquerte eine Planke von links nach rechts. Sie waren im Senfgas erblindet. Andere saßen friedlich im Vordergrund, noch andere erschienen etwas weiter in der Ferne. Das Schlachtfeld war trist, aber aufgeräumt. Über den Köpfen stimmten Flugzeuge den notwendigen majestätischen Klang Englands an. Es war alles vorhanden, was ein großartiges Kriegsbild ausmachte; es war modern, weil es eine neue Lüge erzählte. Zahlreiche Ladys und Gentlemen befürchten, dass der Krieg mit den Säbeln und Schlachtrössern seine Romantik verliere, doch Sargents Meisterwerk bestärkt sie. Er zeigt auf, dass man auch unter den neuen Umständen still und anmutig leiden kann, sodass Lady Cowdray und die ehrwürdige Mrs. Langam auf die Leinwand zwischen ihnen blicken und feststellen können: »Wie berührend« – und nicht: »Wie obszön«.

Und doch warst Du da, wenngleich in abgeänderter Form und in einer Karikatur deines tatsächlichen Unglücks, und obwohl die Kluft zwischen Die und Ich weit war, die Kluft zwischen uns und Dir klaffte noch stärker. Denn wo wären wir ohne Dich? Was würde aus unseren Gehältern und Aktivitäten, wenn Du das Leben verweigern würdest? Du bist der Schlamm und Schmutz, auf dem unsere Zivilisation ruht und von ihr tagtäglich niedergetreten und in Zeiten der Gefahr rührungsvoll betrachtet wird. Doch Du bist nicht nur ein paar wenige junge Männer in kakifarbenen Kleidern; Du bist auch alte Männer und Frauen und schmutzige Säuglinge, und

Carlyle dachte einmal vage und unbestimmt über dich nach. »Du warst unser Rekrut, auf welchen das Los fiel …« Dies gilt gleichermaßen für das neunzehnte als auch das zwanzigste Jahrhundert, obwohl man die Aussage im zwanzigsten Jahrhundert, das zynischer ist, lediglich als wahr und nicht als nützlich versteht, da man das wirtschaftliche Fundament nicht verbessern wird, indem man die Brüderlichkeit der Menschheit ausruft. »Denn auch in dir lag eine gottgeschaffene Form, aber sie sollte nicht zur Entfaltung kommen«, nicht, solange die starren, snobistischen Gesichter von den Wänden blicken und sagen: »Wie dem auch sei, wir haben die Gesellschaft für wohltätige Organisationen gegründet, und außerdem: was für Löhne wir bezahlen und wie teuer unsere Kleider sind, und Kleider bedeuten Arbeit.«

Das Unglück besteht fort, der schwächliche Impuls der Wohltätigkeit kehrt zu seinem Ursprung zurück, und an einem ganz anderen Ort, in einer anderen Schicht, und jenseits der Überheblichkeit und dem Glitzer, in dem wir uns verfangen haben, wird das Instrument eines neuen Tages geschmiedet.

## *Mein Wald*

Vor wenigen Jahren habe ich ein Buch veröffentlicht[49], das sich unter anderem mit den Schwierigkeiten Englands in Indien beschäftigt. In Amerika las man dieses Buch ohne Argwohn, da man dort der Meinung war, Indien hätte ihrer Nation keine Schwierigkeiten bereitet. Je häufiger es gelesen wurde, desto bestärkter fühlten sie sich, was dem Autor einen Scheck einbrachte. Mit diesem Scheck kaufte ich mir einen Wald. Es ist kein großer Wald – der Baumbestand ist spärlich und mittendurch führt, sapperlot!, ein öffentlicher Fußweg. Doch es ist der erste Grund und Boden, den ich besitze, weshalb es mein gutes Recht ist, andere an meiner Scham teilhaben zu lassen und sie dazu zu bewegen, sich – mit unterschiedlich ausgeprägtem Widerwillen – folgende wichtige Frage zu stellen: Wie wirkt sich Eigentum auf den Charakter aus? Dabei lassen wir das Wirtschaftliche außer Acht. Die Auswirkung von Privateigentum auf die Gemeinschaft ist eine andere Frage; es mag eine wichtigere Frage sein, aber eben eine andere. Begnügen wir uns mit der Psychologie. Welchen Effekt hat Eigentum auf die Person? Wie wirkt sich mein Wald auf meinen Charakter aus?

Allem voran beschwert er mich. Eigentum hat diese Wirkung, es produziert gewichtige Menschen, und es war ein gewichtiger Mensch, dem der Einlass in das Reich Gottes nicht gewährt wurde. Er war kein Schurke, der bedauernswerte Millionär in der Parabel, er war bloß füllig und quoll an seiner Front – von der gegenüberliegenden Seite ganz zu schweigen – etwas hervor, sodass er beim Versuch, sich durch das kristallene Tor zu winden, die wohlgenährten Flanken aufscheuerte und dabei zusehen musste, wie unter ihm ein verhältnismäßig schlankes Kamel durch ein Nadelöhr ging und mit dem Göttlichen verflochten wurde. Das Evangelium bringt Fülligkeit stets mit Behäbigkeit in Verbindung. Es weist damit auf etwas vollkommen Offensichtliches hin, das dennoch selten verstanden wird: Wenn man viele Dinge besitzt, kann man sich nur schlecht fortbewegen. Möbel müssen abgestaubt werden, das Abstauben erfordert Personal und dem Personal wiederum muss man obligatorische Versicherungsbeiträge zahlen, sodass man zweimal überlegt, bevor man eine Einladung zum Essen annimmt oder sich im Jordan wäscht. Gelegentlich geht das Evangelium – gleich Tolstoi – noch einen Schritt weiter und erklärt Eigentum zu einer Sünde, womit es sich auf den steinigen Boden des Asketismus begibt, den ich nicht zu betreten bereit bin. Was allerdings die unmittelbare Wirkung des Eigentums auf den Menschen betrifft, folgt es einer einleuchtenden Logik: Eigentum produziert gewichtige Menschen, und gewichtige Menschen können nicht wie der Blitz vom Osten ausgehen und bis zum Westen leuchten, weshalb der Aufstieg eines neunzig Kilo schweren Bischofs zur Kanzel das genaue

Gegenteil des Kommens des Menschensohns auf den Wolken des Himmels ist. Mein Wald beschwert mich also.

Zweitens scheint es mir, er sei nicht groß genug.

Vor ein paar Tagen hörte ich, wie ein Ast in ihm abgebrochen wurde. Anfänglich war ich empört, da ich dachte, jemand pflückte die Brombeeren und wertete so das Gebüsch ab, doch bei näherer Betrachtung stellte sich heraus, dass kein Mensch auf den Ast getreten und ihn zerbrochen hatte, sondern ein Vogel – und das gefiel mir. Mein Vogel. Dem Vogel gefiel es nicht gleichermaßen. Ohne unserer Verbindung irgendwelche Bedeutung beizumessen, erschrak er, als er mich erblickte, und flog auf direktem Weg zum Feld auf der anderen Seite der Hecke, dem Eigentum von Mrs. Henessy, wo er mit einem lautem Krähen landete. Nun gehörte der Vogel Mrs. Henessy. Eine äußerst missliche Situation, die sich in einem größeren Wald nicht ergeben hätte. Ich konnte es mir nicht leisten, Mrs. Henessy ihr Land abzukaufen, und ich traute mich auch nicht, sie zu ermorden, und weitere solche Zimperlichkeiten stellten sich mir in jeder erdenklichen Richtung in den Weg. Eine Grenze beschützt. Aber eine Grenze – armes, kleines Ding – muss ebenfalls beschützt werden. Lärm erklingt unmittelbar dahinter, Kinder werfen Steine, also noch ein bisschen weiter vor, und noch ein Stückchen, bis wir am Meer sind. Selig war Knut, noch seliger Alexander[50]! Und warum eigentlich sollte Eigentum mit der Erde enden? Eine Rakete samt Union Jack wird, so die Hoffnung, bald auf den Mond gefeuert. Mars, Sirius, dann … aber diese Grenzenlosigkeit stimmte mich schlussendlich traurig. Ich konnte mir meinen Wald nicht als den auserwählten Keim universaler Herrschaft vorstellen, ist er doch so klein und besitzt, abgesehen von den Brombeeren, keine Bodenschätze. Auch spendete es mir keinen Trost, als Mrs. Henessys Vogel sich zum zweiten Mal erschrak und all unseren Ansprüchen entflog im Glauben, er gehöre niemandem außer sich selbst.

Drittens vermittelt Besitztum das Gefühl, man müsse etwas daraus machen, selbst wenn man nicht weiß, was. Rastlosigkeit stellt sich ein, ein unbestimmtes Verlangen, der eigenen Persönlichkeit auf diese Weise Ausdruck zu verleihen – es ist das gleiche Verlangen, das einen Künstler oder eine Künstlerin zu einem schöpferischen Akt anregt, wobei es in solchen Fällen nicht unbestimmt ist. Manchmal denke ich darüber nach, die verbleibenden Bäume im Wald zu fällen, manchmal möchte ich die Lücken zwischen ihnen mit neuen Bäumen füllen. Beides ist wichtigtuerisch und gehaltlos; keines ist ein aufrichtiger Versuch, einen Profit zu erzielen oder Schönheit zu erschaffen. Beides entspringt dem stumpfen Bedürfnis, meine Persönlichkeit auszudrücken, und meiner Unfähigkeit, mich an dem zu erfreuen, was ich bereits habe. Schöpfungsdrang, Eigentum und Freude bilden die düstere Dreifaltigkeit des menschlichen Verstands. Schöpfungsdrang und Freude sind in der Tat äußerst wünschenswert, allerdings häufig ohne die notwendige finanzielle Basis unerreichbar. In solchen Momenten drängt sich Eigentum als Ersatz auf und sagt:

»Entscheide Dich für mich, ich bin so viel wert wie alle drei zusammen«. Eigentum ist nicht gleichwertig. Es ist, wie Shakespeare von der Lust sagte, »des Geistes Kraft in üppiger Schmach verloren«: Es ist »vorher ein süßes Glück, ein Traum zuletzt«[51]. Dennoch wissen wir nicht, wie wir Eigentum meiden könnten. Unser wirtschaftliches System zwingt es uns als einzige Alternative zur Hungersnot auf. Ebenfalls zwingt ein Defekt der menschlichen Seele es uns auf, nämlich die Vorstellung, dass im Eigentum der Keim der Selbstentwicklung und außerordentlicher oder heroischer Taten liege. Das irdische Leben ist, zu Rrecht, materiell und fleischlich, aber wir haben noch nicht gelernt, mit unserem Materialismus und unserer Fleischlichkeit umzugehen. Beide sind mit dem Verlangen nach Eigentum verstrickt, in dem (in den Worten Dantes) »Besitz Verlust ist«.

Das bringt mich zum vierten und letzten Punkt, den Brombeeren.

Es gibt keine Fülle an Brombeeren in meinem spärlichen Hain, aber sie sind so leicht vom Fußweg, der ihn durchkreuzt, zu sehen, wie sie von dort aus gepflückt werden können. Und auch die Fingerhüte – Leute pflücken diese und Ladys mit didaktischen Bestrebungen wühlen sogar nach Schirmpilzen, um sie am Montag im Unterricht vorzuführen. Andere Ladys, mit bescheidener Bildung, rollen in den Armen ihrer Liebhaber durch den Farn. Hier liegt Papier herum, dort Büchsen. Donnerwetter noch einmal, gehört mir mein Wald nun oder nicht? Und falls ja, würde ich ihn nicht im besten Sinne besitzen, wenn ich es niemandem erlauben würde, ihn zu durchqueren? Es gibt einen Wald bei Lyme Regis, der ebenfalls den Fluch eines öffentlichen Fußweges ertragen muss, aber dessen Besitzer im Umgang mit dieser Tatsache keine Skrupel an den Tag legte. Auf beiden Seiten des Wegs hat er hohe Steinmauern errichtet und diese mit Brücken verbunden, sodass die Öffentlichkeit wie Ungeziefer durch den Wald huschen muss, während er sich ungesehen an den Brombeeren gütlich tut. Dieser wackere Kerl besitzt seinen Wald so richtig. Der gewichtige Mann aus der Parabel schlug sich tapfer in der Hölle, aber die Kluft zwischen ihm und Lazarus konnte mit einem Blick überwunden werden, hingegen in diesem Wald bei Lyme Regis nichts sie zu überwinden vermag. Vielleicht werde ich auch irgendwann so weit sein und werde mich einmauern und einzäunen, um mir den Honigseim des Eigentums auf der Zunge zergehen zu lassen. Enorm füllig und grenzenlos geizig werde ich, ein egoistischer Pseudokünstler sondergleichen, mir die vierfaltige Krone des Eigentums aufsetzen, bis diese gräulichen Bolschewiken kommen und sie mir abnehmen und mich in die Finsternis herauswerfen.

# *Eine Bemerkung über die Zeiten*

Nachdem ich mich kürzlich über deprimierende Themen, den Großen Zapfenstreich und unmoralische Investitionen ausgelassen hatte, erinnerte ich mich, wie so oft, an einen Vers von Matthew Arnold: »Wer stützt, fragst du, in diesen schweren Zeiten, meinen Verstand?« Der Vers bringt mich zum Schmunzeln, da Matthew Arnolds »schwere Zeiten« im Vergleich zu unseren geradezu beschaulich waren. Sein Zeitalter setzte sich mit Problemen des Glaubens, Zweifelns und Überlebens auseinander. Diese bereiteten ihm Sorgen, doch der Zusammenbruch der Zivilisationen, der uns bevorsteht, klang in seinen Ohren wie ein entfernter und melodischer Wassersturz, der sich aus Alpenschnee in den ewigen Schoß des Genfersees ergießt. Wir erleben weitaus schwerere Zeiten, möglicherweise die schwersten aller Zeiten. Wenn wir in die Vergangenheit blicken, um uns zu beruhigen, werden wir in den Gesichtern der berühmten Menschen einer wunderlichen Mischung aus Verständnis und Unverständigkeit gewahr. Scheinbar verstehen sie uns und verstehen uns nicht. Wenn staatliche Gewaltakte zunehmen und Genf untergeht, wer stützt dann unseren Verstand? Sie, die berühmten Menschen der Geschichte? Menschen, die sich nichts Schlimmeres vorstellen konnten als eine lokale oder philosophische Katastrophe?

Ja, denn sie werden Wirkung haben. Wenn wir sie gelesen oder uns gute Musik angehört haben, werden wir daraus Nutzen schlagen. Eine Person, deren Bildung sie dafür empfänglich gemacht hat, wird in der dunkelsten Stunde nicht im Stich gelassen. Doch die Unterstützung wird nicht so direkt und unbeholfen sein, wie Matthew Arnold es sich vorstellte. Als Bildungstheoretiker und Dichter glaubte er, dass man sich der Literatur »zuwenden« könnte – in seinem Fall zu Homer, Epiktet und Sophokles – und dass man sich durch das Zitieren ihrer besten Worte oder das Erinnern an ihre Gedanken gegen Ungerechtigkeit und Grausamkeit stählen könnte. Ich bezweifle, dass ihre Unterstützung diese Form annimmt. Was sie uns geben, wird weniger bewusst wahrgenommen und häufig ohne Dank. Aber davon auszugehen, dass sie keine Wirkung hätten, wäre ein ebenso schwerwiegender Fehler, wie sich von der Vergangenheit abzukehren, weil die Gegenwart überwältigend und furchterregend ist. Die Vergangenheit kann neue Interpretationen hervorbringen, gerade weil sie distanziert ist.

Man wird ihr Versagen häufiger feststellen als ihren Erfolg, und eine kleine Anekdote aus meinem Leben, in der Beethoven seine Wirkung nicht erzielte, wird die Situation veranschaulichen. Ich besuchte unlängst ein Konzert des Busch-Quartetts und hatte mich sehr darauf gefreut. Doch kurz vor Beginn war mir eine einnehmende und unverblümte Geschichte eines Unglücks zu Ohren gekommen, die man nicht drucken könnte – nicht einmal in den fortschrittlichen Kolumnen dieser Publikation[52]. Vieles dessen, was man hört und bespricht, kann nie gedruckt werden, weshalb Zeitungen so unwirklich sind. Diese Geschichte handelte von Zeugung, Heirat und Geburt. Sie beschäftigte und besorgte mich dermaßen, als ich zur Wigmore Hall gelangte, dass ich der Musik gar nicht folgen konnte, obwohl ich alles hörte. Ich konnte mich nicht darin verlieren und entrückt werden auf den Wolken in die Luft, meinem Herrn entgegen; und doch war Beethoven gegenwärtig, sein Werk verrichtend, kaum einen Meter über meinem Kopf, wo ich ihn doch nicht erreichen konnte. Vielleicht spricht die Tatsache, dass ich dies nicht konnte, für mein erbarmungsvolles Herz, doch das Gleiche geschah vor einigen Jahren in der Queen's Hall, als ich erfuhr, dass ich im Fall des »Quell der Einsamkeit« als Sachverständiger aufgerufen worden war[53]. In diesem Fall waren meine Gedanken rein egoistisch. Ich machte mir solche Sorgen darüber, welche Figur ich vor Gericht abgeben würde, dass mich nichts berühren konnte. Die Kunst ist kein Medikament, ihre Einnahme garantiert keine Wirkung. Etwas Geheimnisvolles und Kapriziöses, nämlich der schöpferische Drang, muss zuerst entfesselt werden, bevor sie unseren Verstand stützen kann. Siegfried Sassoon spricht von den Lichtern in unserer Finsternis und den Händen, die uns stützen, wenn wir stolpern. Dieses ruhige, persönliche Bild beschreibt es treffend.

Die stützende Wirkung von Büchern, Musik usw. ist lediglich ein Nebenprodukt eines anderen Aspekts ihrer Beschaffenheit, nämlich der Kraft zu vergnügen. Folglich ist es unmöglich, den Menschen im eigenen Umfeld vorzuschlagen, was sie in diesen »schweren Zeiten« lesen sollen, und noch unmöglicher könnte man Menschen, die man nicht kennt, eine solche Empfehlung abgeben. Ich kann nur feststellen, dass das Licht dorther kommen wird, wo das Feuer brannte; dorther, wo äußerste Freude, ob tiefe oder leichtherzige, herrschte, wird die Unterstützung kommen, die jeder Mensch benötigt. Doch ich möchte diese Unterstützung nicht überhöht darstellen. Kunst ist nicht genug, ebenso wie Liebe nicht genug ist, und das Denken ist derzeit nicht stärker als die Artillerie, auch wenn es dies im Zeitalter Thomas Carlyles vielleicht war. Jedoch haben Kunst, Liebe und Denken alle Wirkung, und die Kunst, das Flatterhafteste der drei, darf nicht weggewischt werden wie ein Schmetterling. Es ist nicht alles spinnwebenzart, an dem wir uns gelabt haben; es ist Teil unserer Rüstung geworden und wir können sie anschnallen, auch wenn es keine Rüstung gibt, die uns vor dem Schicksal schützt.

Hell wie schattenloses Licht, bricht frisch und frei
Hervor ein neuer Tag im ewigen Mai;
Vom Altar steigt süßer Rauch, die Knospe blüht
zum ersten Mal, ihr Tau im Sonnenlicht erglüht;
Glatt wie die Wasser vor dem ersten Morgengrauen,
ehe Gezeiten und Wind vermochten sie zu rauen …

Ich zitiere diese Verse nicht, weil sie großartig sind (es handelt sich lediglich um Sir William Davenant, der zu Königin Henrietta Maria spricht), auch nicht, weil sie in Zusammenhang mit meinem Thema stehen (er heißt sie lediglich zu einer Abendunterhaltung im Hause der Countess von Anglesey willkommen), sondern weil sie ein Körnchen Kraft in meinem Verstand gesät haben. Sie sind so lieblich in ihrer Eigenartigkeit, dass sie den allgemeinen Glauben an Lieblichkeit bestärken, ein Glaube, der Teil unserer Rüstung gegen Brutalität ist. Es schien mir passender, in diesen Bemerkungen von solchen Dingen zu sprechen anstatt von »Aktualitäten«. Davenants Verse – die nicht »auf Abruf bereit« und trotzdem irgendwie nützlich sind – haben sich in einem Teil von mir niedergelassen, den auch Matthew Arnold und Beethoven bewohnen.

Im »Großen« Krieg haben mich Bücher enorm gestützt, sie haben sogar Männer in den Schützengräben gestützt. Meine Position war einfach: Ich hatte es bequem in Ägypten[54], doch hätte ich die Finsternis auch ohne meine Lichter überstanden? Ich suchte nicht bewusst nach Unterstützung außer in einem Fall: Ich wandte mich an Robert Browning, einen Dichter, den ich kaum bewundere; da Browning sich dessen bewusst war, offerierte er mir seine Unterstützung hart und steril, als einmalige Gabe, und der Preis dafür war, sein Gedicht »The Flight of the Duchess« zu lesen. Die Menschen, an denen ich mich wirklich festhielt, hatten nichts Handfestes zu geben: William Blake, William Morris, T.S. Eliot in seinen Anfängen, J. K. Huysmans, William Butler Yeats. Sie führten mich in Gefilde, in denen der Wille nicht alles ist und das patriotische Geblöke verstummte. Sie waren persönliche Wegbegleiter, und wenn ich ihre Namen hier nenne und César Francks hinzufüge, dann sollte das nicht als Lesetipp für das Jahr 1934 verstanden werden, sondern nur als Parallele dienen. Im Vergleich zu damals sind wir alle verhärteter und nüchterner; der Völkerbund liegt hinter und nicht vor uns; außer dem Kommunismus bereitet keine politische Ideologie einem gescheitem Menschen irgendwelche Hoffnung. Alle, die wie ich für den Kommunismus zu alt oder im Klaren darüber sind, wie viel Blut vor seinem problematischen Sieg vergossen werden muss, wenden sich der Literatur zu, weil sie unvoreingenommen ist. Handeln? Ja, ich habe dem Handeln nichts zu widersetzen, wenn es in die richtige Richtung geht, zum Beispiel, wenn es den Großen Zapfenstreich zum Schweigen bringt. Doch nicht das faschistische Handeln, mit dem wir betäubt werden sollen:

Es lindert unser Schicksal nicht
Wenn, eifrig und erpicht,
der Tatendrang verdrängt
Was unsre Welt von innen härmt.

Als Dichter fühlte und wusste Matthew Arnold viel mehr, als er als Verfasser von Prosa in Worte fassen konnte. Seine Gedichte erheben sich in der Mitte des neunzehnten Jahrhunderts als ein Leuchtfeuer für das zwanzigste;

sie sind Arsenal und Zaubergarten zugleich. Literatur als Rückzugsort wird richtigerweise verurteilt; es ist sowohl egoistisch als auch töricht, den Kopf in die Blumen zu stecken. Doch in diesem Garten wachsen auch Gewürze, die zu seiner Magie beitragen, und aus diesen raffinieren wir den Stoizismus, den wir heute so dringend benötigen. Menschen ohne Bildung verfügen über bestimmte wertvolle Ressourcen, die unseresgleichen, für deren Bildung so viel Geld ausgegeben wurde, verwehrt bleiben; doch daraus folgt nicht, dass wir unser wahres Rüstzeug verachten sollten. Wenn wir daran gewöhnt sind, uns an Gedichten zu erfreuen, dann wird Matthew Arnold nützlich sein; und wenn ich mich nicht auf dem Holzweg befinde, dann werden uns nicht die lehrhaften Gedichte wie der große »Empedokles« stützen, sondern die anspielungsreiche Weisheit seiner Lyrik. Möchte man dies auf die Probe stellen, könnte man die »Switzerland«-Serie wieder lesen, die angeblich nur vom Abschied zweier Liebenden handelt. Wie Davenant, jedoch offensichtlicher, kann Arnold Körnchen in unseren Gedanken aussäen, die uns Kraft spenden. Ich habe keinerlei Bedürfnis, Arnold zu treffen oder ihm unsere Probleme mit Zollschranken oder Flugzeugen vorzusetzen. Er wäre nicht hilfreich, eher kategorisch. Ich würde ihn ebenso wenig über unsere Lebensweise befragen wie einen großartigen Dichter, der noch am Leben ist, Professor A. E. Housman, obwohl dieser meinen Verstand stützt. Arnold spricht zu uns, weil er nicht über uns spricht; er kann uns Ruhe verschaffen.

# *Freiheit in England*

Eine Rede, gehalten am Congrès International
des Ecrivains
am 21. Juni 1935 in Paris

Als mich das Komitee mit einer Einladung beehrte und mir das Thema meiner Rede überließ, antwortete ich, dass ich entweder über Redefreiheit oder kulturelle Tradition sprechen würde, je nach Wunsch, aber dass ich einerlei die gleiche Rede halten würde. Aus dem Mund eines Engländers sollte das nicht als Bonmot verstanden werden. In England sind Tradition und Freiheit eng miteinander verbunden, weshalb es möglich sein sollte, beide Themen gleichzeitig zu behandeln. Die Freiheit wird in meinem Land schon seit Jahrhunderten gerühmt. Pflicht und persönlicher Verzicht werden ebenfalls gerühmt, doch der Chor der Freiheit hat weitaus mehr Stimmen für sich gewinnen können. Wenn wir, die Autoren und Autorinnen, die hier versammelt sind, diese Tradition fortführen könnten – wenn wir heute auf dem bestehen könnten, worauf Milton in seinem Jahrhundert und Shelley und Dickens in ihren bestanden hatten –, dann müssten wir nicht um unsere Freiheit fürchten.

Mir ist vollkommen bewusst, wie begrenzt und angreifbar die englische Freiheit ist. Sie ist an Hautfarbe und an Klasse gebunden. Sie bedeutet Freiheit für englische Staatsangehörige, jedoch nicht für die unterworfenen Völker des Empire. Fordern Sie jene dazu auf, ihre Freiheiten mit der Bevölkerung Indiens oder Kenias zu teilen, werden die Konservativen Ihnen mit »Niemals« antworten und die Liberalen mit »Erst, wenn sie der Freiheit würdig sind«. Im vergangenen Jahr hielt General Smuts[55] eine prächtige Rede über Freiheit vor den Studierenden der Universität St. Andrews. Ich stimmte dem, was er sagte, Wort für Wort zu, doch es gab eine Sache, die er nicht erwähnte. Er zog nie in Betracht, dass der Segen der Freiheit, über den er so wortgewandt salbaderte, auch den nicht weißen Menschen Südafrikas zuteilwerden könnte. Er dachte nicht einmal über sie nach, und diese Auslassung machte aus seiner Lobrede eine Farce.

Nun zur Klasse. Freiheit wird in England nur von denen genossen, die relativ gut situiert sind. In der Gosse – von bemerkenswerten Ausnahmen abgesehen – ist sie nicht mal einen Teller Fish and Chips wert. Die Arbeitslosen scheren sich im Schnitt einen Dreck um die Redefreiheit, die wir Autoren und Autorinnen als so wichtig erachten. Sie verstehen Freiheit als eine Mode der Oberschicht, der diese folgt, weil sie genug zu essen hat und sich einen Spaß daraus macht, Regeln zu brechen. Ich bin mit Menschen befreundet, die zwar nicht in der Gosse, aber nahe ihrem Rand leben und die Verwandtschaft jenseits davon haben, und sie stehen unserem Kongress und seinen Möglichkeiten zynisch gegenüber. Vermutlich werden alle, die wie ich an Freiheit glauben und dennoch hinhören, hie und da dieses gereizte Knurren zu Ohren bekommen. Den Hungernden und Obdachlosen sind Freiheit und kulturelle Tradition egal. Zu tun, als wäre dies nicht so, ist Heuchelei.

Ich habe versucht, ehrlich über die beiden Einschränkungen der Hautfarbe und der Klasse zu sprechen, denn ich glaube dennoch an Freiheit und bin der Meinung, dass die Freiheit, die sich in Großbritannien entwickelt hat, sowohl uns als auch der Welt nützlich sein kann. Was meine politische Einstellung betrifft, wird es Sie nicht überraschen, dass ich kein Faschist bin – Faschismus tut Böses, damit Böses entstehe. Es wird Sie ebenso wenig überraschen, dass ich kein Kommunist bin, obwohl ich vielleicht einer hätte werden können, wenn ich jünger oder mutiger wäre, denn im Kommunismus sehe ich Hoffnung. Er tut zwar vieles, das ich für böse halte, aber mir ist bewusst, dass er Gutes will. Ich bin das, wozu mich mein Alter und meine Erziehung gemacht haben: ein Bürgerlicher, der sich an die britische Verfassung hält – sich eher an sie hält, als dass er sie gutheißt, und dass dies keine würdige Einstellung ist, bereitet mir keine Sorgen. Die Vergangenheit ist mir aber wichtig, ebenso die Erhaltung und Verbreitung der Freiheit. Der Hauptgrund, warum ich diesen Kongress besuche, ist, zu hören, was in anderen Ländern getan und durchgestanden wird. In meinem Land … werden wir es auch schwer haben, daran zweifle ich nicht, aber dass unsere Regierung Freiheitsliebe wenigstens *vortäuschen* muss, ist ein Vorteil. Shakespeare, ganz egal, was seine persönlichen Ansichten waren, hatte ein Gespür für Heuchelei, und die Worte, die Hamlet an seine fehlgeleitete Mutter richtet, könnten heute wir an die Mutter der Parlamente richten:

> Gute Nacht! Doch meidet meines Oheims Bett,
> Nehmt eine Tugend an, die Ihr nicht habt.
> Der Teufel Angewöhnung, der des Bösen
> Gefühl verschlingt, ist hierin Engel doch:
> Er gibt der Übung schöner, guter Taten
> Nicht minder eine Kleidung oder Tracht,
> Die gut sich anlegt.[56]

Wenn Britannia sich mit Dirnen herumtreibt, wird sie schneller entlarvt, weil sie sich in der Vergangenheit lautstark für die Monogamie ausgesprochen hat. Darum sind bei uns die *Formen* der Regierung und die *Formen* der Justiz so wichtig und müssen unter schärfster Beobachtung stehen. »Meines Oheims Bett« steht geradewegs neben den Bänken des Parlaments und lockt uns mit fleischlichen Gelüsten, selbst wenn der Oheim Sir Oswald Mosley[57] heißt. Es ist nicht unbedeutend, dass die Diktatur in England immer noch als *ungentlemanly*, das Massakrieren des jüdischen Volks als ungehörig und private Armeen als lachhaft gelten.

Die Gefahr, die vom Faschismus ausgeht – außer es

gäbe Krieg, dann ist alles möglich –, ist bei uns minimal. Uns bedroht etwas viel Heimtückischeres, etwas, das man »fabianischen Faschismus« nennen könnte: Der Geist der Diktatur, der hinter der Fassade der Verfassung und ihrer Formen insgeheim am Werk ist und hier ein kleines Gesetz erlässt (wie den Sedition Act), dort eine bürokratische Tyrannei begeht und derweil die staatliche Notwendigkeit der Geheimhaltung unterstreicht und uns die sogenannten »Nachrichten« jeden Abend im Rundfunk zuflüstert und vorgurrt, bis die Opposition gezähmt und hinters Licht geführt wurde. Vor dem fabianischen Faschismus fürchte ich mich, denn er ist die gängige Methode, mit welcher die Freiheit in England schon immer attackiert wurde. Es war die Methode von König Charles I. – wenn es je einen Gentleman gab, dann ihn – und es ist auch heute die Methode unserer erleuchteten autoritären Gentlemen. Dieser fabianische Faschismus ist unser alter Feind, der Tyrann:

> Überwacht die Schritte und woher sie kamen.
> Stellt seine Wachen um uns auf, in der Freiheit Namen …
> Späht und flüstert nächtlich, und ihr werdet sehen:
> Wächter unterm Fenster, dass wir nicht den König schmähen.[58]

»In der Freiheit Namen«. Wie treffend Rudyard Kipling es sagt, obwohl er mir kaum dankbar sein wird, dass ich ihn hier zitiere.

Der deutlichste Schlag gegen die Redefreiheit in England in jüngster Zeit ist der Sedition Act, den ich gerade erwähnt habe. Offiziell heißt er »Incitement to Disaffection Act« und er wurde im vergangenen Jahr von unserer sogenannten »Großen Koalition«, die immer auf eine überwiegende Mehrheit zählen kann, erlassen. Dieses Gesetz stellt das Recht auf allgemeine Hausdurchsuchungen (das die letzten 170 Jahre als illegal galt) wieder her; es schränkt die moralische und politische Bildung der Soldaten ein; es ermutigt das Denunzieren und es kann gegen Pazifisten und Pazifistinnen verwendet werden. Es gab große Proteste dagegen, über die allerdings sowohl in der Tagespresse als auch der BBC nur spärlich berichtet wurde. Die Proteste waren jedoch nicht wirkungslos und einige der gefährlicheren Klauseln der ursprünglichen Fassung wurden während der Debatte zurückgezogen. Regierungen ergreifen solche Maßnahmen, um sie notfalls aus dem Ärmel schütteln zu können, und nicht, um sie sogleich umzusetzen. Und trotzdem hatte diese Maßnahme unmittelbare Auswirkungen. In einem Fall weigerte sich eine Druckerei, eine pazifistische Kindergeschichte zu drucken, da ein Soldat sie in die Finger kriegen und dem Vaterland abtrünnig werden könnte, wofür die Druckerei dann verantwortlich wäre! Sicherlich verhielt sich die Druckerei überängstlich, aber dennoch ist genau dies der erhoffte Effekt eines solchen Gesetzes. Die Öffentlichkeit ist auf unbestimmte Weise eingeschüchtert und setzt lieber auf die sichere Karte und tut weniger, sagt weniger und denkt weniger als sonst. Dies, nicht die konkrete Ausübung des Gesetzes, ist das eigentliche Übel. Es führt zu Zensur in den Köpfen, und das Erbe der Mitmenschlichkeit leidet.

Man könnte noch viel mehr über den Sedition Act sagen, aber das soll anderen mit besseren Sachkenntnissen überlassen werden. Mir geht es um die Schläge, die der Freiheit in meinem Land still und leise versetzt werden, entweder durch rechtswidrige Handlungen der Polizei oder durch die zwar legale, aber nicht gerechtfertigte Ausübung des Gesetzes. Ich denke an einen aktuellen Fall, in dem das Gesetz eingesetzt wurde, um ein Buch zu zerstören, einen Roman von hoher literarischer Qualität. Da wir uns an einem Kongress von Autoren und Autorinnen befinden, bietet sich dieser Fall an und ich werde ihn wahrheitsgetreu wiedergeben.

Bei besagtem Buch handelt es sich um »Boy« von James Hanley. »Boy« wurde vor fast vier Jahren veröffentlicht und wurde nicht weniger als viermal neu aufgelegt, bevor es den Zorn der Behörden auf sich zog. Es wurde diskutiert, gelobt, angeprangert und allgemein als ernsthaftes und schmerzliches Werk gesehen, dessen Moral, wenn es denn eine habe, in jedem Fall auf der Seite der Keuschheit und Tugend liege. Der Roman fand großen Zuspruch, etwa vom verstorbenen Colonel T.E. Lawrence[59], der derzeit von der anständigen Gesellschaft zum Heiligen erklärt wird. Man ging davon aus, dass »Boy« sozusagen in unsere literarische Tradition eingegangen war und Teil davon bleiben würde, bis die

Nachwelt den Roman begutachten und abschließend beurteilen würde. Aber dann, wie aus heiterem Himmel, wurde der Verlag von der Polizei in Lancashire vorgeladen, weil er eine »obszöne Verleumdungsschrift« veröffentlicht habe.

Warum in Lancashire, wenn das Buch in London erschienen war? Warum im Jahr 1934, wenn es ursprünglich 1930 erschienen war? Die Antwort auf diese Fragen bleibt das Geheimnis der englischen Rechtsprechung. Dem Verlag wurde aus technischen Gründen geraten, seine Schuld einzugestehen, was er auch tat, worauf er von einem Gericht in Manchester mit einer hohen Geldstrafe von 400 Pfund gebüßt wurde. Der Autor wurde erfreulicherweise in dieser Sache nicht attackiert, doch der Verlag, ein kleiner und sehr anständiger Betrieb, der nur achtenswerte Bücher annimmt, wurde beinahe ruiniert. Und das ist noch nicht alles. Obwohl »Boy« aus dem Verkehr gezogen wurde, trägt der Verlag weiterhin die rechtliche Verantwortung für alle früheren Verkäufe. Das bedeutet, dass er mit weiteren 400 Pfund in Cheshire, in Devonshire und so weiter gebüßt werden könnte, ohne Ende. Ich erzähle hier keine Fabeln von Swift oder Voltaire; ich erzähle Ihnen, was in England, der Heimat der Redefreiheit, geschehen kann, wenn ein Gesetz willkürlich umgesetzt wird.

In einem Fall wie dem von »Boy« sind Proteste nützlich – nicht für die Vergangenheit, die man nicht ändern kann, sondern für die Zukunft. Die öffentliche Meinung zählt weiterhin, und wenn diese besagt, dass der Fall nie vor Gericht hätte kommen dürfen und dass die Buße übertrieben war, dann werden die entsprechenden Behörden in der Regel vorsichtiger vorgehen. Selbstverständlich gab es bei uns auch lächerliche Fälle, zum Beispiel das Verbot des »Quell der Einsamkeit« und der ursprünglichen Fassung von D.H. Lawrence' »Regenbogen« und das feierliche Verbrennen des »Ulysses« im Zollhaus Folkstone. Doch keiner war so absurd wie der von »Boy«, in dem das Recht auf Strafverfolgung bekräftigt wurde, und zwar nach einem beliebigen Zeitraum und auf Initiative eines Polizisten irgendwo in der Provinz. In diesem Fall wurde der Verlag bestraft. Nächstes Mal werden es die Autoren und Autorinnen sein, es sei denn, sie wehren sich lautstark dagegen.

Aber wenden wir uns von solchen Details der Möglichkeit einer allgemeinen Kampagne zu – was wahrscheinlich der Hauptgrund für unseren Kongress ist. Ich befürchte, ich kann dazu nur wenig beitragen. Ich weiß jedoch, was ich mir *wünsche*, und fasse es kurz zusammen: Ich wünsche mir mehr Freiheit für Schriftsteller und Schriftstellerinnen, sowohl in ihrer kreativen als auch kritischen Tätigkeit. In England, mehr als andernorts, wird die kreative Tätigkeit gehemmt, weil man nicht offen über Sex schreiben kann[60], und es ist mir wichtig, dass Sex als Thema anerkannt wird, das sowohl ernsthaft als auch humorvoll behandelt werden kann. Letzteres wird meistens ignoriert, wenn Reden auf Bühnen gehalten werden, weshalb ich mir die Gelegenheit, es anzusprechen, an dieser Stelle nicht entgehen lassen möchte. Was die kritische Tätigkeit betrifft, so wünsche ich mir die Erhaltung des Rechts auf öffentlichen Kommentar. In England können wir uns in dieser Sache glücklich schätzen, denn wir haben dieses Recht weiterhin, während es einigen von Ihnen schon entzogen wurde. Öffentlicher Kommentar verpufft, wenn niemand ihn hört, weshalb ich mir eine Öffentlichkeit für alle möglichen Kommentare wünsche, doch diese geht in England genauso wie anderorts verloren, hauptsächlich aufgrund der staatlichen Kontrolle des Rundfunks. Letztlich wünsche ich mir den Erhalt der Kultur.

Und wie würde ich das erreichen? Durch den Versuch, in meinem Land die vorhandenen Strukturen, die bisher nur wenigen wohlhabenden, weißen Menschen vorbehalten waren, auf Menschen jeder Klasse und Hautfarbe auszuweiten. Und indem englische Schriftsteller und Schriftstellerinnen in engeren Kontakt mit ihrem Gegenüber auf dem Kontinent gebracht werden. Wir sind fürchterlich isoliert und ahnungslos darüber, was dort vorgeht.

Bevor ich meine Bemerkungen abschließe, muss ich darauf bestehen, dass sie unabhängig formuliert wurden und nicht die allgemeine Haltung der englischen Delegation widerspiegeln. Meine Kollegen und Kolleginnen werden meinem Bericht der Lage in unserem Land wahrscheinlich zustimmen, doch sie mögen meiner altmodischen Haltung dazu widersprechen und vielleicht auch denken, dass es Zeitverschwendung ist, von Freiheit und Tradition zu sprechen, wenn die ökonomische

Struktur der Gesellschaft nicht zufriedenstellend ist. Sie mögen entgegnen, dass im Falle eines weiteren Krieges Schriftsteller von individualistischer und liberaler Prägung wie Mr. Aldous Huxley und ich weggefegt werden. Ich bin mir sicher, dass wir weggefegt werden, und ich kann mir auch gut vorstellen, dass es einen weiteren Krieg gibt. Wenn Nationen weiterhin Waffen anhäufen, werden sie wohl nicht anders können, als sich ihres Drecks zu entledigen, genauso wie ein Tier, das ununterbrochen frisst, sich nicht vom Koten abhalten kann. Da dem so ist, verstehe ich meine Aufgabe – und die Aufgabe all derer, die so fühlen wie ich – als eine zeitweilige. Wir müssen einfach weiterbasteln, so gut es geht mit unserem alten Werkzeug, bis der Kollaps erfolgt. Wenn der Kollaps erfolgt, dann genügt nichts mehr. Danach – falls es ein Danach gibt – wird die Verantwortung für die Zivilisation von Menschen übernommen werden, die anders ausgebildet wurden als ich.

Der Krieg bereitet mir mehr Sorgen als mein eigener Tod, obwohl man die gleiche Haltung zu diesen beiden Widrigkeiten einnehmen muss: Man muss so tun, als wäre man unsterblich und die Zivilisation ewig. Beide Annahmen sind falsch – ich werde nicht überleben und das Erdenrund wird es auch nicht; beide müssen als wahr gelten, wenn wir weiterhin essen und arbeiten und reisen sollen und dabei ein paar Atemlöcher für den menschlichen Geist bewahren. Obwohl ich kein Redner bin, wollte ich nach Paris kommen, um dies zu sagen. Was auch immer unsere verschiedenen Heilmittel für die Übel der Gegenwart sein mögen – und wir werden uns in diesem Punkt sicherlich unterscheiden –, wir glauben alle an Courage. Wenn ein Mensch beim Schreiben mutig und sensibel ist, dann hat er meiner Meinung nach seine öffentliche Pflicht erfüllt. Er hat dabei geholfen, die Menschheit im Angesicht einer Katastrophe zusammenzubringen. Und die Courage, die ich hier unter meinen Kollegen und Kolleginnen so vieler Nationen finde, sie wird meine eigene stärken.

# *Was die Freiheit bedroht*

Die Bedrohung der Freiheit wird üblicherweise als politische oder soziale Einmischung verstanden: Kommunismus, Faschismus, gesellschaftlicher Zwang, ausufernde Bürokratie, Zensur, Militärpflicht und so weiter. Üblicherweise stellt man sie sich als Tyrannen vor, der dem bodenlosen Schlund, seiner rechtmäßigen Stätte, entflohen ist und aus einer unergründlichen Fügung durch die Welt pirscht und Gottes Auserwählte, die Stimmberechtigten, verfolgt. Doch diese Vorstellung der gegenwärtigen Probleme ist sowohl zu lebhaft als auch zu seicht. Wir müssen genauer hinsehen, wenn wir sie verstehen wollen; wir müssen unsere eigenen Abgründe genaustens betrachten, denn Politik beruht auf der menschlichen Natur. Selbst ein Tyrann ist ein Mensch, und unsere Freiheit ist heute bedroht, weil der Mensch vor Millionen Jahren in Ketten geboren wurde.

Dieser unglückliche Umstand liegt außerhalb der Gerichtsbarkeit rückwirkender Verfügungen, er kann durch keine Unabhängigkeitserklärung verändert werden und kein Völkerbund kann ihn abschaffen. Der Mensch entwuchs anderen Lebensformen und hat sich inmitten von Tabus entwickelt. Jahrhundertelang war er feig und fürchtete sich sowohl vor dem Universum, das ihn umgab, als auch vor der Herde, deren Schutz er suchte. Daher kann er heute nicht frei sein, selbst wenn er sich dies wünscht. In der jüngeren Geschichte, vor wenigen Jahrhunderten, versuchte er in Griechenland zum ersten Mal ein Individuum zu werden: ein Wesen, das eigenständig denkt, seine Gedanken ausspricht und sich an Standards hält, die es sich selbst ausgedacht hat. Dieser Versuch wurde in der Kunst und Literatur laut applaudiert, doch die dem Menschen angestammten Ketten verurteilten ihn zum Scheitern. Die Geister der Ketten, die Ketten der Geister, sie sind stark – sprichwörtlich stärker als der Tod, da sie von Generation zu Generation weitergegeben werden. In der noch jüngeren Geschichte hat der Mensch mit dem Konzept des sozialen Gewissens geliebäugelt, um damit die Furcht vor der Herde als Gruppenloyalität zu tarnen, und er hat sich selbst überzeugt, dass, wenn er sich dem Staat opfere, er eine weitaus wertvollere Tat vollbringe, als wenn er auf sich allein gestellt etwas anstrebe. Auf sich allein gestellt? Als ob der Mensch je auf sich allein gestellt gewesen wäre! Diese Möglichkeit bot sich ihm noch nie. Nur der Herrgott weiß, was der Mensch auf sich allein gestellt erreicht hätte! Möglicherweise den Dienst, der vollkommene Freiheit ist. Heute tritt die ärmliche kleine Kreatur als Trauerspiel vor die Philosophie – oder eher, er würde als solches auftreten, wenn es denn Philosophen und Philosophinnen gäbe. Schon seit Voltaire und Rousseau wissen wir, dass es sie nicht geben kann, denn niemand hat einen objektiven Blick auf die Dinge: wer beobachtet und wer beobachtet wird, liegt gleichermaßen in Ketten.

Die schärfsten Verstände des achtzehnten und neunzehnten Jahrhunderts hielten die Freiheit für einen Segen, der wiedergewonnen werden musste. Sie waren überzeugt, dass man dies aus eigener Kraft und Intelligenz erreichen könnte. Die Ketten müssten lediglich mit Gewalt aufgebrochen werden, die Konventionen geduldig untergraben, und der Mensch würde sein wahres Erbe entweder durch Revolution oder parlamentarische Prozesse wiedererlangen und den Tyrannen in seinen Schlund zurückstoßen. Im zwanzigsten Jahrhundert wissen wir mehr über die Geschichte und auch die Psychologie des Menschen, und wir haben mehr gelitten. Auf die Resignation über einen möglichen Frieden im Jahr 1914 folgte die gegenwärtige Resignation über die Möglichkeit der Demokratie. Der Tyrann ist nicht mehr eine Ausgeburt des Schlundes, sondern der Normalfall, und in Nation um Nation steigt er aus jeder Gesellschaftsschicht mit einer Leichtigkeit empor, die uns einst beeindruckt hätte. Er benötigt bloß eine Möglichkeit und Rücksichtslosigkeit, schon hebt er Parlamente und Monarchien auf. Folglich glauben viele Menschen nicht mehr an die Freiheit; und die wenigen übrig gebliebenen Gläubigen sind der Meinung, dass die Freiheit erst entdeckt und nicht wiederentdeckt werden müsse. Sie glauben, dass die Freiheit ein Segen sei, dem wir bisher nicht teilhaftig wurden. Sie hoffen darauf, etwas im Wesen des Menschen zu entdecken, dass die Freiheit zum

Vorschein bringen wird. Und Folgendes kann man für diesen Optimismus sagen: Das Wesen des Menschen untergeht gerade eine Veränderung, denn wir verändern uns schlicht dadurch, dass wir uns besser verstehen lernen, und mit jedem Jahr verstehen wir mehr. Möglicherweise werden wir uns unter dem Einfluss wissenschaftlicher Entdeckungen noch schneller verändern. Vielleicht wird sich, nachdem der Sturm sich gelegt hat, nachdem die Flugzeuge ineinander gekracht sind und nachdem alle Radiowellen gestört wurden, eine neue Kreatur auf dieser Erde erheben; eine Kreatur, deren Existenz wir gerne vorspielen: das Individuum.

Wie die Erde sich entwickeln würde, wäre sie ausschließlich von Individuen bewohnt, kann man unmöglich voraussagen. Allerdings wünscht sich der Mensch nicht nur, frei zu sein, er wünscht sich auch zu lieben, und vielleicht kann aus der Vereinigung dieser Wünsche etwas entstehen. Die Liebe kann zu einem Dienst führen, der nicht unterwürfig ist – dem Dienst, von dem in dem christlichen Zitat oben die Rede ist. Nachdem die Liebe eine Zeit lang schrecklich inflationär belangt wurde, kehrt sie nun vielleicht in dem ihr angemessenen Maße zurück und kann die Zivilisation stützen; in der modernen Sozialarbeit glaubt man wenigstens daran. Es ist schwer, das Wort Liebe zu benutzen und nicht gleich der Gefühlsduselei zu erliegen, doch dieser Tendenz muss man sich stellen. Die Liebe nimmt so viele Formen an wie die Furcht. Das Verlangen, sich einem anderen oder gar mehreren Menschen zu widmen, scheint uns so angeboren zu sein wie unser Verlangen nach Freiheit. Sollten sich diese Bedürfnisse zusammenfügen lassen, wird die Bedrohung der Freiheit aus unserem Innern, die wahrhaftige Bedrohung, möglicherweise verschwinden, und den politischen Übeln, die nun den Vordergrund unserer Leben belagern, würde das Gift entzogen werden, an dem sie sich nähren. Zwar werden sie nicht in unserer Zeit vergehen – uns bleibt keine Hoffnung auf umgehende Rettung –, doch es tut gut, gelegentlich Spekulationen über eine fernere Zukunft anzustellen. Es tut gut, dass man sich bei der Betrachtung der Frage der Freiheit nicht ständig die Frage stellen muss, wie man gegen Hitler vorgehen solle und ob die Entscheidungen des Milchkonsortiums nicht doch unvertretbar willkürlich seien. Man darf über die geliebte Republik träumen und in ihrem Namen durch Träume wirken; sie, der bessere Staat, von dem es einst schien, als rutschte er auf geölten Schienen auf uns zu, die Stadt Gottes.

# *Woran ich glaube*

Ich glaube nicht an das Glauben. Aber in einem Zeitalter der Gläubigkeit wie diesem, das vor streitsüchtigen Gesinnungen strotzt, sieht man sich aus Notwehr gezwungen, ein eigenes Glaubensbekenntnis zu formulieren. Toleranz, Gutmütigkeit und Mitgefühl reichen nicht mehr aus in einer Welt gespalten von Religionsverfolgung und Rassismus; einer Welt, in der Unwissen herrscht und die Wissenschaft, die herrschen sollte, die Rolle eines unterwürfigen Zuhälters spielt. Toleranz, Gutmütigkeit und Mitgefühl – eigentlich kommt es nur auf sie an. Und wenn die Menschheit vor dem Abgrund einhalten soll, dann müssen sie sich bald behaupten. Aber in der jetzigen Lage reichen sie nicht aus. Sie sind so wirksam wie eine Blume, die von einem Soldatenstiefel zertreten wird. Sie müssen gestärkt werden, selbst wenn diese Stärkung sie versteift. Gläubigkeit, so scheint es mir, ist eine solche Stärkung, eine Art geistiges Stärkemehl, das man so sparsam wie möglich einsetzen sollte. Mir ist das Zeug zuwider. An seinen Eigenwert glaube ich überhaupt nicht. Darin unterscheide ich mich wahrscheinlich von den meisten Menschen, die ans Glauben glauben und den Hals davon nicht vollkriegen können. Meine Gesetzesgeber sind Erasmus und Montaigne[61], nicht Moses und Paulus. Mein Tempel steht nicht auf dem Berg Morija, sondern in elysischen Gefilden, wo auch die Unmoralischen Einlass finden. Mein Motto lautet: »Herr, ich glaube nicht – hilf meinem Unglauben.«

Nun lebe ich aber gezwungenermaßen in einem Zeitalter der Gläubigkeit – einer Epoche, die mir schon in meiner Kindheit angepriesen wurde. Doch ist sie in der Tat unangenehm – verdammt unangenehm. Und ich muss mich in ihr zurechtfinden. Womit fange ich an?

Mit menschlichen Beziehungen. Hier ist etwas vergleichsweise Handfestes in einer Welt voller Gewalt und Grausamkeit. Nicht komplett handfest, denn die Psychologie hat die »Persönlichkeit« aufgebrochen und zersplittert, und sie hat gezeigt, dass in jedem von uns etwas Unberechenbares schlummert, dass jederzeit an die Oberfläche kommen und uns aus dem Gleichgewicht bringen kann. Wir können uns nicht kennen, wir können andere Leute nicht kennen. Wenn dies stimmt, wie sollen wir auf menschliche Beziehungen vertrauen? Können wir in diesem aufziehenden politischen Sturm an ihnen festhalten? Theoretisch gesehen nicht. Doch in der Praxis können und tun wir es sehr wohl. Obwohl A nicht unwiderruflich A ist, oder B nicht B, kann Liebe und Loyalität zwischen ihnen entstehen. Im Alltag sind wir gezwungen, Persönlichkeit als solid, das »Selbst« als eine Einheit zu verstehen und alle Beweise fürs Gegenteil zu ignorieren. Und da das Ignorieren von Beweisen eine Eigenart des Glaubens ist, kann ich getrost erklären, dass ich an menschliche Beziehungen glaube.

Fange ich mit ihnen an, dann bringe ich ein wenig Ordnung in das gegenwärtige Chaos. Man muss Menschen mögen und ihnen vertrauen, wenn das Leben kein Schlamassel werden soll. Deswegen ist es entscheidend, dass Menschen einen nicht enttäuschen. Doch oft tun sie das. Diese Tatsache lehrt mich, dass ich – allen voran – so zuverlässig wie möglich sein muss, und das versuche ich auch, doch Zuverlässigkeit ist keine Vertragssache; darin besteht der Hauptunterschied zwischen der Welt der persönlichen Beziehungen und der Welt der geschäftlichen Beziehungen. Sie ist eine Angelegenheit des Herzens und das Herz unterzeichnet keine Verträge. Anders gesagt, entsteht Zuverlässigkeit nur dort, wo natürliche Warmherzigkeit besteht. Die meisten Menschen sind warmherzig, doch haben sie oft Pech und kühlen aus. Die meisten Menschen, selbst die in der Politik, *wollen* glauben. Deshalb kann man in jedem Fall sein eigenes kleines Licht leuchten lassen im Wissen, dass es nicht das einzige Licht ist, das in der Finsternis leuchtet und von ihr nicht verstanden werden kann. Heutzutage verabscheut man menschliche Beziehungen. Sie werden als dekadenter Auswuchs der Bourgeoisie angesehen, als Begleiterscheinung einer Schönwetterperiode, die nun vorbei ist. Wir werden ermutigt, ihnen den Rücken zu kehren und uns stattdessen einer Bewegung oder einer Sache anzuschließen. Doch solche Sachen sind mir zuwider. Sollte ich je gezwungen werden, mein Land oder einen Freund zu verraten, dann habe ich hoffentlich Mut genug und verrate mein Land. Diese Wahl könnte die heutige Leserschaft schockieren und vielleicht greift schon eine patriotische Hand nach dem Telefon, um mich der Polizei zu melden. Dante hätte sie allerdings nicht schockiert. Er steckte Brutus und Cassius in den untersten Kreis der Hölle, weil sie Julius Cäsar, ihren Freund, und nicht Rom, ihr Land, verrieten. In aller Wahrscheinlichkeit wird man nicht vor die Tortur dieser Wahl gestellt, doch man darf nicht vergessen, dass hinter jedem Glaubensbekenntnis ein schrecklicher und harter Grundsatz steht, für den die Gläubigen irgendwann einstehen und leiden müssen, und selbst menschliche Beziehungen, so weltoffen und mild sie daherkommen mögen, haben etwas Schreckliches und Hartes an sich. Denn Liebe und Loyalität für eine Person vertragen sich nicht immer mit den Ansprüchen des Staates – und wenn das geschieht, dann sage ich: nieder mit dem Staat. Worauf der Staat antwortet: nieder mit dir.

Das führt mich zur Demokratie, zur »Liebe, dem geliebten Freistaat, die sich nährt an der Freiheit und lebt.« Demokratie ist nicht wirklich ein geliebter Freistaat und wird es auch nie sein. Aber sie ist nicht so hassenswert wie andere gegenwärtige Regierungsformen, und insofern verdient sie unsere Unterstützung. Sie beginnt mit der Annahme, dass das Individuum wichtig sei und dass eine Zivilisation Unterschiede benötige, um zu funktionieren. Sie unterscheidet nicht zwischen denen, die befehlen, und denen, die gehorchen – anders als Regierungsformen, die auf Effizienz abzielen. Die Menschen, die ich am meisten bewundere, sind sensibel und haben das Verlangen, etwas zu schaffen oder zu entdecken; sie verstehen das Leben nicht als Machtgefüge. Solche Menschen erhalten in einer Demokratie bessere Chancen als überall sonst. Sie gründen Religionen, ob große oder kleine; oder sie schaffen Literatur und Kunst; oder sie widmen sich unvoreingenommen der Wissenschaft; oder sie mögen zwar sogenannte »durchschnittliche« Menschen sein, sind aber in ihrer Freizeit kreativ, ziehen ihre Kinder anständig auf und helfen ihren Nachbarn. Alle solche Menschen haben das Bedürfnis, sich auszudrücken. Das können sie nur, wenn die Gesellschaft ihnen diese Freiheit zuspricht, und die Gesellschaftsform, die ihnen in dieser Hinsicht die größte Freiheit zuspricht, ist die Demokratie.

Die Demokratie hat noch ein weiteres Verdienst. Sie lässt Kritik zu, und ohne öffentliche Kritik kommt es unausweichlich zur Vertuschung von Skandalen. Deswegen glaube ich an die Presse trotz all ihrer Verlogenheit und Vulgarität, und auch an das Parlament. Man belächelt das Parlament gerne als eine Quasselbude. Ich glaube an es, gerade *weil* es eine Quasselbude ist. Ich glaube an Parlamentsmitglieder, die sich lästig machen und die, obwohl sie vor den Kopf gestoßen werden und sich anhören müssen, wie grantig und ignorant sie seien, Missstände aufdecken, die sonst nicht zur Sprache kämen – und oft wird ein Missstand schon korrigiert, wenn er nur angesprochen wird. Manchmal verlieren wohlmeinende Beamte im Namen der Effizienz ihren Kopf und halten sich plötzlich für den Allmächtigen selbst. Solche Fälle findet man am häufigsten im Innenministerium. Im Parlament wecken sie früher oder später Zweifel, sodass sie sich vorsehen und zurückhalten müssen. Ob das Parlament entweder repräsentativ oder effizient ist, bleibt fraglich, aber ich schätze es, weil es kritisiert und quasselt und weil vielerorts über sein Gequassel berichtet wird.

Also, zweimal hoch soll sie leben, die Demokratie: einmal, weil sie Unterschiede zulässt, und ein zweites Mal, weil sie Kritik zulässt. Zweimal reicht vollkommen: Es gibt keinen Grund für ein drittes Hoch. Nur die Liebe, der geliebte Freistaat, verdient das.

Doch was ist mit Gewalt? Während wir uns bemühen, sensibel und fortschrittlich und liebevoll und tolerant zu sein, stellt sich uns eine unangenehme Frage: Beruht nicht jede Gesellschaftsform auf Gewalt? Wenn eine Regierung sich nicht auf die Polizei und die Armee verlassen kann, wie soll sie regieren? Und was zählen die Meinungen eines Individuums, wenn es verprügelt oder in ein Arbeitslager geschickt wird?

Dieses Dilemma bereitet mir weniger Sorgen als anderen. Mir ist bewusst, dass jede Gesellschaft auf Gewalt beruht. Doch alle großen schöpferischen Taten, alle anständigen menschlichen Beziehungen, entstehen in Zeiten, in denen Gewalt nicht im Vordergrund steht. Diese Zeiten sind es, die zählen. Ginge es nach mir, sollen sie so häufig vorkommen und so lange anhalten wie möglich. Ich nenne diese Zeiten »Zivilisation«. Einige verherrlichen Gewalt und zerren sie ans Licht; sie huldigen ihr, anstatt sie so lange wie möglich im Hintergrund zu halten. Damit begehen sie einen Fehler, aber diejenigen, die ihnen gegenüberstehen – alle, die der Schwärmerei huldigen –, begehen einen noch größeren Fehler, wenn sie erklären, dass es Gewalt gar nicht gäbe. Ich glaube an ihre Existenz, aber auch daran, dass es unsere Aufgabe ist, sie so lange wie möglich im Zaum zu halten. Früher oder später reißt sie sich sowieso los, und dann zerstört sie all die schönen Dinge, die wir erschaffen haben. Allerdings ist das nicht immer der Fall, dank des glücklichen Umstands, dass die Starken so stumpfsinnig sind. Man nehme zum Beispiel den »Ring des Nibelungen«. Die Riesen haben die Waffen beziehungsweise das Gold, doch sie tun nichts damit. Sie verstehen nicht, dass sie allmächtig sind, weshalb sich die Katastrophe herauszögert und das Schloss Walhalla, herrlich, aber ungefestigt, den Sturm übersteht. Fafner, um seinen Hort gewunden, grummelt und grunzt; heute hören wir ihn unter Europa: Die Blätter im Wald zittern schon, und umsonst singt der Vogel seine Warnung. Fafner wird uns zerstören, aber dank einer glücklichen Fügung ist er dumm und schwer von Begriff, und die Schöpfung lebt weiter abseits seines giftigen Schnaubens. Der Nietzschekult peitscht ihn an; die Schwärmerei behauptet, es gäbe ihn nicht, während Wotan, weiser als beide Positionen, mit Hast zum Gegenkampf rüstet, bevor sich der Untergang einstellt. Die Walküren sind nicht nur Symbole des Mutes, sondern der Intelligenz; sie stellen den Geist der Menschheit dar, der seine Chance wahrnimmt, solange es nicht zu spät ist, und eine schafft es sogar, sich zu verlieben. Brünnhildes letztes Lied ist eine Hymne auf die Wiederkehr der Liebe, und weil Übertreibung das Privileg der Kunst ist, geht sie noch einen Schritt weiter und preist die Liebe, die für alle Ewigkeit triumphiert und sich an der Freiheit nährt und lebt.

Das ist meine Haltung gegenüber Macht und Gewalt. Leider durchdringen sie zwar diese Welt, kommen aber nicht immer zum Vorschein. Manche Menschen nennen ihr Fehlen »Dekadenz«; ich nenne es »Zivilisation« und sehe darin die Rechtfertigung des menschlichen Experiments. Ich wende mich von ihrem Gegenteil ab, bis mir das Schicksal in den Rücken fällt. Ob das in meinem Fall mit Mut oder Feigheit zu tun hat, kann ich nicht mit Sicherheit sagen. Ich bin mir jedoch sicher, dass nichts Wertvolles überlebt hätte, wenn die Menschheit der Macht und Gewalt in der Vergangenheit nicht den Rücken gekehrt hätte. Die Menschen, die ich am meisten respektiere, verhalten sich, als wären sie unsterblich und die Gesellschaft ewig. Beide Annahmen sind falsch: Beide müssen als wahr gelten, wenn wir weiterhin essen und arbeiten und lieben sollen und dabei ein paar Atemlöcher für den menschlichen Geist offenhalten. Es scheint unwahrscheinlich, dass der Menschheit das Tausendjährige Reich der Offenbarung bevorsteht; es wird kein besserer und stärkerer Völkerbund gegründet werden; keine Ausformung des Christentums und keine Alternative zum Christentum wird der Welt Frieden und dem Individuum Zuverlässigkeit bescheren; es wird sich keine Kehrtwende ereignen. Und trotzdem sollten wir nicht verzweifeln; noch mehr: Wir dürfen nicht verzweifeln. Die Geschichte ist der Beweis, dass die Menschheit durchweg darauf beharrte, im Schatten des Schwertes schöpferisch zu handeln; dass sie ihren künstlerischen und wissenschaftlichen und häuslichen Aufgaben um ihrer selbst willen nachging, und dass wir gut daran täten, ihrem Beispiel auch im Schatten der Flugzeuge zu folgen. Andere, die mehr Weitsicht und Mut besitzen als ich, sagen die Erlösung der Menschheit voraus und werden meinen Zivilisationsbegriff als dürftig abstempeln, als eine Art Flucht nach vorn. Sicherlich ist es anmaßend zu sagen, dass wir uns nicht verbessern *können* und dass die Menschheit, die erst seit ein paar wenigen Jahrtausenden an der Macht ist, nie lernen wird, wie sie diese Macht nutzen kann. Ich meine lediglich, dass die Welt, wenn sich die Menschen in ihr weiterhin umbringen, nicht besser werden kann, als sie es ist. Und dass es, da es mehr Menschen gibt und die Mittel für die gegenseitige Zerstörung effektiver sind als je zuvor, durchaus wahrscheinlich ist, dass sich die Welt verschlechtern wird. Das Gute in den Menschen – und folglich in der Welt – ist ihr Beharren auf schöpferischem Handeln, ihr Glaube an Freundschaft und Loyalität um ihrer selbst willen. Obwohl Gewalt schon immer die Aktienmehrheit in diesem chaotischen Betrieb innehielt und sie auch weiterhin halten wird, so glaube ich auch, dass die schöpferische Kraft bleibt und neue Wege aufzeigt, sobald Gewalt ruht. Nun bin ich kein Optimist, trotzdem kann ich Sophokles nicht zustimmen, dass es besser wäre, nie geboren worden zu sein. Und obwohl ich wie Horaz keinen Hinweis dafür finde, dass jeder Geburtsjahrgang besser wäre als der vorhergehende, lasse ich Spielraum für eine nachsichtigere Perspektive. Wir leben in einem so schwierigen Moment. Man kann sich nicht davon abhalten, trübselig und auch ein wenig besorgt – und vielleicht auch kurzsichtig – zu sein.

Auf der Suche nach einem Rückzugsort könnten wir uns auch der Heldenanbetung zuwenden. Doch das wird uns meiner Meinung nach nicht helfen. Heldenanbetung ist eine gefährliche Verlockung; ein weniger wichtiges Verdienst der Demokratie ist, dass sie die Heldenanbetung nicht ermutigt und den unkontrollierbaren Typus des Großen Mannes[62] nicht hervorbringt. Stattdessen bringt sie verschiedene kleinere Männer hervor – eine weitaus noblere Errungenschaft. Doch Menschen, die sich nicht für die Vielschichtigkeit des Lebens interessieren und sich nicht eine eigene Meinung bilden können, werden damit nicht zufrieden sein und sich stattdessen nach einem Helden sehnen, vor dem sie sich verneigen und dem sie blind folgen können. Es ist kein Zufall, dass die Heldenfigur heute zum täglich Brot des Totalitarismus gehört. Ein auf Effizienz ausgelegtes Regime kommt nicht ohne ein paar Helden aus, die die Stumpfsinnigkeit des Lebens unter ihm lindern – genauso wie Pflaumen in einen schlechten Pudding gesteckt werden müssen, um ihn genießbar zu machen. Ein Held ganz oben und zwei kleinere neben ihm, das ist eine beliebte Formel, und diese Dreifaltigkeit tröstet die Ängstlichen und Gelangweilten, die sich beim Verneigen erbaut und gestärkt fühlen.

Nein, ich vertraue Großen Männern nicht. Um sie herum bildet sich ein Ödnis der Einförmigkeit und nicht selten auch eine Lache voller Blut, und ich fühle die Freude des kleinen Mannes, wenn einer von ihnen auf die Nase fällt. Ab und zu findet man in einer Zeitung eine Meldung wie: »Allem Anschein nach war der Staatsstreich nicht erfolgreich und Admiral Tomas Aufenthaltsort ist derzeit nicht bekannt.« Admiral Toma hatte wahrscheinlich alle Eigenschaften eines Großen Mannes – einen eisernen Willen, Charisma, Elan, Flair, Geschlechtslosigkeit –, doch das Schicksal war gegen ihn: Er verzog sich an einen unbekannten Ort, anstatt mit seinesgleichen die Parade der Geschichte anzuführen. Er versagte so komplett, wie es die Kunst und Liebe nie könnten, denn für sie ist das schöpferische Handeln an sich eine Leistung, während für jenen nur der Erfolg zählt.

Ich glaube allerdings an den Adel – wenn das das richtige Wort ist und ein Demokrat es verwenden kann. Nicht an einen Adel der Macht, der auf Rang und Einfluss fußt, sondern einen Adel der Empfindsamen, Rücksichtsvollen und Standhaften[63]. Seine Mitglieder finden sich in allen Ländern und Klassen und in jedem Zeitalter. Ein unausgesprochenes Einverständnis verbindet sie, wenn sie sich treffen. Sie vertreten die wahre menschliche Tradition, den einzigen andauernden Sieg unserer verqueren Spezies über die Grausamkeit und das Chaos.

Tausende von ihnen scheiden leise aus dem Leben, nur einige sind bekannte Namen. Sie sind empfindsam gegenüber anderen und sich selbst; sie sind rücksichtsvoll, ohne penibel zu sein; ihre Standhaftigkeit ist keine Angeberei, sondern Durchhaltevermögen, und sie nehmen sich nicht zu ernst. Ich gebe keine Beispiele – das ist zu riskant –, doch eigentlich reicht es aus, sich zu fragen, ob man solche Menschen nicht gerne kennenlernen würde und – um noch einen weiteren Schritt zu nehmen – ob man es nicht vorziehen würde, wenn es sich bei ihnen *nicht* um Asketen oder Asketinnen handelte. Ich für meinen Teil stelle mich gegen den Asketismus. Ich stehe auf der Seite des alten Schotten, der sich weniger Keuschheit und mehr Takt wünschte. Ich bin der Meinung, dass meine Adeligen nicht wirklich adelig wären, wenn sie ihre körperlichen Bedürfnisse zu kurz kommen ließen, denn Körper sind die Instrumente, mit denen wir die Welt wahrnehmen und genießen. Trotzdem bestehe ich nicht darauf. Es ist kein wichtiger Punkt. Es ist offensichtlich möglich, sowohl empfindsam, rücksichtsvoll und standhaft als auch asketisch zu sein. Und wenn eine Person die ersten drei Eigenschaften besitzt, dann soll sie Einlass in den Adel erhalten! So schreiten sie davon – eine unschlagbare, jedoch nicht siegreiche Armee. Der Adel, die Wenigen, die Auserwählten, die besten Menschen – alle Worte, mit denen man sie beschreiben kann, passen nicht, und jeder Versuch, sie zu sammeln, scheitert. Immer wieder versuchte die Autorität, sich den Adel, dessen Wert sie erkannte, einzuverleiben und zunutze zu machen, zum Beispiel die ägyptische Priesterschaft oder die christliche Kirche oder der chinesische Staatsapparat oder die bündischen Bewegungen oder sonstige erhabene Unterfangen. Doch der Adel schlüpft durch ihre Netze – und weg ist er: Wenn die Türe sich schließt, ist er nicht mehr im Raum; sein Tempel, wie einer von ihnen es sagte, ist die Heiligkeit der Gefühle des Herzens, und ihr Königreich, das sie zwar nie besitzen, ist die große weite Welt.

Solange sich diese Menschen in der Welt herumtreiben und sich ihre Wege immer wieder mit dem eigenen kreuzen, wenn man nur Augen zum Sehen und Hände zum Fühlen hat, kann das menschliche Experiment nicht als Misserfolg abgestempelt werden. Allerdings kann es als eine Tragödie verstanden werden, da es kein probates Mittel gibt, mit dem diese persönliche Anständigkeit ins öffentliche Leben gebracht werden kann. Sobald Menschen Macht erhalten, geraten sie auf die schiefe Bahn, und manchmal werden sie auch bekloppt, weil Macht sie in Gefilde führt, in denen sich Ehrlichkeit nicht auszahlt. Zum Beispiel kann der Mann, der vor dem Parlamentsgebäude Zeitungen verkauft, seinen Stand unbesorgt verlassen, um etwas trinken zu gehen. Legt er seine Mütze neben die Zeitungen, kann er sich darauf verlassen, dass alle, die eine Zeitung mitnehmen, die Münzen dort reinwerfen. Doch im Parlamentsgebäude kann man sich nicht auf diese Weise vertrauen, und noch weniger kann die Regierung, die das Parlament bildet, anderen Regierungen vertrauen. Dort findet man keine Mütze auf dem Gehsteig, sondern Verdacht, Hinterlist und Wettrüsten. Je stärker das öffentliche Leben strukturiert ist, desto schwächer der Sinn für Moral. Heutzutage behandeln sich Nationen schlechter als je zuvor: Sie betrügen, rauben, drangsalieren und täuschen, beginnen unerklärt Kriege und töten so viele Frauen und Kinder wie sie nur können. Im Vergleich dazu waren Naturvölker wenigstens von Tabus gehemmt. Es sind keine rosigen Aussichten, doch je tiefer die Finsternis, desto heller scheinen die kleinen Lichter; sie bestärken sich gegenseitig und sagen: »Wenigstens bin ich noch hier. Gefallen tut's mir nicht wirklich, aber wie geht es Dir denn?« Die unauslöschlichen Lichter des Adels! Die Leuchtfeuer der unbesiegbaren Armee! »Schließ Dich uns an, trotz allem, und lass uns die Zeit genießen, solange wir es noch können.« Das, glaube ich, sagen sie auch.

Der Erlöser der Zukunft – sollte er je kommen – wird nicht ein neues Evangelium predigen. Er wird lediglich meinen Adel aufrufen; er wird den guten Willen und die Gutmütigkeit, die bereits vorhanden sind, wirksam machen. Anders gesagt wird er eine neue Methode einführen. In der Wirtschaft heißt es, dass eine neue Verteilungsmethode Armut abschaffen würde und dass keine Menschen an einem Ort verhungern müssten, während eine Ernte an einem anderen untergepflügt wird. Ein ähnlicher Wandel ist in der Sphäre der Moral und der Politik nötig. Das Verlangen danach ist keineswegs neu; man findet es zum Beispiel vor sechshundert Jahren in einem theologischen Kontext bei Jacopone da Todi.

»Ordena questo amore, tu che m'ami«, sagte er: »O Du, der mich liebt – bring Ordnung in diese Liebe.« Sein Gebet wurde nicht erhört, und ich persönlich glaube nicht, dass es je erhört wird, doch hier, und nicht in einem Sinneswandel, liegt unser Weg; nicht, indem wir besser werden, sondern indem wir Ordnung in unsere angeborene Güte bringen und sie besser verteilen, wird die Menschheit die Gewalt im Zaum halten und so den Freiraum gewinnen, das Universum zu erkunden und auf würdige Weise seine Spuren darin zu hinterlassen. Zurzeit erkundet sie es nur in seltenen Momenten, wenn die Gewalt ruht, und ihre göttliche Schaffenskraft erscheint als triviales Nebenprodukt, das man sofort über Bord wirft, sobald die Trommeln schlagen und die Bomber brummen.

Ein solcher Wandel, sagt die Orthodoxie, könne nur vom Christentum vollzogen werden, und zwar nur nach dem Zeitplan Gottes: Die Menschheit habe es noch nie geschafft und werde es nie schaffen, Ordnung in ihre eigene Güte zu bringen, und es sei vermessen, dies auch nur zu versuchen. Diese Ansicht – so andächtig sie ist – lässt mich kalt. Ich kann nicht glauben, dass das Christentum jemals mit dem gegenwärtigen und weltweiten Chaos zurechtkommen wird, und ich glaube, dass jeglicher Einfluss, den die Kirche in der modernen Gesellschaft noch hat, mit dem Geld in ihrem Rücken zu tun hat und nicht mit ihrer geistigen Überzeugungskraft. Sie war einmal eine geistige Kraft, doch ihr innerster Geist muss neu formuliert werden, und das wahrscheinlich in nicht christlicher Form, wenn er die Wogen glätten soll. Selbstverständlich werden mir viele – und zwar viele, die nicht nur gütig, sondern auch fähig und intelligent sind – in diesem Punkt nicht zustimmen; sie werden vehement dementieren, dass das Christentum versagt habe, oder argumentieren, dass sein Versagen dem Bösen im Menschen zu verschulden sei, was seinen Erfolg letzten Endes beweise. Diese Menschen schreiben ihren Glauben mit einem großen G, ich den meinen mit einem klitzekleinen. Und ich bediene mich dieses Glaubens nur, weil unsere Zeit so anstrengend und ernst ist. Und man sagt gerne, was man denkt, solange man noch einigermaßen frei ist in dem, was man sagen darf. Dies mag nicht mehr lange der Fall sein.

Dies sind die Gedanken eines Individualisten und Liberalen, der das Fundament seines Liberalismus unter seinen Füßen wegbrechen sah und sich darüber zuerst schämte. Dann sah er sich um und ihm wurde klar, dass es keinen bestimmten Grund zur Scham gab, da alle anderen sich genauso unsicher fühlten, ganz egal was sie empfanden. Was den Individualismus betrifft, so scheint es keinen Ausweg daraus zu geben, selbst wenn man sich einen wünschte. Der Diktator-Held kann sein Volk so lange zermahlen, bis alle gleich sind, doch er kann es nicht zu einem einzigen Menschen zusammenschmieden. Das übersteigt seine Kräfte. Er kann ihnen Einheitlichkeit befehlen, er kann sie zu Masseneuphorien anpeitschen, doch sie sind genötigt, einzeln geboren zu werden und einzeln zu sterben. Und wegen dieser unabdinglichen Endpunkten wird der Mensch immer aus den Gleisen des Totalitarismus laufen. Die Erinnerung an die Geburt und die Erwartung des Todes lauern beständig in jedem Menschen und unterscheiden ihn von seinen Mitmenschen. Dadurch wird er fähig, mit ihnen in Berührung zu kommen. Nackt bin ich zur Welt gekommen und nackt werde ich sie verlassen! Und das ist auch gut so, denn es erinnert mich daran, dass ich unter meinem Hemd nackt bin, egal welche Farbe es hat.

# *Jew-Consciousness*[64]

Vor langer, langer Zeit, als Königin Victoria regierte, besuchte ich zwei private Sekundarschulen. An der ersten galt es als schändlich, eine Schwester zu haben, und jeder Junge, der eine Schwester hatte, wurde in der Regel dafür getriezt. »Leute«, ging es herum, »habt ihr die Schwester vom Schimmel gesehen?«, worauf die Jungen in gespielter Übelkeit hin und her torkelten und »Puh!« riefen und so taten, als würden sie vor Schrecken ohnmächtig werden, während Schimmel, der sich trotz seines unglücklichen Namens bisher sozial gut geschlagen hatte, sich als Verbannter in der Wildnis wiederfand und dort mit seinesgleichen – egal, ob aus gutem oder schlechtem Hause – die gemeinsame Schande betrauerte. Es versteht sich von selbst, dass jeder Junge, der eine Schwester hatte, sie zu verbergen versuchte, und es ihr verbot, bei der Verleihung eines Schulpreises neben ihm zu sitzen oder ihn überhaupt mehr als beiläufig beim Vorbeigehen anzusprechen, oder, wenn dies nicht zu vermeiden war, nur in höchst formeller Manier. Die öffentliche Meinung zu diesem Thema war zwar nicht bitter, aber unverrückbar: Schwestern waren eine Schande. Ich selbst hatte kaum Probleme, denn mein Gewissen war in dieser Hinsicht rein, und obwohl man mich gelegentlich des Deliktes bezichtigte, erwiesen sich die Anschuldigungen stets als falsch.

Ganz anders erging es mir an meiner zweiten Schule, denn dort war von Schwestern keine Rede; die Schande lag darin, eine Mutter zu haben. Die Mutter von Krapp! Die Mutter von Rotzinger, igitt! Keine Worte waren stark, keine Klänge schrill genug, um seinem Widerwillen Ausdruck zu verleihen. Da Mütter in dieser bestimmten Lebensphase jedoch häufiger auftreten und obendrein weniger fügsam sind als Schwestern, war meine Zeit an dieser Schule insgesamt weniger angenehm und meine Schuldgefühle schwerer. Gar jeder Junge schien irgendwo eine Mutter versteckt zu haben und es ereigneten sich einige schreckliche Offenbarungen. Ein Junge wurde krank, und schon tauchte eine Mutter auf und fuhr ihn in einer Kutsche nach Hause. Ein Paket wurde geliefert, darauf das Brandmal: »Von Mutti für ihren Liebling«. Viele versuchten, den Verdacht von sich abzulenken, indem sie weibliche Eltern vehement auf die Schwächeren abschoben. Höchst selten wurde eine Mutter heroisch und dreist anerkannt, doch dabei handelte es sich um gute Sportler, die einen beachtlichen Beliebtheitsüberschuss genossen und es sich leisten konnten, mit besagter Mutter über das Spielfeld zu spazieren, als seien sie König Karl II. mit Frau Lupescu[65]. Wir bewunderten und beneideten diese Jungen, doch trauten uns nicht, es ihnen gleichzutun. Die Wahrscheinlichkeit, auf Wohlwollen zu treffen, war zu gering. Es galt die Regel, Mütter sind eine Schande, und vereinzelte

Siege über diese Konvention vermochten nicht, sie abzuschaffen.

Diese Schulen bereiteten mich besser auf das Leben vor, als ich damals verstand, indem ich dort zwei idiotische Gesellschaften ertragen musste, eine anti-schwesterliche und eine anti-mütterliche. Nun wurde ich eingeladen, einer dritten beizutreten. Es wird mir nahegelegt zu prüfen, ob die Menschen, die ich treffe und mit denen ich spreche, nicht etwa jüdisch seien; überdies wird mir geraten, mir keine Meinungen über Menschen zu bilden, bis diese grundsätzliche Frage geklärt sei. Was für widerlicher Unsinn! Weder Wissenschaft noch Religion noch der gesunde Menschenverstand können ihn rechtfertigen. Und trotzdem liegt dieser Antisemitismus in der Luft, und wir können noch nicht sagen, wie weit er sie vergiften wird. Ich glaube nicht, dass wir in England je wieder Ghettos errichten werden, doch ich kann es nicht mit Bestimmtheit sagen. Wer weiß schon, was für niederträchtige Dinge sich in geänderten Umständen im eignen Land oder sogar in sich selbst ereignen mögen. Doch ich denke nicht, dass wir dem Barbarismus verfallen werden. Der Dummheit allerdings schon, und tatsächlich ist dies in vielen Fällen schon geschehen. Heute verdächtigen viele diejenigen Menschen, die sie nicht leiden können, jüdisch zu sein, oder sie sind überrascht, wenn sich Menschen, die sie mögen, als jüdisch entpuppen. Als Nichtjude an meiner ersten Schule und als Jude an meiner zweiten weiß ich, wovon ich spreche. Ich weiß, wie das Gift wirkt, und ich weiß auch, dass sich viele Menschen wie Schulkinder verhalten. An der Oberfläche scheint alles in Ordnung zu sein. Die Politik benimmt sich sowohl links als auch rechts mit angemessener Höflichkeit und denunziert Verfolgung, und in der Regel gilt diese Haltung als respektabel. Doch unterhalb der Oberfläche sieht es anders aus, und wenn man in Zügen oder Pubs oder Landstraßen horcht, dann kriegt man etwas anderes zu Ohren. Ein scheußlicher Aspekt unseres Nationalcharakters wird dort auffällig: unsere Liebe für hämisches Gelächter. Menschen, die Juden oder Jüdinnen nicht schlecht behandeln würden oder gar unhöflich zu ihnen wären, genießen es, sich über ihr Unglück zu amüsieren. Sie kichern, wenn andernorts ein Pogrom organisiert oder eine Synagoge verunstaltet wird. »Geschieht ihnen eigentlich recht, den Juden«, wird dann gesagt. Eine unangenehme Feststellung, doch sie steht allen bevor, welche die Sicherheit ihrer eigenen erleuchteten Nische verlassen. Das große arische Argument, »er ist ein verdammter Kapitalist, er muss also ein Jude sein, und wenn er ein Jude ist, dann ist er sicher auch Kommunist«, hat sich bereits an unseren Tankstellen und auf unseren Bauernhöfen niedergelassen. Männer nutzen es häufiger als Frauen und junge Männer häufiger als alte. Die beste Antwort ist der höhnische Kommentar, »das ist doch Propaganda«. Wenn man das Wort »Propaganda« oft genug wiederholt, versiegt das Kichern, denn niemand hat gerne das Gefühl, hinters Licht geführt zu werden. Es gibt auch ein anderes Argument, das intellektueller ist und mehr Mut erfordert.

Und zwar muss man fragen: »Sind Sie sich eigentlich sicher, dass Sie nicht selbst jüdisch sind? Kennen Sie all Ihre acht Urgroßeltern?« Selbstverständlich wäre es am besten, ruhig und vernünftig zu reagieren, doch diese Haltung ist in der gegenwärtigen Welt so wirkungsvoll wie an meinen Sekundarschulen. Das einzige effektive Mittel gegen Dummheit ist gewitzte Dummheit.

Dieser manische Antisemitismus war das einzige Übel, das man nach dem Ende des letzten Krieges nicht vorausgesehen hatte. Viele andere Probleme sah man und waren bereits zu erkennen – Nationalismus, Klassenkampf, die Kluft zwischen den Reichen und Armen, die allgemeine Abwertung der Kultur –, doch meines Wissens hat niemand diesen antisemitischen Horror prophezeit, und heute kann niemand sagen, wann er sein Ende nehmen wird. Natürlich gab es Warnzeichen, aber diese schienen so harmlos wie ein Gedicht von Hilaire Belloc. Als ich 1921 in Indien war, borgte mir ein Colonel die »Protokolle der Weisen von Zion«, doch es war so offensichtlich eine Fälschung, dass ich mir keine weiteren Gedanken darüber machte. Ich hatte meine Sekundarschulen vergessen und ich dachte nicht daran, dass ihr Modell sich in der Gesellschaft durchsetzen würde. Mich schockiert der Antisemitismus heute mehr als alles andere. Er zerstört viel mehr als das jüdische Volk; er greift den menschlichen Geist in seinem Kern an und fordert ihn auf, anhand falscher Kategorien zu urteilen. Ich bin mir zwar sicher, dass wir ihn besiegen werden, doch es wird lange dauern. Vielleicht müssen hundert

Jahre vergehen, bevor die Menschen sich an die Geisteshaltung des Jahres 1918 zurückerinnern und mit dem Propheten Maleachi fragen können: »Haben wir nicht alle *einen* Vater? Hat uns nicht *ein* Gott geschaffen?« Im Moment bleibt uns nur, uns vehement zu wehren, um zu verhindern, dass die Dummheit in Wahnsinn umschlägt.

# *Toleranz*

Alle reden über Wiederaufbau. Unsere Feinde schmieden Pläne für eine neue europäische Ordnung, die von der Geheimpolizei administriert wird, während wir auf unserer Seite über den Wiederaufbau Londons oder Englands oder der westlichen Zivilisation sprechen und planen, wie wir das erreichen sollen. Das ist alles schön und gut, aber wenn mir solches Gerede zu Ohren kommt und ich sehe, wie in den Architekturbüros die Bleistifte gespitzt und in den Bauunternehmungen die Offerten zusammengestellt und im Parlament die Einflussbereiche abgesteckt werden und sich allgemein alle an die Arbeit machen, dann fällt mir ein sehr berühmter Satz ein: »Wenn der Herr nicht das Haus baut, so arbeiten umsonst, die daran bauen.« Hinter dem poetischen Bild dieser Worte liegt eine harte, erprobte Wahrheit: Wenn man nicht über eine vernünftige Geisteshaltung verfügt, über eine gute Verfassung, kann man nichts von Beständigkeit aufbauen oder wiederaufbauen. Der Satz ist wahr nicht nur für religiöse Menschen, sondern auch für alle anderen, die sich gerade an die Arbeit machen, ganz egal, woran sie glauben. Es ist kein Zufall, dass einer unserer Historiker, Dr. Arnold Toynbee, diesen Satz seiner großen Studie des Wachstums und Zerfalls der

Zivilisationen vorangestellt hat. Gewiss ist eine vernünftige Geisteshaltung das einzige verlässliche Fundament jeder Zivilisation. Architekturfirmen, Bauunternehmungen, internationale Kommissionen, Werbeagenturen und Rundfunkgesellschaften werden, auf sich allein gestellt, nie eine neue Welt aufbauen. Der richtige Geist muss sie inspirieren und in den Menschen, für die sie arbeiten, muss ebenfalls der richtige Geist walten. Zum Beispiel wird es nie ein schönes neues London geben, bis die Menschen sich weigern, in hässlichen Häusern zu leben. Gerade macht es ihnen nichts aus. Sie verlangen nach mehr Komfort, doch städtische Schönheit sagt ihnen nichts; tatsächlich haben sie gar keinen Geschmack. Ich selbst wohne in einem scheußlichen Wohngebäude, aber es wäre zu viel gesagt, dass mir dieser Umstand Sorgen bereitet; und bis es uns allen Sorgen bereitet, werden alle Pläne für den Wiederaufbau eines schönen Londons automatisch fehlschlagen.

Doch was ist die richtige Geisteshaltung? Sie werden mir zustimmen, wenn ich sage, dass es sich um ein psychologisches Problem handelt. Der Herr muss das Haus erbauen, wenn es standhalten soll, weshalb Diplomatie und Wirtschaft und Handel ohne eine vernünftige Geisteshaltung fehlschlagen. Doch welche Geisteshaltung ist vernünftig? In diesem Punkt mögen wir uns widersprechen. Wenn man die Frage stellt, welche Eigenschaft des Geistes man für den Wiederaufbau einer Zivilisation benötige, werden die meisten Menschen antworten: »Liebe.« Die Menschen müssten sich gegenseitig lieben, werden sie sagen, die Nationen müssten es ihnen gleichtun und schon hätte man die Kette der Katastrophen, die uns zu zerstören droht, wieder im Griff.

Ich möchte dem respektvoll, aber nachdrücklich widersprechen. Die Liebe ist eine großartige Kraft im persönlichen Leben; tatsächlich ist sie die allergroßartigste, aber im öffentlichen Leben funktioniert sie nicht. Man hat es wiederholt versucht: in den christlichen Zivilisationen des Mittelalters und auch in der Französischen Revolution, einer säkularen Bewegung, die auf die Brüderlichkeit der Menschheit pochte. Und nie hat es funktioniert. Die Vorstellung, dass sich Nationen oder Konzerne oder Marketinggruppen gegenseitig lieben können oder dass ein Mensch in Portugal einen Menschen in Peru, von dem er noch nie etwas gehört hat, lieben soll, ist absurd, illusorisch, gefährlich. Sie führt zu einer bedenklichen und diffusen Sentimentalität. Wir singen »Was wir brauchen, ist Liebe« und lehnen uns zurück, während die Welt unverändert dahingeht. Tatsache ist, dass wir nur lieben können, was wir persönlich kennen. Und wir können nicht viel kennen. Im öffentlichen Leben und für den Wiederaufbau einer Zivilisation brauchen wir etwas weniger Dramatisches und Emotionales: Toleranz. Toleranz ist eine sehr glanzlose Tugend. Sie ist langweilig. Im Gegensatz zur Liebe hatte sie schon immer einen schlechten Ruf. Sie ist negativ. Sie besagt lediglich, dass wir andere Menschen ertragen, dass wir Dinge aushalten müssen. Noch nie hat jemand eine Ode an die Toleranz geschrieben oder ihr ein Denkmal errichtet. Und doch ist sie die Eigenschaft, die wir nach dem Krieg am dringendsten benötigen werden. Sie ist die vernünftige Geisteshaltung, die wir brauchen. Sie ist die einzige Kraft, die verschiedene Völker und Klassen und Interessen zusammenbringen kann, um gemeinsam am Wiederaufbau zu arbeiten.

Es gibt sehr viele Menschen auf dieser Welt – ungeheuer viele, so viele wie nie zuvor –, und sie stolpern sich gegenseitig über die Füße. Die meisten dieser Menschen kennt man nicht und einige hat man nicht gern, zum Beispiel, weil man die Farbe ihrer Haut nicht mag; oder die Form ihrer Nasen; oder die Art, wie sie diese schnäuzen oder nicht schnäuzen; oder wie sie reden oder riechen oder sich kleiden; oder ob sie Jazz lieben oder nicht – und so weiter und so fort. Nun gut, was soll man machen? Es gibt zwei Lösungen. Eine davon ist die Lösung der Nazis. Wenn man bestimmte Menschen nicht mag, dann bringt man sie um, vertreibt sie, schließt sie aus, und dann stolziert man strammen Schrittes umher und hält sich für das Salz der Erde. Die andere Lösung ist nicht so reißerisch, aber im Großen und Ganzen ist es die Lösung der Demokratie, die ich bevorzuge. Wenn man bestimmte Menschen nicht mag, dann versucht man sein Bestes, sie auszuhalten. Man sollte aber nicht versuchen, sie zu lieben, denn das ist unmöglich; man wird sich nur verausgaben. Aber man muss versuchen, sie zu tolerieren. Auf der Basis dieser Toleranz kann eine zivilisierte Zukunft aufgebaut werden. Wenigstens kann ich mir kein anderes Fundament für die Welt nach dem Krieg vorstellen.

Denn was wir am meisten brauchen, sind die negativen Tugenden: nicht eingeschnappt, nicht empfindlich, nicht reizbar und nicht rachsüchtig zu sein. Ich habe jeglichen Glauben an positive militante Ideale verloren, da sie so selten umgesetzt werden können, ohne dass Tausende Menschen dabei verstümmelt oder weggesperrt werden. Sätze wie »Ich werde diese Nation läutern« oder »Ich werde diese Stadt säubern« flößen mir Angst ein und widern mich an. Heutzutage, wenn sich eine Nation mit der anderen vermischt, wenn eine Stadt nicht organisch vom Umland getrennt werden kann, lassen sie mich schaudern. Und noch etwas: Der Wiederaufbau wird wohl nicht rasch vonstattengehen. Ich glaube nicht, dass wir geistig dazu bereit sind, egal, wie umsichtig in den Architekturbüros geplant wird. Auf lange Zeit gesehen mag er möglich sein. Die Geschichte der Menschheit gibt Anlass zu dieser Hoffnung, aber Zivilisationen entwickeln sich aus mysteriösen Gründen auch zurück, und es scheint mir, dass wir uns, wie es das Schicksal will, in einer solchen Phase befinden. Das müssen wir erkennen und uns entsprechend verhalten. Toleranz, so glaube ich, wird in der Zeit des Friedens eine zentrale Rolle spielen, aber es ist immer nützlich, ein konkretes Beispiel zu nennen. Ich habe mich in letzter Zeit gefragt, wie ich mich verhalten würde, wenn ich nach dem Kriegsende auf Deutsche träfe, die gegen uns gekämpft haben. Ich würde nicht versuchen, sie zu lieben; dazu wäre ich nicht geneigt, schließlich haben sie ein Fenster in meiner kleinen, hässlichen Wohnung zerbrochen, aber ich würde versuchen, sie zu tolerieren. Das verlangt der gesunde Menschenverstand, denn in der Nachkriegswelt werden wir mit den Deutschen leben müssen. Wir können sie ebenso wenig auslöschen, wie es ihnen gelungen ist, das jüdische Volk auszulöschen. Wir müssen sie ertragen, nicht aus irgendwelchen erhabenen Gründen, sondern weil das der nächste Schritt ist.

Ich verstehe Toleranz also nicht als einen großartigen und göttlichen und in alle Ewigkeit geltenden Grundsatz, obwohl ich den Satz »In meines Vaters Haus sind viele Wohnungen« zugunsten meines Arguments zitieren könnte. Sie ist eine behelfsmäßige Tugend für einen überfüllten und überhitzten Planeten. Sie beharrt, wenn die Liebe vergeht, und die Liebe vergeht in der Regel immer dann, wenn wir unser Zuhause und unseren Freundeskreis verlassen und mit Fremden für Kartoffeln Schlange stehen. In dieser Schlange ist Toleranz gefragt, sonst denken wir: »Warum sind die Leute so langsam?« Sie ist in der U-Bahn gefragt, sonst denken wir: »Warum sind die Leute so fett?« Sie ist am Telefon gefragt, sonst denken wir: »Warum sind sie so taub?« Oder: »Warum nuscheln sie so?« Wir brauchen sie auf der Straße, im Büro, in der Fabrik, und am meisten brauchen wir sie zwischen Klassen, Völkern und Nationen. Sie ist glanzlos, und doch fördert sie die Vorstellungskraft, denn sie gibt uns Zeit, uns in einen anderen Menschen hineinzuversetzen, und das ist eine erstrebenswerte geistige Übung.

Der beständige Versuch, andere Menschen zu ertragen, mag zurückhaltend, beinahe jämmerlich wirken, weshalb großherzige Menschen sie manchmal abstoßend finden. Mir fallen nicht viele große Menschen ein, die Toleranz empfohlen haben. Sicher nicht der heilige Paulus und auch nicht Dante, doch ein paar Namen kommen mir in den Sinn. Vor über zweitausend Jahren, in Indien, herrschte der große buddhistische Kaiser Aśoka, der Inschriften anfertigen ließ, nicht über seine eigenen Triumphe, sondern über die Notwendigkeit von Vergebung, gegenseitigem Verständnis und Frieden. Vor etwa vierhundert Jahren, in Holland, gab es den Gelehrten Erasmus, der sich vom religiösen Fanatismus der Reformation abwandte und dafür von beiden Seiten angegriffen wurde. Im gleichen Jahrhundert lebte der Franzose Montaigne, ein feinfühliger, intelligenter und geistreicher Mensch, der in Ruhe auf dem Land lebte und dort Essays verfasste, die noch heute zivilisierte Menschen erfreuen und bekräftigen. Und in England gab es John Locke, den Philosophen, und Sydney Smith, den liberalen Reformer und reformfreudigen Pfarrer, und Lowes Dickinson, den Autor von »A Modern Symposium«, das auch als Bibel der Toleranz gelten könnte. Und in Deutschland – ja, in Deutschland – gab es Goethe. All diese Männer bezeugen das Credo, das ich zu beschreiben versucht habe: ein negatives Credo, das jedoch notwendig ist für die Errettung dieser wimmelnden und drängelnden modernen Welt.

Noch zwei Bemerkungen: Erstens ist es sehr leicht, Fanatismus in anderen festzustellen, aber viel schwerer, ihn in sich selbst zu erkennen. Nehmen wir als Beispiel den Frevel des Rassismus. Wir erkennen ihn sofort bei den Nazis. Sie haben sich seit ihrem Machtantritt schändlich verhalten. Aber wir? Sind wir schuldlos? Viel schuldloser als sie, aber bedeutet dies, dass es im Britischen Empire keinen Rassismus gibt? Spielt die Hautfarbe bei uns keine Rolle? Ich bitte alle, für die Toleranz mehr als ein frommes Wort ist, sich ernsthaft diesen Fragen zu stellen. Zweitens möchte ich der Kritik vorbeugen. Toleranz ist keine Schwäche. Menschen zu ertragen, bedeutet nicht, ihnen nachzugeben. Das macht die Sache komplizierter, aber der Wiederaufbau der Zivilisationen wird nun einmal kompliziert sein. Ich bin mir aber sicher, dass, wenn der Herr nicht das Haus baut, sie umsonst arbeiten, die daran bauen. Vielleicht wird die Liebe Unterschlupf finden, wenn das Haus fertig ist, und dann wird die größte Kraft unseres persönlichen Lebens auch im öffentlichen Leben walten.

# *Dreihundert Jahre »Areopagitica«*

Vor genau dreihundert Jahren erschien John Miltons »Areopagitica«, zu einer Zeit, in der das Parlament gegen den König kämpfte[66]. Milton war auf der Seite des Parlaments, obwohl dieses ihm gerade einen schmerzlichen Schlag versetzt hatte. Es hatte ein Gesetz zur Regulierung der Literatur erlassen, unter dem alles Gedruckte der Zensur unterliegen würde und das besagte, »dass kein Buch, Pamphlet oder Aufsatz früher gedruckt werden darf, als dasselbe von denen oder wenigstens Einem derer gebilligt und zugelassen ist, welche zu diesem Zwecke« – vom Parlament – »ernannt werden«[67].

Hinter jeder Zensurmaßnahme stehen in der Regel zwei Beweggründe: ein guter und ein schlechter. Der gute bezieht sich auf den Versuch der Regierung, die Gemeinschaft zu schützen und zu stärken, besonders in Zeiten des Aufruhrs; der schlechte auf den Versuch, Kritik zu unterbinden, besonders Kritik an der Regierung. Beide Beweggründe spielten 1644 eine Rolle und sie spielen auch 1944 eine Rolle, und laut Milton überwogen damals die schlechten Beweggründe. Er war zutiefst schockiert, dass das Parlament, das sonst für die Freiheit kämpfte, diese unterdrücken wollte, und er veröffentlichte die »Areopagitica« als Protest. Es ist sein berühmtestes Prosawerk, einerseits, weil es gut geschrieben ist, andererseits und vor allem, weil es der Opposition der britischen Freiheit einen mächtigen Schlag versetzte. Der Text wurde vielerorts gelobt, manchmal auch von Menschen, die nicht verstanden, was sie loben und auf was sie sich mit ihrem Lob einließen. Feiern wir daher das dreihundertjährige Jubiläum der »Areopagitica« mit offenen Augen.

Beginnen möchte ich mit einem der weniger wichtigen Punkte in Miltons Argumentation, nämlich den Unannehmlichkeiten, welche die Zensur einem kreativen oder intellektuellem Autor wie Milton bereitet. Alles, was er zu diesem Thema sagt, stimmt zwar, ist aber von zweitrangiger Bedeutung. Es sei unakzeptabel, schreibt er, dass »ernste und ausgearbeitete Schriften, als wären sie nicht mehr als die Lektion eines Grammatikschülers, ... nicht veröffentlicht werden dürfen ohne die flüchtige Übersicht eines zaudernden und unbeholfenen Zensors«. Man werde als erwachsener Mensch wie ein Schulkind behandelt. Beim Zensor handle es sich in aller Wahrscheinlichkeit um einen überarbeiteten und beschränkten Beamten, der nichts über Literatur wisse und sich vor allem Unbekanntem fürchte. Trotzdem müsste man mit seinem Text zu ihm »stapfen«, um die Zulassung zur Veröffentlichung zu erhalten, und müsse sich jedes Mal erneut an ihn wenden, wenn man danach Änderungen im Text vornehme. »Ich hasse einen unmündigen Lehrer, ich dulde keinen Lehrmeister«, schreibt der stolze Milton, und wenn er bedenkt, dass der Zensor den Staat repräsentiert, wirft er vehement ein: »Der Staat soll mich regieren, nicht kritisieren.« Heute würde ich als kreativer und intellektueller Autor wohl genauso gegen die Zensur argumentieren: Es sei unhaltbar, dass ein großer Verstand einen kleinlichen Verstand um Erlaubnis bitten müsse und dass der kleinliche Verstand dabei von der Staatsgewalt unterstützt werde. All dies ist wahr, doch es stellt sich die Frage, warum ausgezeichnete Autoren und Autorinnen diese Unannehmlichkeiten nicht im Namen der Gemeinschaft ertragen sollten. Warum sollten sie sich nicht der Zensur unterwerfen, wenn das Wohl der Nation diese erfordere?

Allerdings ist das Problem weitaus komplizierter und im Wesentlichen beschäftigt sich Milton in der »Areopagitica« mit größeren Fragen. Zensur bedeute Gleichförmigkeit und Monotonie, und Gleichförmigkeit und Monotonie führten zum Tod des Geistes. »Wo viel Verlangen zum Lernen ist, da wird auch notwendig viel untersucht, viel geschrieben und es gibt verschiedene Meinungen; denn die Meinung in guten Menschen ist nur Wissen in seinem Werden.« Dann wendet er sich an ein im Kriege versunkenes London in Worten, die wir gerne heute zitieren:

> Betrachtet nun diese große Stadt, eine Stadt der Zuflucht, der Sitz der Freiheit, umgeben und umschlossen von Gottes Schutz. Die Werkstätte des Krieges hat hier nicht mehr Ambosse und arbeitende Hämmer … als Federn und Köpfe, die bei ihren Studierlampen sit-

> zen, nachdenkend, untersuchend, neue Begriffe und neue Ideen überlegend ... andere auf's schnellste lesend, alle Dinge untersuchend, sich der Kraft der Vernunft und des Beweises fügend.

Diese freie Geschäftigkeit des Schreibens und Lesens wird mit der Einrichtung der Zensur zugrunde gehen, und ihr Verschwinden bedeutet eine geistige Verarmung aller, ob sie schreiben und denken oder nicht. Menschen, die intellektuelle Leistungen erbringen, stehen in Miltons Verständnis nicht außerhalb der Gemeinschaft und können auch nicht außerhalb von ihr stehen, und sie tragen wesentlich zur Gesundheit der Gemeinschaft bei.

Dann wendet er sich dem Problem der schlechten und schädlichen Bücher zu. Wäre es nicht besser, solche Bücher zu verbieten? Seine Antwort: nein. Es sei vorzuziehen, schlechte Bücher zu veröffentlichen, als dass man alle Bücher vor der Veröffentlichung einer Regierungsbehörde vorsetze. Was schlecht sei, werde vergessen gehen, und die freie Wahl der Lektüre sei so wichtig wie die Handlungsfreiheit. Die Wahrheit sei ein »beständiger Fluss«. Und es stelle sich auch die Frage, wer entscheiden sollte, was überhaupt schlecht sei. In der Tat, wer soll es sein? Dies erinnert mich an eine Diskussion, die ich mit einem Bekannten zu Zeiten des Ersten Weltkrieges führte. Er war dafür, dass schlechte Bücher verboten würden. Als ich ihn fragte, welche Bücher, antwortete er: »Die Romane von Joseph Conrad.« Sie waren nicht nach seinem Geschmack. Er war ein öffentlich interessierter

Mensch und wurde später ins Parlament gewählt.

Heißt dies etwa, dass Literatur und Presse beim Fehlen jeglicher Zensur über dem Gesetz stünden? In keiner Weise, das ist nicht Miltons Position. Stellt sich ein Buch oder ein Pamphlet oder eine Zeitung nach Veröffentlichung als illegal heraus, kann die Person, die den Text zu verantworten hat, strafrechtlich verfolgt werden. In Miltons Zeit gab es zwei Gründe dafür – Blasphemie und Verleumdung –, die auch heute noch gelten, wobei Prozesse für Blasphemie sehr selten und Prozesse wegen Verleumdung sehr häufig sind. Milton stellte Autoren und Autorinnen nicht über das Gesetz; er bestand auf nachträgliche Bestrafung anstatt auf vorgezogene Zensur. Lasst die Menschen sagen, was sie möchten, und lasst sie die Konsequenzen tragen, falls es illegal ist. Das scheint mir der einzige Weg, welcher der Demokratie gerecht wird. Es liegt im Ermessen der Gerichte und sonst niemandem, zu sagen, ob ein Buch legal ist oder nicht.

Ob Milton in unserer Gegenwart leben wollen würde? »Ja und nein«, würde seine Antwort sein. Er würde uns sicher mit Leib und Seele in unserem Kampf gegen Deutschland und Japan beistehen, denn diese Nationen stehen für alles, was er verabscheute. Und er würde auch anerkennend feststellen, dass es keine direkte Zensur der Literatur gibt. Allerdings würde er die indirekte Zensur bemängeln, die durch die Regulierung von Papier ausgeübt wird. Derzeit erhalten Regierungsbehörden den Großteil des verfügbaren Papiers, es werden immer weniger neue Bücher veröffentlicht und die meisten der Klassiker der englischen Literatur sind vergriffen. Er hätte auch nicht gutgeheißen, dass sich Verlage zusammenschließen und gemeinsam entscheiden, was veröffentlicht werden soll und was nicht. Hätte er den Rundfunk gemocht? Ja und nein. Die Möglichkeiten des Rundfunks hätte er begeistert entgegengenommen, aber dem »abgesegneten Skript«, das im Radio aus Gründen der Sicherheit gelesen wird, hätte er nicht zugestimmt. Er glaubte an Redefreiheit und die nachträgliche Bestrafung im Falle einer illegalen Rede, doch niemals – niemals – der vorgezogenen Überwachung, ob man diese nun Zensur oder Lizenzierung oder »abgesegnetes Skript« nennt. Vielleicht sind Sie der Meinung, dass die gegenwärtige Überwachung des Rundfunks notwendig und vernünftig sei und dass jemand, der aus Dummheit oder Emotion im Radio spreche, großen Schaden anrichten könne; ist dies der Fall, müssen Sie Ihr Lob der »Areopagitica« zügeln. Sie können nicht beides haben, und entgegnen Sie jetzt bitte nicht: »Ach, heute ist es anders – es herrscht Krieg«. Auch im Jahr 1644 herrschte Krieg. Tatsache ist, dass wir liebend gerne die Freiheit preisen, wenn sie sicher in der Vergangenheit verstaut ist und uns nicht mehr zum Ärgernis werden kann. In der Gegenwart, inmitten von Bedrohungen, deren Ende wir noch nicht voraussagen können, macht die Freiheit uns nervös, sodass wir die Zensur in Erwägung ziehen. Und doch war die Vergangenheit einst Gegenwart, das siebzehnte Jahrhundert war einst ein »Jetzt« mit unbekannter Zukunft, und Milton, der in diesem »Jetzt« lebte wie wir in unserem, war bereit, dieses Risiko auf sich zu nehmen.

> In bestimmten Passagen stellt die »Areopagitica« unsere Selbstgefälligkeit infrage, doch in anderen verschafft sie uns Mut, denn Milton lobt unseren Nationalcharakter in höchsten Tönen. Er war ein überzeugter Patriot; seine Überzeugung gründete in der Tatsache, dass man in England auf Redefreiheit pochte, während Frankreich eine Tyrannei und Deutschland ein Chaos sei, und uns Gelehrte in ganz Europa dafür bewunderten. Vor dem Krieg hatte er nämlich den Kontinent bereist und mit Gelehrten gesprochen und sich glücklich geschätzt, dass ich in solchem Lande philosophischer Freiheit, als welches sie England erachteten, geboren war, während sie selbst nichts taten, als die knechtische Lage zu beklagen, in die bei ihnen die Wissenschaft versetzt sei … nahm ich es doch nichtsdestoweniger für ein Pfand eines künftigen Glückes, dass andere Nationen von unserer Freiheit so überzeugt waren.«

Er war – richtigerweise – stolz auf die Meinungsvielfalt unserer Demokratie, diese »blütenreiche Ernte von Erkenntnis und neuem Licht«, die dem »starken und toten Haufen von Wald, Heu und Stoppeln« des Totalitarismus entgegentritt. Unsere Feinde, fügt er hinzu, hielten unsere Vielfalt für Schwäche; es ist der gleiche Irrtum, dem die Deutschen 1914 und 1939 unterlagen.

> Der Gegner dagegen ruft Beifall und wartet der Stunde, wenn sie sich selbst in hinreichend kleine Parteien verzweigt haben werden, dann wird unsere Zeit sein. Der Narr! Er sieht die gesunde Wurzel nicht, aus welcher wir alle, obwohl in verschiedenen Zweigen, hervorwachsen, noch wird er sich schützen, bis er unsere kleinen zerspaltenen Heerscharen durch jede Ecke seiner schlecht zusammengefügten und schwerfälligen Brigade durchbrechen sieht.

Eine schlecht zusammengefügte und schwerfällige Brigade – hätte man die Achsenmächte prophetischer beschreiben können? Doch wir sollten nicht zu lange über diese Wendung nachdenken, denn das Thema der »Areopagitica« ist nicht die Tyrannei in der Fremde, sondern die Notwendigkeit der Freiheit in der Heimat, auch in Kriegszeiten; nicht der Balken in Dr. Goebbels' Auge, sondern der Splitter in unserem. Können wir ihn entfernen? Darf man hierzulande so frei sprechen und veröffentlichen, wie es möglich wäre? Das ist die Frage, mit der uns diese provokative kleine Schrift an ihrem dreihundertsten Jahrestag konfrontiert.

# *Knidos*

Der Küstenort Knidos ist derzeit kein Urlaubsziel, und ich befürchte, dass der Bericht meines Besuches nichts daran ändern wird. Gewisse Orte sind vor Beliebtheit gefeit, darunter eine Halbinsel im Süden Kleinasiens, die drei Meilen breit und fünfzig Meilen lang ist, auf der es weder Stadt noch Straße gibt und an dessen Ende Knidos liegt.

In der griechischen Schifffahrt werden keine Karten verwendet. Gelegentlich ist eine vorhanden, doch sie wird in einer Schublade verwahrt, die stets verschlossen bleibt; denn sie bestünden nur aus Papier und Linien, wo die See doch so anders sei; man verlasse sich besser auf sich selbst, vor allem in Gebieten, die man noch nicht kenne. Da man neben diesem Instinkt jedoch auch Vorsicht walten lässt, kommt man mitunter nur langsam voran, und obwohl ein langer Nachmittag in Knidos geplant war, lagen wir erst um fünf Uhr abends vor Anker – und es regnete in Strömen.

Informationslust lockte die einen, der Name »Asia Minor« die anderen von uns an Land. Wir hatten versehentlich am eingefallenen Ende der Stadtmauer angelegt und stolperten beim Aufstieg über riesige Steintrümmer, begleitet vom andächtigen Kommentar der

Fachkundigen, denen die eisernen Scharniere aufgefallen waren. Diese stammten angeblich aus der klassischen Ära, und anscheinend strapazierten wir unsere Knöchel auf der Steinmetzkunst der vorzüglichsten Periode. Innerhalb der Mauer war es finster und schlammig wie im Hades des Aristophanes, und es triefte vor Regen wie in der Vorhölle Dantes, und zunächst herrschte eine große Stille, die einer jahrtausendlang ausgestorbenen Stadt würdig war.

Ich habe also Knidos nie gesehen, die Landschaft war eine bloße Kontur und das Meer verschmolz mit dem Himmel. Wer erwartet schon Visionen von einer tropfnassen Silhouette, wenn sich die eigene Vorstellungskraft unermüdlich mit eitlem Verlangen unter Sonne und blauem Himmel und zwischen perfekten Säulen gesuhlt hat – und außer Säulen und Himmel und Sonne nichts darin gefunden hat? Doch an diesem Abend, unter weinenden Wolken, wurde die Vorstellungskraft vom Schöpfungsdrang ergriffen. Sie war beschwingt, weil es nichts gab, das sie hätte beschwingen können. Sich gegen archäologische Fakten und jegliche Vernunft aufbäumend zwitscherte sie »griechisch, griechisch!«. Sie schwang sich empor und vernahm Stimmen in der Stille und erspähte Gesichter in der Finsternis. Ich schäme mich über diesen Ausbruch und werde mich nun an die Fakten der Ereignisse halten.

Knidos ist also eine bloße Kontur. Die hohen Berge der Halbinsel befinden sich rechts, links liegt die Anhöhe Triopiums, von der man über einen flachen und engen

Strand zu den Bergen gelangt. Die Stadt hatte daher die Form einer Hantel – Bilder aus dem Sport sind bei griechischen Themen vertretbar –, wobei die Berge den einen, Triopium den anderen Thron bilden, die ein glatter Damm verbindet. Ich weiß nicht, ob Knidos in der griechischen Kunst je als Jungfrau dargestellt wurde, welche die Ägäis von ihrem doppelten Herrschaftssitz unterjocht. Es mag gut sein, denn hat nicht Eutychides Antiochia als Frau personifiziert, die ihre Füße in den Fluten des Orontes badet?[68] Ich muss hier darauf hinweisen, dass solche Vorstellungen nicht aus der vorzüglichsten Periode der Kunst stammen und daher denjenigen, dessen Geschmack über alle Zweifel erhaben ist, keine Freude bereiten werden.

Es gibt zwei Häfen. Unser Dampfschiff befand sich in einem, das andere, das auch unser Ausflugsziel war, im Hafen von Trireme auf der anderen Seite des Damms. Wir besuchten – so glaube ich – einen oder zwei Tempel und eine Agora. In einem Theater waren wir bestimmt, denn ich fiel von einer Bühne, was unter der fachkundigen Begleitung für Verwirrung sorgte, da die Bühne im Zwielicht für das Fundament des Hafenpiers gehalten worden war. Im Boden vor der Bühne waren Topinamburen gepflanzt und der Schlamm war noch klebriger als der draußen.

Irgendwo muss sich der Tempel des Apollo befunden haben, und auch der des Poseidon und der Schrein der Nymphen, zu dessen Ehre jedes Jahr alle Männer der dorischen Hexapolis kamen und um die Wette rannten.[69]

Und irgendwo mussten sich die Ruinen des Tempels der Aphrodite von Knidos befinden. Allerdings bekam ich das Zuhause derjenigen Göttin, der Knidos seinen Ruf bei uns verdankt, vor Gesicht. Rechts auf einer Anhöhe war der Berg in eine Plattform abgetragen worden; jemand zeigte darauf und teilte uns mit: »Das ist das Gebiet der Höllengottheiten, wo man die Demeter gefunden hat« – ebendieselbe Demeter von Knidos, die nun im British Museum steht. Dort befand sie sich auch in diesem Moment, warm und gemütlich in ihrer kleinen Nische zwischen dem ephebischen und dem archaischen Raum, während das elektrische Licht über ihr flackert und blaue Schatten auf ihr Kinn wirft. Zweimal wöchentlich wird sie abgestaubt, und vor ihr steht eine Absperrung mit den Worten »Kein Zutritt«, damit niemand sie berührt. Und falls die Menschheit emsig genug ist, die verlorenen Arme und auch noch die Nase zu finden, und auch einfallsreich genug, um sie wieder zu befestigen, dann wird die Göttin wieder so gut wie neu sein.

Ich werde mich nicht der Gefühlsduselei ergeben und die exilierte Demeter bemitleiden und bekunden, wie ihre vergrämten Augen sich nach dem abgeschliffenen Fels sehnen, nach den beiden Häfen und Triopium und dem Meer. Sie tut nichts dergleichen. Falls ihre Augen irgendetwas sehen, dann den Choiseul-Gouffier Apollo in der Nische gegenüber – es gibt durchaus schlechtere Aussichten. Falls sie lebt, was ich glaube, dann weiß sie, dass sie unter Menschen weilt, die sie lieben. So schmalbrüstig und blutleer diese sein mögen und auf so weichen Knien sie stehen, zollen sie ihr Hommage, so gut sie es vermögen. Allein Demeter ist wirklich unsterblich unter den Gottheiten. Die anderen bestehen zwar fort, aber sie gehen vergessen, sobald die Zeit kommt, in der sie nicht mehr geliebt werden. In Demeters Namen aber werden überall auf der Welt Gebete der Andacht gesprochen, von leidenden Männern und leidenden Frauen, denn sie übersteigt Geschlecht. Und auch in der Dichtung besang man, Generation um Generation, mit leidenschaftlicher Stümperhaftigkeit die hundertblütige Narzisse und den Raub der Persephone und das Irren der Göttin und deren Geschenk an uns von Korn und Tränen;[70] sodass man in der Kritik, Generation um Generation und eigene Bedürfnisse geltend machend, die Dichtung für das Beleben der verweichlichten Mythologie Griechenlands aufs Schärfste tadelte und ihr nahelegte, sich mit aktuellen Themen zu beschäftigen, um die Herzen der Gegenwart zu berühren.

Es wurden auch andere Funde auf diesem Berg gemacht, darunter faszinierende Schweineskulpturen aus Terracotta mit breiten Rücken und selbstsicherer Haltung, und verschiedene dieser interessanten »katadesmoi«, Tafeln aus Blei mit aufgestempelten Flüchen, die gewissermaßen Flutlicht in antike Streitkultur gebracht haben. Allerdings hatten wir keine Zeit für den Anstieg und stapften weiter über ein gepflügtes Feld und erreichten schließlich den Hafen von Trireme im letzten Überrest des Tageslichts.

Der Regen prasselte auf unsere Schirme und füllte unsere Ohren mit unwirklichem Getöse. Erst als wir die Schirme runterhielten, um miteinander zu sprechen, hörten wir, was tatsächlich vorging. Stimmen kamen aus der Finsternis und dem grenzenlosen Grau – das Bellen eines Hundes, das Husten eines feuchten Schafes und gewiss auch der Klang menschlicher Stimmen. Wir hielten unsere Schirme wieder hoch und eilten weiter, denn menschliche Stimmen sind beunruhigend, sobald sie sich als echt entpuppen. Es ist kaum erfreulich, neue Menschen im Dunkeln kennenzulernen.

Das lange, gepflügte Feld endete in einer Steinmauer und dem steilen Abhang einer Klippe. Als ich herunterblickte, hatte ich endlich den Hafen von Trireme vor Augen – ein makelloser, grauer Einschnitt in der Dunkelheit. Er musste gegen Westen ausgerichtet sein, denn er leuchtete noch, allerdings nicht farbig, und gab den Eindruck, weder Substanz noch Tiefe zu haben – ein riesiger Brunnen, der durch die Mitte der Erde ins Nichts führte. Einige der erhabenen Gebäude waren in die seichte Bucht gestürzt; Säulen, Kapitelle und Gesimse lagen verstreut, als schwebten sie in der Luft. Einzig der zarte Geruch und das zarte Geflüster der sich auf dem Sand kräuselnden Wellen entlarvten die Bucht als Hafen und voller Meer.

Wir drehten uns umgehend um und eilten zurück über das Feld zu unserem eigenen Hafen, da der Regen uns durchnässte und es bereits dunkel und spät war und Stimmen in den Hügeln herumriefen. Bei den Booten war eine Art Licht, eine Phosphoreszenz, die sich erhob, wenn die kräuselnden Wellen brachen, und wieder erlosch, wenn sie verebbten. Ein kleiner, grotesk deplatzierter japanischer Lampion unterstützte uns beim Gang an Bord.

Es wurde durchgezählt, um sicherzustellen, dass niemand fehlte. Zehn waren bereits in den Booten, sieben drängten sich gerade rein und stolperten zwischen Seeigeln und glitschigen Felsen herum, ehe sie es schafften. Weitere fünf standen dahinter, alle von der Dunkelheit verschwommen. Wir waren insgesamt zweiundzwanzig, aber das war nicht akzeptabel, denn ursprünglich waren wir einundzwanzig gewesen. Jemand hatte sich zu uns gesellt.

Es ist allgemein bekannt (oder nicht?), wer diese zusätzliche Person jeweils ist. In diesem Fall war er im letzten Moment zum Strand heruntergehetzt und versuchte, in unsere Gesichter zu blicken. Ich konnte seines kaum ausmachen, aber es war jung und nicht unfreundlich. Er antwortete nicht auf unsere nervösen Grußworte, sondern hielt sich die Hand an den Kopf und legte sie dann auf seine Brust, was so viel bedeutet wie »Ich verstehe« und dass sein Verstand und sein Herz uns gehörten. Alle imitierten unbeholfen seine Geste, um ihn nicht zu verärgern. Seine Manieren waren tadellos, vielleicht hatte er sogar angeboten, anderen ins Boot zu helfen, aber allgemein wurde versucht, seine Aufmerksamkeit zu vermeiden, und bald hatten wir auch schon abgelegt. Nach nur wenigen Ruderschlägen war er mit der Dunkelheit verschmolzen, und schon hatten wir das Dampfschiff erreicht. Dort war Licht und der Geruch von heißem Fleisch und das Mitleid und Eigenlob derjenigen, die weise genug gewesen waren, an Bord zu bleiben.

Eine wahrlich absurde Exkursion. Wir waren durchnässt und schlotternd zurückgekehrt, ohne Fotografien, ohne Skizzen, nicht einmal mit einer Fluchtafel, die den Ort mit der Realität und der Welt der Fakten verbunden hätte. Er ist wehrlose Beute für die sentimentale Fantasie, und da ich unter keinen Umständen je wieder zu ihm zurückkehren werde, ist mir schleierhaft, wie ich ihn vor ihr bewahren soll. Unermüdlich trockne ich seine Pfützen aus und wische seine Wolken beiseite und spanne einen blauen Himmel über ihm auf, in dem eine unverrückbare Mittagssonne hängt. Auch die zusätzliche Person kann mein Verstand nicht aushalten.

# *Cardano*

Befasst man sich mit der Geschichte der Medizin oder Mathematik, wird man mit Girolamo Cardano, der im Jahr 1501 in Pavia geboren wurde und 1576 in Rom verstarb, vertraut sein. Doch solch oberflächliche Argumente werden die Allgemeinheit, deren Erinnerung allein Unsterblichkeit gewährt, nicht überzeugen, und zu Recht geht sie davon aus, dass Cardanos wissenschaftliche Erkenntnisse überholt sind und dass sein Beitrag zur Algebra mittlerweile nicht mehr Anerkennung verdient als das Wasser eines Flusses, nachdem es im Meer verflossen ist.

Sollte Cardano nicht in Vergessenheit geraten, wovor er sich so fürchtete, wird es nicht seiner Leistung als Mediziner oder Mathematiker zu verdanken sein, sondern einem autobiografischen Büchlein, das er am Ende seines Lebens verfasste, und zwar auf die richtige Art. Das Thema hatte ihn schon immer interessiert, die meisten seiner Werke enthalten autobiografische Fragmente, doch in diesem Buch schenkt er sich seine ungeteilte Aufmerksamkeit und ist über fünfundvierzig Kapitel bestrebt, seinen Charakter, seine Verfassung und sein Schicksal zu beschreiben. Eigentlich könnte er für uns lediglich ein sonderbarer alter Mann sein, der vor vierhundert Jahren eine gewisse Bedeutung hatte und sich seine Zeit am Quell der Wissenschaft vertrieb. Davor hat ihn sein Egotismus bisher bewahrt, denn er findet sich selbst derart interessant, dass es anderen unmöglich ist, sich nicht auch für ihn zu interessieren. Außerdem ist sein Büchlein eine der besten Autobiografien der Weltgeschichte.

Der erste Satz ist in gewisser Weise der erstaunlichste und er vermittelt den Geist, in dem Cardano sein Leben Revue passieren lässt: »Vor meiner Geburt versuchte meine Mutter, vergeblich, eine Abtreibung zu erhalten.« Andere, vorausgesetzt, sie besäßen den Mut, etwas Derartiges zu schreiben, würden diese Aussage zu literarischen Zwecken ausnutzen, um die Leserschaft zu Mitleid oder Entrüstung zu bewegen; sie würden das arme Kindlein, das unerwünscht in diese Welt kam und widerwillig empfangen wurde, voller Rührung darbieten; wäre es doch besser nie geboren worden! Cardano unternimmt nichts dergleichen: Es ist lediglich eine Tatsache – eine bedeutsame Tatsache –, die erzählt werden muss, ohne sich darüber zu beklagen oder sie zu rechtfertigen. Davon schockiert zu sein, wäre albern, ihn deswegen zu bemitleiden, noch alberner. Als Nächstes berechnet er sein Horoskop.

Fehlende Sentimentalität zeichnet Cardano aus und verleiht ihm seinen Charme. Genau genommen hat er nichts Ansprechendes an sich und gewiss nichts Poetisches, aber er hat die Fähigkeit sowie das Verlangen, aufrichtig zu sein. Seine Worte berühren uns mit der

Kraft des Gesprochenen, beizeiten schämen wir uns seinetwillen, noch häufiger wegen uns selbst. Ehrlichkeit ist eine der wenigen Tugenden, die Cardano sich zuschreibt, weshalb seine Biografen ihn der Unehrlichkeit bezichtigt haben. »Ein Mann«, so ihre Logik, »der das von sich selbst behauptet, muss ein Lügner sein: Es käme uns nicht im Traum in den Sinn, so etwas zu sagen.« Es ist ein kniffliges Problem, doch man sollte bedenken, dass die Beweislage gegen Cardanos Ehrlichkeit sowohl dünn als auch zweifelhaft ist. »Es war noch nie meine Angewohnheit, Lügen zu erzählen«, schreibt er. Man kann davon ausgehen, dass seine Autobiografie größtenteils verlässlich ist, und lesenswert ist sie allemal. Auf ihr basiert der folgende Bericht seines Lebens.

Fazio Cardano, sein Vater, war ein Anwalt aus Mailand, ein fähiger Mann aus gutem Hause, der sich erhoffte, als Kommentator eines Buches mit dem Titel »Peckham's Perspectives« in die Geschichte einzugehen. Wie auch sein Sohn war er ausgesprochen hässlich, hatte weiße Augen, keine Zähne, einen Buckel, und er stotterte. Zudem fehlte ihm der Charme, mit dem er seine Hässlichkeit hätte überspielen können. Er war nie mit der Mutter seines Sohnes verheiratet, was die ungeregelte Kindheit des Jungen wenigstens teilweise erklären kann, ebenso wie die Feindlichkeit, die ihm in späteren Jahren die respektierliche Gesellschaft entgegenbrachte. »Meine Mutter«, schreibt Cardano, »hatte ein schlechtes Gemüt und ein gutes Gedächtnis. Sie war klein, fett und fromm. In der Tat hatten beide meiner Eltern ein schlechtes Gemüt und die Liebe für ihren Sohn hielt bei beiden nicht lange an. Allerdings verwöhnten sie mich. Mein Vater bestand darauf, dass ich morgens bis acht Uhr im Bett liegen blieb. Das, so glaube ich, tat mir ungemein gut. Wenn ich mir die Bemerkung erlauben darf, war mein Vater insgesamt lieber und netter als meine Mutter.« Zum Haushalt gehörte ebenfalls »meine Tante Margaret, eine Frau, in deren Verfassung jede Art von Giftigkeit zu fehlen schien«.

Trotz eines akzeptablen Horoskops war das Kind von Beginn an glücklos. Schon in seinem ersten Lebensjahr fing er sich die Pest ein und sein Gesicht war mit Eiterbeulen übersäht. Bevor er sieben Jahre alt wurde, peitschte ihn seine Familie aus, und er musste die schwere Tasche seines Vaters durch die Gassen Mailands schleppen. Als er sieben war, also in einem Alter, in dem die Peitsche einen redlichen Effekt auf ihn hätte haben können, ließ man ihn in Ruhe. Im Alter von acht Jahren aß er unreife Trauben und starb beinahe. Später konnte er sich daran erinnern, wie er während seiner Genesung aufgehoben wurde, um den Einzug der siegreichen französischen Truppen aus den Schlachten von 1509 mitzuverfolgen. Einmal, als er bei einem Freund zu Besuch war, biss ihm ein kleiner, glatthaariger Hund in den Bauch. Er stieg eine Leiter hinauf und die Leiter stürzte um. Als er in einem Hauseingang saß und sich ausnahmsweise und für einmal in Sicherheit wägte, rutschte ein Ziegel vom Dach und schlug ihn bewusstlos. Dann entschloss Fazio, dass es an der Zeit war, umzuziehen. »Wir wechselten unser Haus«, schreibt Cardano, »jedoch nicht unser Schicksal.« Sie hatten kein Geld, das Land litt unter verschiedenen Kriegen und er musste sich für eine Laufbahn entscheiden. Fazio wünschte sich das Jurastudium. In einer bemerkenswerten Passage erläutert Cardano, warum er sich dagegen entschied. Schon als Kind hatte er die Würde des Lebens erkannt, was in ihm das Verlangen weckte, die Menschen aus allen Epochen und Ländern verstehen zu lernen. Daher musste er einen Beruf annehmen, der sich mit der Menschheit beschäftigte. Mit dieser Einstellung hätte er ein Philosoph werden können, was Fazio sich erhoffte. Stattdessen wurde er Arzt und auch Mathematiker. Sein Vater, mit seinem begrenzten Wissen, hatte es geschafft, einen ansehnlichen Kommentar über »Peckham's Perspectives« zu verfassen, doch sein Sohn sollte ihn übertreffen. Und das tat er auch. Denn wenn heute jemand weiß, dass -3 die Wurzel von 9 sein kann, dann ist dies Cardano zu verdanken.

Seine schäbige Kindheit, erfüllt mit Unglück und Unstimmigkeiten, formte Cardano zutiefst. »Eine Familie«, schreibt er pathetisch, »verdankt ihren Zusammenhalt weder Furcht noch Liebe, sondern einer gewissen Verehrung.« Furcht und Liebe kannte man in seiner Familie, Verehrung nicht.

Es ist kaum notwendig, den detaillierten Katalog seiner körperlichen Leiden hier wiederzugeben, den er mit dem Interesse eines Mediziners und nicht der gräulichen Begeisterung eines Invaliden auflistet. Heutzutage würde ein Mann solch schlechter Verfassung als

Kuriosität gelten und behutsam behandelt werden; im sechzehnten Jahrhundert ließ man ihm die Möglichkeit, etwas aus sich zu machen. Er selbst scheint sich keiner Schändlichkeit bewusst, denn dem Heiler des Leibes kann beizeiten der Friede des Schöpfers widerfahren. Manchmal sehnte er sich nach dem Tod, aber niemals lange und auch nie sehr stark. »Ich denke«, schreibt er, »dass sich andere auch danach gesehnt haben, aber dass sie nie den Mut hatten, es in einem Buch zuzugeben.«

Ebenso offen spricht er über die Makel seines Charakters, obwohl hier die Moralapostel darauf hinweisen mögen, dass Ehrlichkeit allein nicht genügt und dass eine Spur Scham äußerst wünschenswert wäre. Cardano ist dermaßen mit der Analyse seiner selbst beschäftigt, dass er häufig vergisst, deren Ergebnisse zu verurteilen. So berichtet er in rascher Folge von seinem schlechten Gemüt, seiner Dummheit, seiner Unzucht, seinen maßlosen Rachegelüsten, ohne Punkt oder Komma zu machen, geschweige denn Reue zu zeigen. Mehrere Male brachte er sich durch Glücksspiel in den Ruin und verkaufte den ganzen Schmuck seiner Frau und den Hausrat, um seine Schulden zu begleichen. Doch er blickt zufrieden auf die Zeiten, in denen er Glück hatte: »Spiele nie, außer um Geld; nichts anderes kann die Zeitverschwendung rechtfertigen.« Wenn seine Sünden ihm Unannehmlichkeiten bereiten, zeigt er sich von einer manierlichen Seite. »Ich wünschte, ich hätte einen stärkeren Charakter. Ich sollte die Bediensteten entlassen, kann mich aber dazu nicht durchringen. Ich habe Leuten erlaubt, mich mit Ziegen, Lämmern, Störchen, Hasen und Kaninchen zu bezahlen, bis das Haus stank wie ein Stall.« Doch in manchen Momenten, wenn wir es uns am meisten wünschen sollten, ist er aufrichtig reuevoll: Er findet seine Angewohnheit, absichtlich schmerzhafte Dinge zu sagen, unentschuldbar. Er tat es während seines ganzen Lebens. Es ist eine sonderbare Eigenschaft, dieser plötzliche Impuls, unhöflich zu sein und anderen Schmerzen zuzufügen. Offensichtlich hatte Cardano das Bedürfnis zu schockieren, eine Angewohnheit, die man häufig in unkonventionellen Menschen findet und die oft als Zeichen der Unkonventionalität gilt. Doch er hatte den Verstand zu wissen, dass es falsch war, und das Herz, es zu bereuen.

Solche Momente der Verwundbarkeit kommen eher selten vor. Cardano hielt Arbeit, Selbstanalyse und die Hoffnung auf Unsterblichkeit für die wichtigsten Dinge im Leben. Daneben waren menschliche Beziehungen belanglos. Einzig der Tod seines Sohnes erschütterte ihn, aber selbst dann schmerzte ihn hauptsächlich der Gedanke, dass sein Name ihn nicht überleben würde. Freundschaft sah er als ein nützliches Hilfsmittel: Er sorgte dafür, dass er sie mit Kardinälen, Senatoren und den Vizekönigen Mailands pflegte. »Achte bei der Wahl eines Freundes darauf, ob er sich mit anderen gut versteht« – vortrefflicher Rat, wenngleich nicht der beste. Auch ist er sich des Risikos starker Zuneigung bewusst: »Nur die Götter wissen es, zu lieben und weise zu sein.« In dieser Hinsicht muss man sich eingestehen, dass

Cardano weniger interessant ist als seine Zeitgenossen, sei es Michelangelo oder Cellini.[71] Nur an einer Stelle beeindruckt er uns, nämlich wenn er beschreibt, wie er seine zukünftige Frau kennenlernt. Doch selbst hier erweist er sich am Ende sonderbar unterkühlt. Die Passage beginnt mit der wunderschönen Erzählung eines Traumes.

> Ich arbeitete damals als Arzt in Sacco, die Dinge liefen ziemlich gut, als ich eines Nachts einen Traum hatte. Ich fand mich in einem verzückenden Garten voller Blumen und Früchte wieder, es wehte ein sanfter Wind. Die Szene war so bezaubernd, kein Dichter oder Maler hätte sie erdenken können. Das Gartentor stand offen und dahinter ging ein Mädchen in weißen Gewändern. Ich rannte ihr entgegen, um sie in meine Arme zu schließen, da zog der Gärtner das Tor zu und ließ mich nicht mehr herein. Ich brach in Tränen aus und klammerte mich an das Mädchen. Der Zutritt zum Garten blieb mir verwehrt, für immer.

Wenige Tage später zog Altobello Bandarini, ein pensionierter Offizier des venezianischen Militärs, ins Nachbarhaus ein, und seine Tochter war, in Aussehen und Kleidung, das Ebenbild des Mädchens aus dem Traum.

> Da sagte ich mir: »Was soll ich mit diesem Mädchen anfangen? Ich bin arm und sie ist arm, und sie steht inmitten einer Schar von Brüdern und Schwestern.

Wie kann ich sie heiraten? Und wenn ich versuche, sie zu verführen, ist ihr Vater nicht fern und obendrein noch ein Soldat. Was soll ich denn nur machen?« Schließlich heirateten wir. Ihre Eltern waren gar dringlich und machten es mir so leicht wie möglich. Sie lebte fünfzehn Jahre lang mit mir und war der Grund eines jeden Unglücks, das mir während meines Lebens widerfuhr.

Wenigstens hatte er den Anstand zu erwähnen, dass ihm Lucia Bandarini eine gute Gattin war. Einzig als Mutter seiner Söhne könnte man sie den Grund seines Unglücks nennen.

Es ist typisch für Cardano, dass er die Erzählung seiner Heirat auf diese Weise mit einem Traum einleitet. Noch nie war ein Mensch so bemüht, eine Verbindung zwischen der spirituellen und unserer Welt herzustellen. Er glaubte an Träume, Omen, Erscheinungen, Geister, Astrologie, Nekromantie sowie Hand- und Stirnlesen; übernatürliche Kräfte hatten vieles über sein Leben zu sagen. Leider waren sie außerordentlich schlecht informiert und hatten nur selten recht. Sie prophezeiten nie, was auch geschah, und sie prophezeiten stets, was nie geschah: Er würde im Alter von einundvierzig Jahren sterben und sollte sein Leben entsprechend planen. Er wurde sechsundsiebzig und sah sich also mit fünfunddreißig unerwarteten Jahren konfrontiert. Er geht spazieren, als sich eine Krähe auf ihn stürzt und ein Loch in seine Kleider reißt. Doch nichts geschieht. Er träumt von einem großen roten Huhn und fürchtet sich, dass es ihn anspricht. Das tut es auch, doch er kann sich nicht daran erinnern und schon wieder geschieht nichts. Sein Hündchen, das sonst so gut erzogen ist, springt während seiner Abwesenheit ins Regal mit seinen Manuskripten und zerkaut jedes einzelne, ausgenommen eines Dialogs über das Schicksal, obwohl sich dieser mit Abstand am leichtesten hätte kauen lassen. Dieses Mal geschieht allerdings etwas: Noch vor Ablauf des Jahres schließt er seine Praxis in Mailand.

Auf diese Weise versuchte Cardano eine Verbindung mit dem Jenseitigen aufzubauen. Er versteht sich selbst als objektiven Menschen, aber offensichtlich handelt es sich hierbei um eine Frage des Glaubens; solche Unfähigkeit hätte er niemals in anderen gutgeheißen. Dies ist eine Eigenheit seines Zeitalters, in dem die katholische Kirche dem Zusammenbruch nahe schien, und alle versuchten, eine eigene Religion zu finden. Das Ergebnis war kaum ansprechend. Etwas später setzten die Jesuiten dem privaten Aberglauben ein Ende und eigneten sich ihn zum Vorteil der Kirche an.

Die Karriere eines so sonderbaren Mannes kann uns vieles lehren, doch unser Anliegen ist Cardanos Charakter, nicht seine Erfolge, weshalb es genügt, sich auf drei Episoden aus seinem Leben zu beschränken: seine Reise nach Schottland, sein Streit mit Julius Caesar Scaliger und die Tragödie seiner Söhne.

Sein Besuch in Schottland im Jahr 1552 stellt den Höhepunkt seines weltlichen Werdegangs dar. Vierzig Jahre lang hatte er mit der Armut gekämpft, die seit seiner Heirat noch bedrohlicher geworden war. Das medizinische Institut in Mailand weigerte sich, ihn aufzunehmen, da er unehelich geboren war. Er wurde das Opfer einer vermessenen Gesellschaft (falls Vermessenheit nicht mit der Menschheit selbst geboren wurde, dann gewiss mit der Gegenreformation). Doch seine außergewöhnliche Fähigkeit als Arzt zwang die Gesellschaft dazu, ihm Beachtung zu schenken. Er verzeichnet mehr als 180 erfolgreiche Heilungen, und was Todesfälle betrifft, für die er definitiv verantwortlich sei, kann er sich lediglich an drei erinnern. Da er überzeugt war, Schwindsucht heilen zu können, war es nur logisch, dass er beauftragt wurde, sich John Hamiltons, dem Erzbischof von St. Andrews, anzunehmen, da dieser wiederum überzeugt war, an dieser Erkrankung zu leiden.

In einer glücklichen Fügung für beide Seiten entpuppte sich das Leiden des Erzbischofs nicht als Schwindsucht, sondern Asthma. Cardano verdankte seinen Erfolg in erster Linie seinem gesunden Menschenverstand. Wenn er feststellte, dass sich der Zustand seines Patienten verschlechterte, passte er seine Behandlung an. Er ging weniger wissenschaftlich vor als seine Zeitgenossen, aber da deren Wissenschaft falsch war, war dies ein Vorteil. Im Falle des Erzbischofs profitierte er vom Versagen anderer, und nach einem Monat war der Geistliche, wenn nicht vollkommen genesen, gewiss vor dem Tode gerettet. Er solle gemäßigt leben, genügend schlafen, allerdings nicht auf einem Federbett. Am Morgen solle er sich duschen. Er solle ausreichend Schildkrötensuppe essen und sich nicht überarbeiten. Damals, und vielleicht auch heute, war solcher Rat wertvoller als Medikamente, und man sollte Cardano nicht als Quacksalber abstempeln, weil sein Ruf darauf beruhte. Vor seiner Abreise berechnete er Hamiltons Horoskop, stellte dabei allerdings nicht fest, dass sein Patient im Jahr 1571 erhängt werden würde.

Auf seiner Rückreise wurde er in London zu einer Audienz mit Eduard VI. bestellt, der sich gerade von einem Masernanfall erholte. Die Fähigkeit des Königs, der ihm einige kluge Fragen über die Milchstraße stellte, beeindruckte Cardano zutiefst. Auf Bitte der Höflinge berechnete er das Horoskop des Königs und prognostizierte, dass dieser mindestens fünfundfünfzig Jahre alt werden würde. Der König starb im folgenden Jahr und Cardano verfasste eine Abhandlung mit dem Titel »Nachträgliche Gedanken über das Thema«. Dort gesteht er sein Versagen offen ein. Es sei seine Schuld, nicht die der Sterne. Tatsächlich war das Horoskop eine oberflächliche Arbeit, denn Cardano wollte London einfach verlassen. Die überwältigende Macht und der Ehrgeiz des Herzogs von Northumberland schüchterten ihn ein und er sah voraus – durch logisches Denken und nicht Astrologie –, dass eine schreckliche Tragödie bevorstand.[72]

Sein allgemeiner Eindruck Englands war allerdings positiv.

> Man sollte sich vor Augen führen, dass die Engländer wenig an den Tod denken. Eltern und Kinder nehmen mit Küssen und Grußworten Abschied voneinander. Die, die im Sterben liegen, sagen, dass sie in das unsterbliche Leben übergehen und auf diejenigen warten werden, die sie auf Erden zurücklassen, wobei sie sich gegenseitig dazu auffordern, sich in Erinnerung zu behalten. Sie kleiden sich wie die Italiener, denn sie mögen uns sehr. Alle nordischen Länder mögen uns mehr als einander. Vielleicht wissen sie nicht, wie niederträchtig wir sind. Sie sind treu, liberal und mutig. Am mutigsten sind die Highlander, die Dudelsäcke spielen, wenn sie zum Schafott geführt werden, und bis zum letzten Moment tanzen.

Es wäre interessant, diese Passage mit dem reißerischen Bericht über Italien des Engländers Roger Ascham zu vergleichen. Ob der Unterschied England oder Italien zugutekommt, ist eine andere Frage.

Drei Jahre später, im Jahr 1555, wurde Cardano von dem Gelehrten und Mediziner Julius Caesar Scaliger angegriffen. Scaliger war ein großer, munterer Grobian, ursprünglich ein Soldat. Er war in Italien geboren, aber hasste die Menschen dort so fest, dass er sich in Frankreich einbürgern ließ und in Agen wohnhaft wurde, wo er seine ergebene Familie großzog. So schreibt sein Sohn: »Mein Vater war ein schrecklicher Mann. Der ganze Adel respektierte ihn. Er hatte das Gesicht eines Königs, ja gar eines Kaisers. Es gibt keinen König oder Kaiser, der so herrschaftlich auftrat wie er. Schaut mich an, ich bin sein Ebenbild. Was meine Schwester betrifft, so ist sie eine erbärmliche Kreatur, bloßes Vieh.« Scaliger hatte sich schon um des Aufsehens willen mit Erasmus gestritten.[73] Jetzt griff er Cardano an, den er nicht ausstehen konnte. In seinen Augen war er ein affektierter und kränklicher italienischer Wicht, der kein Recht darauf hatte, in einer Welt der Starken zu überleben. Cardanos bestes Werk, »De Subtilitate«, bot ihm einen Anlass. Scaliger widerlegte es in den fünfzehn Bänden des »Exotericarum exercitationum« und beleidigte darin seinen Rivalen auf jede erdenkliche Weise.

Cardano erhielt eine Ausgabe dieses Werks, aber da er anderweitig beschäftigt war, antwortete er nicht umgehend darauf. Scaliger und Familie warteten voller Anspannung, Monat um Monat, dann endlich erhielt die Stille eine Erklärung: Sie wurden informiert, dass Cardano tot war. Das »Exotericarum exercitationum« hatten ihn umgebracht.

Reue überkam den starken Mann. Sofort setzte er eine Grabrede über sein Opfer auf, die wie folgt beginnt:

> Da das Schicksal mir so leidig mitspielt, dass mein privater Erfolg nun mit einem öffentlichen Unglück und meine Arbeit, an sich so beachtlich und notwendig, mit einer unsäglichen Tragödie in Verbindung steht, scheint es mir mehr als angemessen, die Nachwelt darüber in Kenntnis zu setzen, dass ich Cardano mit meinen unbedeutenden Korrekturen nicht mehr irritierte als er mich mit seinem Tod.

In diesem Ton selbstgefälliger Barmherzigkeit und herrenhaftem Bedauern fährt er fort und attestiert dem Himmel, dass es nicht seine Absicht gewesen war, Schaden anzurichten. Das hatte er auch nicht. Cardano überlebte die Grabrede um einundzwanzig Jahre und den Redner um siebzehn. Leider wurde die Rede nie veröffentlicht, weshalb nur wenige dem größten Witz des sechzehnten Jahrhunderts teilhaftig wurden.

Scaliger der Jüngere merkt an, dass Cardano in der Antwort an seinen Vater diesen nie beim Namen nennt. Stattdessen wird er stets als »ein gewisser Ankläger« bezeichnet. Diese Zurückhaltung ist typisch für Cardano. Zwar ließ er seiner Zunge freien Lauf, doch seine Feder hielt er in Zügeln. Die Druckpresse, damals gerade hundert Jahre alt, wurde fälschlicherweise für ein Instrument der Unsterblichkeit gehalten, weshalb viele eilig ihre Taten und Leidenschaften zugunsten kommender Generationen niederschrieben. Obwohl Cardano dieser Illusion ebenfalls unterlag, hatte er ein höheres Verständnis seiner Verantwortung. Während er sich selbst nicht schonte, wollte er die Anonymität anderer, die sich als töricht und inkompetent erwiesen hatten, bewahren. Aus diesem Grund tritt Scaliger in seiner Antwort nur als »ein gewisser Ankläger« auf.

Die Tragödie seiner Söhne gab dem Ende seines Lebens einen bitteren Geschmack. Sein Vater und seine Mutter waren vor Langem verstorben, seine Frau war ebenfalls bereits tot. Es blieb an ihm, seine drei Kinder, Gianbattista, Aldo und Chiara, zu erziehen. Chiara war ein braves Mädchen und kostete ihren Vater nicht mehr als eine Mitgift. Aldo war von Beginn an niederträchtig und lausig. Cardano ertrug sein Unglück lange, bis er sich schließlich gezwungen sah, ihn zu enterben. Jegliche Liebe, der er noch fähig war, schenkte er seinem älteren Sohn Gianbattista. Die »Ratschläge«, die sich am Ende der Autobiografie finden, wurden vermutlich für diesen geschrieben. Sie bilden eine erfrischende Abwechslung zum Ton der verstaubten Frömmigkeit und dem noch verstaubteren Zynismus, in dem große Männer sich so häufig an ihre Brut wenden. Gianbattista hatte eine gewisse Fähigkeit und studierte Medizin in Mailand. Dann bebte eines Nachts die Erde und am nächsten Morgen erfuhr Cardano, dass sein Sohn eine Frau zweifelhaften Rufs geheiratet hatte – ein Frau, die weder über Charakter noch Beziehungen noch eine Mitgift verfügte. Cardano weigerte sich, die beiden zu empfangen. Der Streit hielt fast ein Jahr an, dann vergab er seinem Sohn und versuchte das Beste aus der Katastrophe zu machen.

Doch mehr Unglück stand ihm bevor. Gianbattistas Frau war durch die Heirat nicht respektierlich geworden. Ihr gemeinsames Leben war ein fortlaufender Streit, in dem sie von ihrem Vater, ihrer Mutter und ihren drei Brüdern unterstützt wurde. Schließlich konnte der junge Mann die Folgen seiner törichten Entscheidung nicht länger ertragen. Er kaufte sich Arsen und backte es in einen Kuchen, den er dem Haushalt vorsetzte. Sein Schwiegervater und seine Schwiegermutter wurden äußerst krank, aber erholten sich bald. Seine Frau, die kürzlich ein Kind geboren hatte, starb in schrecklichen Qualen. Die Todesursache war offensichtlich, und am folgenden Tag wurde Gianbattista verhaftet.

Wie gehabt war Cardano von Vorzeichen und Träumen gewarnt worden. Er bemerkte ein feuriges Mal in der Form eines Schwertes auf seiner Hand. Er verließ Pavia, wo er damals wohnhaft war, und versuchte, das Leben seines Sohnes zu retten. Es gab eine hauchdünne Chance, dass das Todesurteil auf Zwangsexil reduziert würde. Zu diesem Zweck bediente sich Cardano jedes wunderlichen scholastischen Arguments, das damals am Hof noch Anklang fand. Er argumentierte, dass Gift eine noblere Waffe sei als ein Dolch, dass es sogar in bestimmten Fällen als Medizin eingesetzt werde und daher als wohltuend eingestuft werden sollte. Doch in Mailand hatte man ihn noch nie gemocht. Seine Rührung bewegte so wenig wie seine Argumentation. Am 7. April 1560 wurde Gianbattista, damals sechsundzwanzig Jahre alt, im Gefängnis hingerichtet.

Cardano war ruiniert. Er hatte nicht nur große Summen in das Verfahren gesteckt, sein Ruf als Arzt war zerstört. Der Vater eines Mörders konnte sich nicht auf das notwendige Vertrauen seiner Kundschaft verlassen. Damals, wie auch heute, hatte Fähigkeit ohne gesellschaftliches Ansehen keinen Wert. Fünfzig Jahre zuvor, in der Blütezeit der Renaissance, als ein Mann aufgrund seiner selbst und nicht seiner Verwandten beurteilt wurde, hätte er sich vielleicht von diesem Schicksalsschlag erholt, doch die Gegenreformation hatte bereits begonnen. Das Konzil von Trient tagte, der Index Librorum Prohibitorum war aufgesetzt, die Inquisition wurde erdacht.[74] Cardano war zu spät geboren, ein noch härteres Schicksal, als zu früh geboren zu sein. Er war ein Märtyrer, ohne ein Apostel zu sein. Er siedelte nach Bologna um, und vorübergehend verbesserte sich seine Situation. Dann, ohne Vorwarnung, wurde er der Gottlosigkeit bezichtigt und ins Gefängnis geworfen.

Bis zu diesem Zeitpunkt hatte die Kirche wenig Einwände gegen die Wissenschaft erhoben, zumindest konnte man in Italien damals sagen: »Als Philosoph glaube ich etwas, als Christ an das Gegenteil.« Cardano war schon immer streng orthodox und hatte sich sogar geweigert, als Hofarzt nach Dänemark zu reisen, weil die Luther'sche Ketzerei dort schon verbreitet war. Doch nun hatte sich die Kirche entschieden, nicht nur Ablehnung, sondern auch Widersprüchlichkeit zu bekämpfen, und Letzteres war in den 237 Bänden, die Cardano geschrieben hatte, nicht schwer zu finden. Die schwerwiegendste Anklage war, dass er das Horoskop Christi berechnet hatte. Man beschuldigte ihn des Atheismus und, da es Abstufungen der Gottlosigkeit gab, identifizierte ihn die Anklage als Atheist, Sektion 1, Klasse 2.

Sein Leben, das die Züge einer Tragödie hatte, endete als Farce. Kardinal Morone und Kardinal, später der Heilige, Carlo Borromeo entließen ihn aus dem Gefängnis.[75] Er wurde nach Rom gebracht, wo ihm eine päpstliche Rente zugesprochen wurde und er schließlich starb.

Es scheint, dass seine Ankläger kein Bedürfnis hatten, ihn weiter zu verfolgen. Sie sahen in ihm einen alten Mann, welcher der Kirche keine weiteren Probleme bereiten würde. Sie mussten lediglich sicherstellen, dass er sich der neuen Ordnung angemessen unterwarf, und als dies geschehen war, ließen sie ihn in Ruhe sterben. Sein beachtliches Wissen und seine vergangenen Errungenschaften zeichneten alle aus, die ihm Schutz boten. So wurde er, das Produkt eines vielversprechenden, aber irregeleiteten Zeitalters, sorgsam unterhalten, ähnlich wie die Marmorgottheiten sorgfältig in den Vatikanischen Galerien aufbewahrt wurden.

Er kam im Jahr 1571 in Rom an. Dort hatte er genügend Zeit, auf sein ereignisreiches Leben zurückzublicken, und kam zum Schluss, dass es trotz allen Unglücks ein gutes gewesen war.

> Es ist mein besonderes Glück, in dem Jahrhundert zu leben, in dem die ganze Welt entdeckt wurde: Amerika, Brasilien, Patagonien, Peru, Quito, Florida, Neufrankreich, Neuspanien, Länder im Norden und Osten und Süden. Was ist wunderbarer als der Donnerschlag der Menschheit, der in seiner Kraft die des göttlichen weit übersteigt? Auch werde ich dich nicht verschweigen, herrlicher Magnet, der uns durch riesige Meere, durch Nacht und Stürme, in Länder führt, die wir nicht kannten. Dann ist da die Druckpresse, das Kind menschlichen Genies, von seinen Händen erschaffen, ein Wunder gleich dem Göttlichen.

Es stimmt wohl, dass große Schwierigkeiten, der Preis dieser Errungenschaften, bevorstehen: Die Ketzerei nimmt zu; die Künste des Lebens werden verachtet werden; was als sicher galt, wird als Unsicherheit abgestempelt werden, doch diese Zeit ist noch nicht gekommen. Wir können uns immer noch im blühenden Hain des Frühlings erfreuen.

Ich kann nicht behaupten, dass ich mein Schicksal bereue. Ich bin glücklich, so viele wichtige und erwiesene und seltene Dinge gekannt zu haben. Und ich weiß, dass ich das Element der Unsterblichkeit in mir trage und dass ich nicht gänzlich sterben werde.

Neben der Unsterblichkeit jenseits des Grabes, die sich auf gewisse Weise rechtfertigen lässt, erhoffte sich Cardano auch die Unsterblichkeit diesseits des Grabes, wofür es absolut keine Rechtfertigung gibt. Die italienische Renaissance hielt ihr Leben für so wundervoll, dass sie glaubte, man würde sich für immer an sie erinnern und dass die Intensität ihrer Gefühle nicht von der Zeit zerstäubt werden könnte. Cardano, der letzte Vertreter dieser Renaissance, hatte bescheidenere Ansichten. »Es ist mir gleichgültig, ob man sich daran erinnert, was für ein Mann ich war, aber ich wünsche mir, dass man sich daran erinnert, dass ich war.« Sir Thomas Browne,[76] der noch später geboren war und der sich auf absolute Vergessenheit vorbereitete, sah die Nutzlosigkeit dieses Kompromisses. »Sich damit zufriedenzugeben, dass man sich in folgenden Zeiten lediglich daran erinnerte, dass er existierte, ohne mehr über ihn zu wissen, war ein blutloses Verlangen, eine Beleidigung seiner Vorliebe für Horoskope und seines Selbstbilds.«

Ein Gerippe aufzurichten und es tanzen zu lassen, wird weder dem Gerippe noch uns gerecht, doch Geister, denen Leidenschaft und Denken noch anhaftet, machen lohnende Gesellschaft.

# *Andacht vor dem Kampf*

Arjuna brachte seinen Streitwagen zwischen den Armeen zum Stehen. In beiden erblickte er Freund und Familie sowie Menschen, die ihm wohlgesinnt waren. Verwandte Zivilisationen standen sich gegenüber, und einer, wenn nicht beiden, drohte der Untergang. Er begann zu zittern, seine Entschlossenheit zu wanken und anstatt zum Kampf zu rufen, wandte er sich an die Gottheit Krishna, die seinen Wagen lenkte:

Den Sieg begehr ich nicht, noch Herrschaft, noch die Freuden all. Was soll die Königsherrschaft uns, was der Genuss des Lebens selbst? Für derentwillen wir Herrschaft, Besitz und Freuden uns wünschen, die stehen in Reihen hier, im Kampf aufopfernd Leben, Hab und Gut. Diese zu töten wünsch ich nicht, und sollten sie mich töten auch, selbst um der Dreiwelt Herrschaft nicht, wie denn um Erdenherrschaft nur? Die Sünde haftete uns an, wenn diese Gegner wir gefällt. Und wenn auch diese es nicht sehn, durch Gier beraubet des Verstands, dass Sünde im Verwandtenmord und Schuld in Freundeskränkung liegt, wie sollten wir es nicht verstehen, vom Bösen uns zu wenden ab, die wir doch den Verwandtenmord als Sünde deutlich vor uns sehn. Bei Stammesmord zu Grunde gehn die alten Stammespflichten auch.

Wo aber in der Menschenwelt die Stammespflichten aufgelöst, folgt unausweichlich Höllenpein als Strafe. Wenn wehrlos, ohne Widerstand, die Gegner mich erschlagen wollten im Kampf, fürwahr, mir würde wohler sein![77]

Krishna beantwortet diese Frage, die Arjuna zu Beginn der »Bhagavad Gita« stellt – eine Frage, die das Christentum nie entschieden beantwortet hat – in den folgenden Cantos des Gedichts. Arjuna müsse kämpfen, aus drei Gründen.

Der erste Grund wird im Westen nie überzeugen, denn er setzt voraus, dass der Tod nebensächlich sei: nicht einmal ein Übergang in ein neues Universum, sondern lediglich eine Rückkehr, über die Geburt, zu diesem Leben. Warum sollte man vor einer solchen Rückkehr zurückschrecken? Warum sich davor scheuen, sie anderen aufzuzwingen, da sie ohnehin bald wieder zurückkehren werden? Der Körper erschlägt oder wird erschlagen, der Geist, der dem Körper »innewohnt«, begeht keine dieser Taten. Er ist unsterblich, weshalb es kindisch wäre, seine vorübergehende Abwesenheit zu bedauern oder hinauszuzögern:

> Wer denkt, es töte je der Geist oder werde je getötet, der denkt nicht recht. Es schneiden ihn die Waffen nicht, es brennet ihn das Feuer nicht, es nässet ihn das Wasser nicht, es dörret ihn auch nicht der Wind. Er ist beständig, überall, fest, ewig, unerschütterlich. Darum, sobald du ihn erkannt, darfst du nicht mehr beklagen ihn. Und wenn für stets geboren auch, für

> stets gestorben du ihn hältst, doch darfst du, Held mit starken Armen, um diesen trauern nimmermehr. Denn dem Geborenen ist der Tod, dem Toten die Geburt bestimmt.

Im Westen wird man dieser Einstellung vorhalten, dass sie zwar Heldentaten inspirieren möge, jedoch Feigheit gleichermaßen entschuldige. Sie untergrabe jeglichen Beweggrund zum Handeln, jegliche Regel des Verhaltens. Wenn keiner körperlichen Handlung Bedeutung zukomme, warum überhaupt handeln? Wenn kein Unterschied zwischen dem Töten und Getötetwerden bestehe, dann bestehe auch keiner zwischen dem Flüchten und dem In-die-Flucht-Schlagen, und um Ehrvergessenheit müsse man sich so wenig sorgen wie um den Tod. Als hätte der Wagenführer diesen Einwand vorausgeahnt, nennt er umgehend seinen zweiten Grund zum Kämpfen: die Pflicht. Was Arjuna gewesen sei und noch werden möge, in diesem jetzigen Leben sei er ein Krieger und als solcher sei es seine Pflicht zu kämpfen. Diese Pflicht wurde ihm nicht willkürlich zuteil, auch wenn ihm dies in seiner Unwissenheit so erscheinen möge; sie sei durch seine Handlungen in früheren Leben bedingt, ebenso wie seine Handlungen in diesem Leben die Pflicht seiner künftigen Leben bedinge. Das Handeln sei in der Tat unbedeutend, doch die Beweggründe für das Handeln, die ohne das Handeln nicht existierten, diese seien bedeutungsvoll, und ihre Folgen ewig. Der Krieger müsse seinen kriegerischen Impulsen Folge leisten, der Brahman seinen geistlichen, und keiner dürfe die Aufgabe des anderen beneiden. »Wie sie auch sei, die eigene Pflicht ist besser stets als fremde Pflicht. Besser der Tod im Ausüben der eigenen Pflicht, als der fährliche Erfolg, der auf dem Ergreifen eines andern Pflicht beruht.« Arjunas Pflicht sei nicht, Leben zu retten, sondern es zu nehmen; ließe er sich aus oberflächlichen Gründen zur Gnade verleiten, würde er den Strom seiner Entwicklung verbauen und damit verhindern, dass er in einem kommenden Leben vollkommen gnadenvoll handeln könnte.

Doch wie soll der Held den Krieg mit seinen unumgänglichen Schändlichkeiten bewältigen, der Unverfrorenheit des Sieges, dem Stich der Niederlage? Die Argumente überzeugen Arjuna nicht und der Rest des Gedichts befasst sich mit dem dritten Grund. Dieser handelt von dem Problem der Selbstentsagung und versucht, die Anforderungen des diesseitigen Lebens mit denen der absoluten Wahrheit zu versöhnen. Die Heiligen mögen sich das Handeln entsagen, doch ein Krieger, Bürger und der Mensch im Allgemeinen, sie müssen nicht dem Handeln, sondern dessen Früchten entsagen. Es stehe ihnen nicht zu, faul zu sein; gleichermaßen falsch sei es, für Fleiß belohnt zu werden. Es sei falsch, der Zivilisation und Freund und Familie den Rücken zu kehren, doch es sei gleichermaßen falsch, sich kommende Herrschaft zu wünschen. Mit dem Absterben solcher Hoffnungen und Begierden sterbe auch die Furcht, und befreit von jeglicher Verbundenheit bleibe der »innewohnende

Geist« ruhig, während der Körper seine täglichen Pflichten erfülle. Wie das Lotusblatt nicht durch das Wasser des Brunnens genässt, werde er nicht von der Sünde befleckt. Der Geist werde den ewigen Frieden anstreben, der dem gewöhnlichen Menschen ebenso zugänglich sei wie dem Geistlichen. Er werde dem Lohn des Handelns, der den Tod des Geistes bedeutete, abschwören und dadurch eine Vision des Göttlichen erlangen. Nahe des Endes des Gedichts zeigt sich Krishna in seiner ganzen Pracht. »Die Torheit ist durch dich zerstört, o Unveränderlicher«, ruft Arjuna, »Wissen [wörtlich wäre ›Erinnerung‹] ist in mir aufgewacht, ich stehe fest, der Zweifel schwand, ich werde tun nach deinem Wort.« Er stürzt sich voller Freude in den Kampf und erringt einen großen Sieg, doch auf diesen folgt notwendigerweise und gerechterweise Enttäuschung und Bedauern. Der Fall seiner Feinde beschwört seinen eigenen herauf, denn das Glück eines Menschen ist mit dem aller anderen verflochten, und es ist unmöglich, Schaden anzurichten, ohne selbst Schaden zu erleiden.

# *Die Moschee*

Eine Moschee sehen die meisten von uns zum ersten Mal in Woking, während die Eisenbahn langsamer wird und das kleine, knollige Gebäude linkerhand zwischen den Nadelbäumen hervortritt und jemand im Abteil beiläufig feststellt: »orientalisch«.[78] Unsere Haltung ist unbestimmt, und selbst Jahre später und nach mehreren Reisen in den Osten verbleibt diese Unbestimmtheit. Eine christliche Kirche oder ein griechischer Tempel rufen klare Gefühle hervor, während eine Moschee etwas Ungreifbares hat. Wir mögen uns an die Namen ihrer Bauteile erinnern oder die architektonischen Elemente auswendig lernen oder ein hübsches Abbild vor einem blauen Himmel malen, jedoch entschwindet uns ihr wesentlicher Geist. Bevor wir uns mit dem Buch über muslimische Architektur des verstorbenen Commendatore Rivoira[79] auseinandersetzen, schlage ich eine Übung vor, deren Sinnhaftigkeit Rivoira vermutlich angezweifelt hätte: unsere Erinnerungen zu hinterfragen, um durch sie zur Moschee zu gelangen und auf diese Weise ihrer Stimme zu horchen.

»Errichtet wurde ich«, hören wir die Antwort, »ursprünglich in Medina, als Innenhof, und wenn Sie mich heute begreifen möchten, dann sollten Sie mich weiterhin als Innenhof verstehen, ausgekleidet vom Lauf der Geschichte. Angebaut an das Haus des Propheten zog sich dieser in mich zum Gebet zurück. Sein Gefolge stieß zu ihm, nachdem es von meinen Mauern dazu aufgerufen wurde. Ich enthielt weder Verzierung noch Altar und kein Teil war heiliger als der andere. Nahebei gab es einen Brunnen, in dem man sich waschen konnte. Innen lag ein gefällter Baum, auf dem der Prophet predigte. An der nördlichen Wand wies ein Stein die Richtung aus, in der Jerusalem lag, die Stadt der Propheten Abraham und Jesus. Anfänglich betete man nach Norden zugewandt, später nach Süden in Richtung Mekka. Schon bald wurde ich auch in Mekka errichtet, doch – so merkwürdig dies scheinen mag – denken Sie nicht an Mekka, wenn Sie mich begreifen möchten, denn dort umschloss ich entgegen meinem Geist ein heiliges Objekt und wurde zu einem Schrein. Schenken Sie der Kaaba und der damit verbundenen Vorspiegelung eines irdischen Ziels keine Beachtung. Erinnern Sie sich an den Innenhof in Medina, errichten Sie auf seinen Mauern einen Turm für den Aufruf zum Gebet und eine Kanzel auf dem gefällten Baum; verwandeln Sie den Brunnen in einen Baderaum oder ein Becken; und umschließen den Hof mit Wänden, besonders diejenige, welche die Richtung des Gebets anzeigt. So werden Sie mich sehen, wie ich heute bin, in Kairo, die Moschee von Ibn Tulun.«

Diese Antwort widersetzt sich einer zutiefst menschlichen Neigung – der Neigung, einen Ort als heiliger zu erklären als einen anderen –, weshalb eine Moschee ein ungreifbares Objekt ist, das sich der Vorstellungskraft des Westens entzieht; überdies ist es auch der Grund, warum ihre architektonischen Elemente immer wieder angepasst wurden. Sie erfüllt nicht die Funktion eines religiösen Gebäudes in unserem Sinne, sie ist nicht die Veräußerung einer inneren Ekstase. Sie verkörpert keine Krise, bildet keinen graduellen Fortgang vom Schiff zum Chor und verlangt keine priesterliche Rangordnung. Gleichheit vor dem Herrn, die im Christentum nicht entschieden vertreten wird, bildet die Wurzel des Islams; eine Moschee ist im Wesentlichen ein Innenhof für die Gläubigen, in dem sie beten können, ob allein oder unter Anweisung. Über die folgenden Jahrhunderte und unter dem Einfluss der Götzenverherrlichung wurde das ursprüngliche Schema übertüncht, und diese Änderungen sind äußert aufschlussreich. Die Moschee, die der Kaiser Akbar im Jahr 1560 in der neu gegründeten Stadt Agra erbauen ließ, ist ein dienliches Beispiel. Sie hat sich weit vom Modell der Moschee in Medina entfernt und wirkt eher wie ein Tempel oder eine Kirche. Die Gebetsnische, welche die Funktion eines Altars übernommen hat, bildet den Kern dieses ausladenden und wunderschönen Gebäudes, dem sich das Auge und Herz natürlich zuwenden, während der unbedeckte Teil des Innenhofes so unbedeutend ist wie eine Domfreiheit und mit Grabmälern versetzt ist. Verlässt man den Innenhof durch die »Westtüre« der Fassade und die kleineren und dunkleren Öffnungen im roten Sandstein dahinter, spürt man das Nahen eines Heiligtums. Wenn die Gebetsnische schließlich vor uns erscheint und wir die entzückenden, aber weichen Farben an den Wänden ausmachen können, überkommen uns Gefühle wie in Canterbury oder Chartres, und man wäre kaum überrascht, wenn ein Priester aus einer der kleinen Seitenkapellen träte, um zwischen Gott und der Welt zu vermitteln. Es entsteht ein religiöses Gefühl in dieser Moschee, jedoch kaum ein islamisches und gewiss nicht eines, das wir in älteren dieser Gebäude empfinden.

Da es sich bei dem Gebäude, das wir hier betrachten, um einen Innenhof und nicht um einen Schrein handelt, und da der Gott, dem es gewidmet ist, nie als Mensch geboren war und folglich keine Krippen, Mäntel, Taschentücher oder Nägel hinterlassen hatte, um Andacht zu befeuern und zu komplizieren, kann man schließen, dass die Gefühle der muslimischen Gläubigen für ihre Moscheen sich von denen der Christen für ihre Kirchen unterscheiden. Im Christentum hegt man eine unklare Vorstellung der Gegenwart Gottes innerhalb der Kirche, in aller Wahrscheinlichkeit irgendwo am östlichen Ende. Im Islam hingegen, wenn der Glaube rein ist, unterhält man keine solche Illusionen. Zwar passt man das eigene Verhalten in diesen heiligen Gebäuden gebührend der Tradition und der Sittlichkeit an, spricht ihnen jedoch keine Heiligkeit zu, die über die Gegenwart der Gläubigen hinausgeht. Welche Mysterien sich einstellen mögen, sie werden als von Menschenhand erschaffen verstanden. Ein Tunesier, der Kairo im dreizehnten Jahrhundert besuchte, fand die berühmte Moschee des Amr voller

Dreck: »Und trotzdem«, bemerkte dieser, »widerfuhr mir ein sanftes und beruhigendes Gefühl, ohne dass es etwas gab, das dieses ausgelöst haben könnte. Dann wurde mir erklärt, dass dieses geheimnisvolle Gefühl ein Überrest der Gefährten des Propheten (möge Gott sie beschützen!) sei, die im Innenhof standen, während die Moschee erbaut worden war.« Er war sich einer Stimmung bewusst, die, obwohl sie übernatürliche Züge hatte, in keiner Weise göttlich war. Menschen hatten sie erzeugt, und während gewisse Menschen einen Duft in einer Moschee hinterlassen mögen, schänden sie womöglich eine andere. Man denke an die Moschee, die Aurangzeb in Lahore auf dem Boden erbauen ließ, auf dem sein Bruder ermordet worden war, und die als ungünstiger Gebetsort gilt. Solche Legenden weichen vom Geiste Medinas ab, doch sie widersprechen ihm nicht. Der Islam stört sich wie das Christentum am Unlogischen und der Götzenverehrung, doch er kämpfte ernsthafter dagegen an. Die Kaaba, die Anbetung der Heiligen, die Ausrichtung nach Mekka, können den Kern der Wahrheit nicht überschatten: dass es keinen Gott außer dem einen Gott gibt, und dass auch Mohammed bloß ein Prophet dieses Gottes war; und diese Wahrheit drückt islamische Architektur, mit gelegentlichen Ausnahmen, aus. Daran sollten sich alle erinnern, die Moscheen begreifen möchten.

## *Um des Museums willen*

Die Gegenstände hatten jahrtausendelang geruht, viele in Grabstätten, in denen man sie aus Liebe oder Aberglauben platziert hatte. Die goldenen wurden gelegentlich gestohlen, mit denen aus Ziegel, Stein oder Marmor baute man Häuser. Enthielten sie tierische Substanz oder Kalk, brach man sie auf und düngte die Felder. Und manchmal verwendete man sie als Amulette. Doch bis zum fünfzehnten Jahrhundert nach Christus regten sie weder die Vorstellungskraft der Allgemeinheit an noch zollten ihnen nüchterne Regierungen jegliche Aufmerksamkeit. Doch dann begann man sich in Italien für »die Antike« zu interessieren. »Ich erwecke die Toten« schrie Cyriacus von Ancona und damit brach eine Begeisterung für das Heraufbeschwören der Vergangenheit aus.[80] Gegenstände – hauptsächlich Statuen – wurden der Erde entrissen, mit Säure behandelt und mit Feigenblättern und Unterröcken aus Zinn versehen. Sie wurden an die gleichen Orte verschleppt, Sammlungen entstanden und wurden durch Tod oder Niederlage wieder zerrissen, worauf die Statuen an andere Orte verschleppt wurden. Im achtzehnten Jahrhundert gesellten sich allmählich ägyptische Gegenstände zu diesen Sammlungen und nach dem napoleonischen Feldzug gab es kein Halten mehr. Im neunzehnten Jahrhundert kratzte man überall in der Erde, dämmte Flüsse ein, zerschlug Steine, folterte Einheimische und ließ Haken in die See hinunter. Was war geschehen? Einerseits die Entwicklung der Wissenschaft und des Geschmacks, andererseits das Erscheinen einer neuen Kaufkraft, die wohlhabender war als Kardinäle und gleichermaßen skrupellos: der moderne europäische Staat. Nach dem Wiener Kongress sah es jede fortschrittliche Regierung als ihre Pflicht an, alte Gegenstände anzusammeln und einen Bruchteil derer in Gebäuden, die man Museen nannte, auszustellen – gelegentlich sogar kostenfrei. Man sprach von »nationalen Besitztümern« und es war von äußerster Wichtigkeit, dass deren Zahl die anderer Nationen übertraf und dass es sich um authentische alte Gegenstände und keine Nachahmungen handelte, die gleich aussehen mochten, aber als minderwertig galten. Bestimmte Regierungen, darunter die Frankreichs und Italiens, konnten sich glücklich schätzen, da ihnen der gute Geschmack der Vergangenheit solche Gegenstände vermacht hatte; andere, zum Beispiel die Deutschlands oder die unsere, waren weniger glücklich, während der arme Onkel Sam ohne irgendetwas beginnen musste und das türkische Reich alles dem Willen Allahs überlassen hatte. Es wurden verschiedene Gesetze zur Regulierung von Exporten erlassen und die Zollbehörden entsprechend instruiert. Außerdem verließ man sich beim Kauf auf Fachkundige und intrigierte gegen die Fachkundigen anderer. Doch ein Beispiel wird die Lage verdeutlichen. Folgen wir daher dem Gegenstand »B.M. 10470«, auch bekannt als der »Papyrus des Ani«.

Ani lebte in Theben etwa eintausendfünfhundert Jahre vor Christus. Er diente dem Pharao als Kanzler und war für die Kornspeicher in Abydos verantwortlich. Wie alle im alten Ägypten beunruhigte ihn die Gewissheit des Todes. Der Fluss unterhalb des Nils, über dessen zwölf Abschnitte er zum Palast des Osiris reisen müsste, hatte nichts Nebelhaftes an sich. Sein Lauf war allzu klar, es gab zahllose Details zu beachten, und wehe ihm, wenn ihm auch nur eines entfiel! Er würde aus dem Boot des Gottes verwiesen und verdammt sein. In diesen Unterwassern hatte alles Sprache, sogar der Querbalken im Palast des Osiris fragte: »Wer bin ich?«, und die Riegel: »Wer sind wir?« Die vier Affen am Bug waren ebenfalls gesprächig, und es war unbedingt notwendig, sie in exakt den folgenden Worten anzusprechen: »... Gewährt mir Einlass durch die geheimen Türen der anderen Welt. Gebet mir und den Geistern Brot und Bier, und gewähret mir Einlass und lasset mich in Rastan heraustreten«, worauf sie antworten würden: »Komm, denn wir haben deine Schande bereinigt und deine Sünden getilgt, und wir haben alles Böse zerstört, das dir auf der Erde anhaftete. Du wirst Einlass zu Rastan erhalten und durch die geheimen Tore der anderen Welt gehen. Brot und Bier soll dir gegeben werden ...« Ani, dessen Gedächtnis allzu menschlich war, machte sich keine falschen Hoffnungen, dass er den Affen korrekt Antwort geben könnte. Und so erwarb er einen fünfundzwanzig Meter langen

Papyrus und ließ sich alle Parolen aufschreiben. Er verstaute ihn in einer eckigen Nische in der nördlichen Wand seiner Grabstätte, wo er mit einer Schnur aus Papyrus zusammengebunden und mit einem Tonsiegel befestigt wurde. Keine Affen oder Querbalken konnten ihn nun aus der Ruhe bringen, denn sein »Totenbuch« würde jeden Dialog übernehmen und, wenn er den Palast erreicht hatte, würde er selbst zu Osiris werden, zu Osiris-Ani, einem Unsterblichen.

Der Papyrus verblieb in dem Lidschlag der Zeit, den wir Geschichte nennen, unbehelligt in seiner Nische bis zum Jahr 1886, als er von Einheimischen entdeckt wurde. Damals war Ägypten noch eine Nation mit einem Museum in Kairo, das von einem Monsieur Grébaut geleitet wurde. Britannia war ebenfalls eine Nation geworden und besaß ein eigenes Museum in Bloomsbury, und nun sandte sie Mr. (mittlerweile Sir Wallis) Budge nach Ägypten, um alles aufzuraffen, was er konnte. Die Einheimischen kooperierten mit Sir Wallis, da er besser bezahlte als Monsieur Grébaut, auch wenn sie dafür Gefängnis und Folter riskierten. Eines Nachts begleitete Sir Wallis die Einheimischen in die Grabstätte und brach das Tonsiegel auf. Er war »von der Schönheit und Frische der Farben der menschlichen und tierischen Figuren erstaunt, die im schummrigen Licht der Kerzen und der stickigen Luft des Grabes zu leben schienen«. Seit diesem Augenblick ist Ani stumm. Seine Stimme, sein »Totenbuch«, wurde ihm genommen, die Fragen der Unterwelt kann er nicht mehr beantworten. Sir Wallis verstaute seinen Fund in einer Blechkiste und versteckte diese in einem Haus, das an den Garten eines Hotels in Luxor angrenzte. Monsieur Grébaut war ihm auf den Fersen, doch sein Boot lief auf Grund. Er schickte einen Boten, der Sir Wallis über seine Verhaftung für den illegalen Erwerb von Antiquitäten informierte und Bakschisch einforderte. »Wir gaben ihm ordentlich Bakschisch und fragten ihn dann aus«, erinnert sich Sir Wallis. Die einheimischen Händler luden alle Polizisten und Soldaten zu einem Fest in Luxor ein und überall herrschte versöhnliche Stimmung. Das Haus, in dem sich der Papyrus des Ani und andere gestohlene Güter befanden, war von der Polizei bis zu Monsieur Grébauts Ankunft abgeriegelt worden. Auf dem Dach und am Tor waren Wachen postiert worden. Die Händler luden diese auf Cognac oder einen Spaziergang ein, doch sie lehnten ab. Der Verwalter des Hotels war allerdings empfänglicher und befahl seinen Gärtnern, sich nachts unter der Wand zum Haus durchzugraben, damit Sir Wallis alle Antiquitäten sicherstellen konnte – wobei dieser einen Sarg hinterließ, der dem britischen Militärbehörden gehörte, in der Hoffnung, den Zorn Monsieurs Grébauts auf diese abzulenken. Am darauffolgenden Tag erreichte der Papyrus Kairo und wurde im persönlichen Gepäck zweier britischer Offiziere, denen Sir Wallis seine missliche Situation erklärt hatte, über die Qasr El Nil-Brücke geschmuggelt. Die Offiziere waren allzu bereit, der ägyptischen Regierung eins auszuwischen, doch noch hilfsbereiter zeigte sich Major Hepper der Royal Engineers, den Sir Wallis in der Offiziersmesse kennengelernt hatte: »Ich denke, ich kann und werde Ihnen helfen. In Anbetracht der Tatsache, dass Sie diese laut Ihnen so wertvollen Gegenstände mit öffentlichen Geldern für das British Museum gekauft haben, sind sie der rechtmäßige Besitz der britischen Regierung.« Und so verstaute er den Papyrus des Ani zusammen mit anderen Besitztümern der britischen Regierung in einer Kiste und transportierte sie in seiner militärischen Funktion nach England und überbrachte sie dem British Museum. Der Papyrus wird zwar nicht ausgestellt, doch er ist in unserem Besitz, und das ist alles, was zählt. Es wäre eine Demütigung, ihn in Kairo zur Schau gestellt zu wissen.

Diesen und manch anderen Schwank erzählt Sir Wallis in fröhlichstem Ton in seinen Memoiren »By Nile and Tigris«. Er erweckt den Eindruck eines Renaissanceräubers, und man kann sich ihn ohne Weiteres mit einem Dolch in der Hand beim »Sammeln« im Auftrag von Sigismondo Malatesta oder Isabella d'Este vorstellen.[81] Er genießt seine Grausamkeit gegenüber Monsieur Grébaut, dessen Ehrlichkeit und Direktheit er verachtet; er genießt es, einen jungen türkischen Beamten in die Fluten des Tigris zu stoßen. Sein Buch ist äußerst reizvoll, doch am Ende bleibt ein Nachgeschmack der Vulgarität. Diese Vulgarität betrifft nicht ihn als Person, sondern das System, dem er allzu tüchtig dient. Die halsbrecherischen Anekdoten vermögen den Abglanz der Trostlosigkeit und den Snobismus des Museumswesens nicht zu verbergen. Unsere »nationalen Besitztümer« sind nicht zugänglich und wir bestehen auch nicht darauf, dass sie es sein sollten, denn unser Stolz entstammt reinem Kräftemessen. Überdies vermag der Bruchteil, zu dem uns Zugang gewährt wird, nicht, ein Gefühl der Schönheit oder Spiritualität in uns zu wecken; falls wir in Museen überhaupt irgendetwas gewinnen, dann wohl nur eine oberflächliche Vertrautheit mit Beschriftungen. Doch um die verriegelten Kellerkammern aufzufüllen, finden solche Expeditionen und Intrigen statt, und Gentlemen fortgeschrittenen Alters bestehlen sich gegenseitig in tropischen Gefilden. Man kann nichts daran aussetzen, wenn man – ausnahmslos – nichts an der modernen Nation auszusetzen hat, doch wenn man auch nur den leisesten Zweifel über diesen Koloss hegt, wird sich ein Gefühl des Widerwillens einschleichen und man wird sich fragen, ob diese älteren Herren nicht zu ehrlicheren Zwecken beschäftigt werden könnten. Denn was ist heute der Nutzen alter Gegenstände? Sie hauchen ihre Worte in allzu tote Ohren. Zur Zeit der Renaissance war es anders, damals weckten sie etwas in den Menschen; die Statue Laokoons musste gefunden werden[82]. Doch in unserer Welt ist die Entdeckung des Hermes von Praxiteles[83] und der Verlust der Skulpturen Sargon II.[84] gleichermaßen belanglos. Unser Zeitalter ist ein industrielles, und auch ein musikalisches, und es hat auch noch ein, zwei andere nette Eigenschaften, doch unser Interesse an der Vergangenheit ist weitgehend gespielt.[85]

# *Hundert Jahre Forster*

(aus der *Times* im Jahre 2027)

Am heutigen Tag vor hundert Jahren verstarb E.M. Forster. Seinen hundertsten Todestag feiern wir nur wenige Monate vor dem zweihundertsten Todestag Ludwig van Beethovens, und nur wenige Wochen vor dem William Blakes. Welche besondere Anerkennung sollen wir ihm erbringen? Diese Frage lässt sich nicht einfach beantworten. Wenn er noch lebte, würde er gewiss antworten: »Mein Werk ist mein wahres Denkmal.« Es ist die Antwort, die wir von jedem großen Künstler oder jeder großen Künstlerin erwarten können. Er war sich seiner erhabenen Aufgabe bewusst und besaß – im Übermaß – die Gabe der Ausdruckskraft, und so wird er zufrieden und friedlich, gewissermaßen doppelt befriedet, ruhen. Doch was vermögen wir, die selbst keine große Kunst schaffen, sondern ihre Segensgaben lediglich empfangen, über Forster zu sagen? Was können wir über ihn sagen, was nicht bereits über Beethoven und Blake gesagt wurde? Was können wir nur sagen?

Der Dekan von Dulborough drückte es in seiner Predigt in seiner wunderschönen Kathedrale am vergangenen Sonntag möglicherweise am treffendsten aus. Er las den tiefsinnigen Vers in Ecclesiastes, »Lass uns rühmen die berühmten Männer«, Wort für Wort vor und pausierte, als er »berühmten« erreicht hatte. Dann erhob er seine Stimme: »Er, dessen hundertsten Todestag wir am kommenden Donnerstag feiern, ist berühmt, doch wofür?« Keine Antwort war nötig, und es erfolgte auch keine. Das erhabene gotische Schiff, die eindrücklichen, gegen Westen gehenden Fenster, die schweigsame Gemeinde – sie alle waren eine ausreichende Antwort, und so kam er zu den »Männern«, dem letzten Wort des Zitats, und erörterte die wohl geheimnisvollste Eigenschaft des Genies: die Tatsache, dass es in den Reihen der Menschheit auftritt. Warum dies geschieht und warum man es nicht leicht erkennen kann, da es ohne eindeutige äußere Anzeichen auftritt, sind in der Tat Fragen, die man nicht leichtfertig stellen sollte. Es besteht kein Zweifel daran, dass Forsters Mitmenschen sein Genie verkannten. Eingenommen von ihren eigenen kleinlichen Problemen ignorierten oder vergaßen oder verwechselten sie ihn, oder, was am meisten erstaunt, hielten ihn für ebenbürtig. Heute können wir diese Blindheit belächeln, obwohl sie ihm keine Freude bereitet haben wird, musste er doch vieles erdulden; und er hätte sicherlich nicht ein Meisterwerk nach dem anderen geschaffen, wäre er sich des Urteils der Nachwelt nicht gewiss gewesen.

Gestern Abend sprach Sir Vincent Edwards im Radio dieses Urteil in klaren Begriffen aus und durfte sich glücklicherweise einer größeren Menge an Beispielen bedienen, als es für den Dekan von Dulborough schicklich gewesen wäre. »Es ist unmöglich«, sagte er, »auch nur einen einzigen Satz zu zitieren, der nicht mit der erhabensten Absicht verfasst wurde«, und daraus zog er glasklare und hilfreiche Lektionen für die sogenannten Schriftsteller und Schriftstellerinnen der Gegenwart. Wir können davon ausgehen, dass Sir Vincent in seiner Funktion als Leiter des Ministeriums für Erbaulichkeit des Öfteren mit der jüngeren Generation in Kontakt kommt und deren eigensinnigen Individualismus mit der Großherzigkeit, in der er so geübt ist, in Schranken weist – denn dieser Individualismus ist das genaue Gegenteil von Genie. Die jüngere Generation hält Gewalt für Kraft, Zynismus für Offenheit und Ausgelassenheit für Freude – allesamt Fehler, die Forster nie beging; niemals war er fröhlich, es sei denn, er hatte es sich verdient, und gleichermaßen übte er Kritik an religiösen und sozialen Institutionen nur, da deren Korruptheit berüchtigt war. Wir wissen, was für ein Jahrhundert das zwanzigste war. Wir kennen die Menschen, die unter Georg V. an die Macht kamen. Wir wissen, wie der Staat und wie die Kirche agierten. Ebenso wie wir uns Beethoven ohne Weiteres als Geheimrat oder auch Blake als Erzbischof vorstellen können, so können wir uns nicht vorstellen, wie sich Forster mit seiner entfachten und empfindsamen Seele mit den Umständen seines abgestumpften Zeitalters abfand. Das, wofür er arbeitete – das, wofür alle erhabenen Menschen arbeiten –, war ein neues Jerusalem, ein lebensstarker Staat, eine geläuterte Kirche. Das Offertorium in Dulborough am vergangenen Sonntag als auch Sir Edwards erfolgreicher Aufruf zur freiwilligen Mitarbeit im Ministerium beweisen, dass Forsters Arbeit nicht umsonst war.

Die offizielle Zeremonie ist auf den heutigen Morgen angesetzt. Am Nachmittag wird Lady Turton Mr. Boston Jacks zauberhafte Statue in Kensington Gardens enthüllen und damit an eine weitere Seite unseres Nationalhelden erinnern: seine Liebe für Kinder. Ursprünglich plante Mr. Boston Jack ein Bildnis des Künstlers auf den Fersen eines Ideals. Da jedoch die Gärten hauptsächlich von jungen Menschen und ihren Vormunden besucht werden, war man der Ansicht, dass etwas Verspielteres angemessener wäre, weshalb das Ideal mit einem Schmetterling ersetzt wurde. Der Wechsel ist sicherlich zu begrüßen. Natürlich kann man nicht genügend Ideale haben, trotzdem sollte man nicht zu früh zu viele haben, und außerdem kann der Schmetterling, da er mit einem langen Kupferdraht befestigt ist, nicht mit einem tatsächlichen Schmetterling verwechselt werden und so nicht angehende Sammler oder Sammlerinnen in Versuchung führen. Lady Turton wird ebenfalls einige Worte auf Geheiß der Imperial Daisy Chain hinzufügen, als deren Vizepräsidentin sie fungiert, und gleichzeitig werden in den ländlichen Regionen Flaggen gesammelt.

Dulborough, das Ministerium für Erbauung, eine offizielle Zeremonie, Kensington Gardens! Könnte man all dem noch etwas hinzufügen? In der Tat noch einiges, doch es wurde bereits genug erwähnt, um die Öffentlichkeit an seine Tradition zu erinnern und die Essenz

Forsters unsterblicher Werke zu definieren. Worum handelt es sich bei dieser Essenz? Müssen wir es wirklich aussprechen? Über ihr Genie muss nichts gesagt werden, denn genial sind sie offensichtlich. Über ihre Tiefgründigkeit ebenfalls nicht, denn sie sind zugegebenermaßen tiefgründig. Es sind erhabene Werke: erhaben im Denken, erhaben in der Umsetzung, erhabener als Beethovens 9. Symphonie oder Blakes »Lieder der Unschuld«. Dies ist kein bescheidenes Lob, doch es kann erteilt werden, denn wir befinden uns in den erlauchtesten Gefilden. Wir müssen unsere Zunge nicht zügeln, weshalb wir eine Bemerkung hinzufügen dürfen, die in allem des bisher Gesagten mitschwingt: Wie Beethoven, wie Blake, war Forster durch und durch englisch, und indem wir uns an ihn erinnern, zelebrieren wir auch das Beste und Überdauernste in uns selbst.

# *Ein Brief an Madan Blanchard*[*]

The London Library
St. James Square
London
April 1931

Lieber Madan,
Kapitän Wilson erwähnt Sie des Öfteren und nun fühle ich mich geneigt, Ihnen zu schreiben. Ich werde meine Nachricht per Luftpost nach Paris senden, von Paris wird sie jedoch mit dem Express, den es vor dem Krieg noch gab, nach Genua gelangen. In Genua beginnt das Chaos: Da sich Mussolinis Reich bereits in seinen Anfängen befindet, wird der Postdampfer nicht rechtzeitig ablegen und mehrmals zur Reparatur einkehren müssen. So langsam wird alles

* Mein Korrespondent ist nicht erdacht. Vgl. »An Account of the Pelew Islands, situated in the western part of the Pacific Ocean. Composed from the journals and communications of Captain Henry Wilson, and some of his officers, who, in August 1783, were there shipwrecked in the Antelope, a packet belonging to the Honourable East India Company« von George Keate, Esq., F.R.S. und S.A (Dublin, Luke White, 1788). Vgl. ebenfalls die »Marine Records« 570a und 570c im indischen Amt, wo sein Name als »Blanshard« gegeben wird. Vgl. weiterhin Rupack Street, Rotherhithe, London, S.E.

vonstattengehen, dass der geöffnete Sueskanal sich schließen wird, sodass mein Brief dazu genötigt ist, Ägypten auf dem Landweg zu durchqueren. Sues ist voller weißer Segel, von denen eines auf südlichem Kurs schlussendlich nach Indien gelangen wird, wo ein anderes, getragen von einem anderen Wind, Neuigkeiten über Napoleons Kriege überbringen wird. Kleinere Boote, dunkelhäutigere Besatzungen. Freundlicheres Morgengrauen? Auf jeden Fall ruhigere Nächte. Die Welt entspannt sich. Was ist mit Macau, wo keinerlei Neuigkeiten eintreffen? Wie wird die Nachricht zum letzten Mal verschifft? Das letzte Bötchen bewegt sich kaum, als es auf Palau[86] landet; die Wellen vermögen kaum zu brechen, nur ein letztes Kräuseln schwemmt meinen Umschlag in Ihre Hand. Mit dem Gezeitenwechsel erreiche ich Sie. Sie öffnen meinen Brief einhundertfünfzig Jahre, bevor er geschrieben wurde, und lesen die Worte: »Lieber Madan«.

Bevor ich es vergesse, Sie haben Nachrichten. Sie sollen den Kompass, um den Sie gebeten haben, bitte nicht verlieren; das Beiboot mitsamt Angelgerätschaft in gutem Zustand halten; den Einheimischen helfen, jegliches Eisen zu verwerten, das aus dem Wrack gerettet werden kann, und für sie nach den Waffen und der Munition sehen. Ihnen steht immer noch Lohn in der Höhe von 23 Pfund, 8 Shilling und 3 Pfennig aus – möchten Sie diesen beanspruchen? Schließlich bat mich Kapitän Wilson darum, »Blanchard anzutragen, niemals wie die Einheimischen auf seine Kleidung zu verzichten, da er die Überlegenheit seines Charakters demonstrieren wird, indem er das Erscheinungsbild seiner Landsmänner, wie sie auf der Insel gesehen wurden, aufrechterhält. Um ihm dies zu erleichtern, wurde er mit allen Kleidern ausgerüstet, die wir entbehren konnten, und des Weiteren angewiesen, sich Hosen aus einer Matte zu fertigen, wenn die Kleider abgenützt sind«. Kapitän Wilson erhofft sich, dass alldem Folge geleistet wurde und dass Sie Ihren Sonntag nicht vergessen haben. Sie mögen andere palauische Sitten annehmen, er sähe beispielsweise keinen Einspruch gegen zwei Ehefrauen, da Abba Thulle ihm dies angeboten habe – tatsächlich könnte eine Weigerung in dieser Hinsicht als Beleidigung aufgefasst werden –, doch Sonntage seien davon nicht betroffen. Sie sollen sich an den Tag erinnern, indem Sie Knöpfe in Schnüre binden oder Koralleninsekten zählen oder Sonstiges. Prinz Lee Boo verstand die Wichtigkeit des Sonntags schon bald nach seiner Landung in England – verstand sie in der Tat so gut, dass er sich in der Kirche in Rotherhithe bestatten ließ. Und was hielten Sie davon, Cockilla und Cockathey zu taufen? Das ist nun mein Vorschlag, nicht der des Kapitäns. Er ist der Auffassung, ich solle Sie nicht mit Details belästigen, insbesondere in Anbetracht der Tatsache, dass Sie nicht lesen können, und ginge es nach ihm, würde ich lediglich eine Kirche und eine Hose auf das Papier malen und es dabei belassen. Doch ich schreibe Ihnen, da eine verschwindend kleine Möglichkeit besteht, dass Ihre Antwort auf meine Frage mit dem Wechsel der Gezeiten zur mir zurückgespült wird.

Ich würde gerne wissen, warum Sie sich als Einziger entschieden, zurückzubleiben.

Ich sitze derzeit eingepfercht zwischen Büchern und alten Ladys, die mit besorgten Gesichtern in tiefen Sesseln sitzen und sich Notizen machen, weshalb es mir nur logisch erscheint, dass Sie geblieben sind. Das Ende der Welt, die Tiefe der See, die Finsternis der Zeit – Sie haben sich für alle drei entschieden. Doch als Sie sich dafür entschieden, waren Sie auch zwischen irgendetwas eingepfercht, bei N6°25 und E136° am 12. November 1783. Was war also der Grund? War es anfänglich bloß ein Spaß? Ihre Kumpane nahmen Sie nicht ernst und Wilson erwähnte Ihren trockenen Humor. Sie halfen beim Bau des Einmasters bis zum Schluss und kamen sogar an Bord, als dieser schon abgelegt hatte, um zu zeigen, wo ein Segel verstaut war, und dann nahmen Sie Ihren Abschied ohne jegliches Bedauern, »als ob wir von London nach Gravesend segelten und mit der nächsten Flut zurückkehren würden«. Ihre Kumpane trauten ihren Augen nicht, als sie sahen, wie Sie sich zu den Wilden und den Kanus setzten, es kam ihnen vor wie ein Traum. Selbst Prinz Lee Boo war erstaunt. Er zeigte auf Sie, als die Kanus sich nach achtern wendeten, und dann auf sich selbst und sagte: »Ich gehe mit seinen Leuten, er mit meinen. Ich gehe mit den weisen Engländern, er bleibt bei den Wilden von Palau. Ich werde König Georg und den Herrgott besuchen, er nur meinen Vater König Abba Thulle. Wie geheimnisvoll! Wie wunderlich!«[87] Darauf lud Kapitän Wilson den Prinzen zum Abendessen ein, worauf dieser krank wurde.

Der zusammengeschusterte Kahn gelangte unversehrt nach China, wobei er eher einer Gepäckkiste als einem Einmaster glich und jeder Fetzen Stoff an ihm flatterte und die Zeichen der weißen und schwarzen Magie noch verblichen am Heck zu erkennen waren. Ein Anblick, der die Vertreter der John Company in Kanton kaum entzückte. Sie müssen verstehen, dass diese Vertreter die »Antelope«, eines ihrer besten Schiffe, ausgesendet hatten, und nun war dies zurückgekehrt. Kapitän Wilson wurde mehr oder weniger umgehend über die Geschehnisse verhört. Aufgrund meines Wissens der Geschichte hege ich die Vermutung, dass die »Antelope« mit dem Auftrag ausgesandt wurde, die Palauinseln im Namen Großbritanniens zu annektieren, dass stattdessen jedoch die Palauinseln die »Antelope« annektieren und sie nun Teil des Korallenriffs vor Koror bildet. Kapitän Wilson sah sich gezwungen, dies so gut wie möglich zu erklären, ebenso den Verlust der Ware, den Tod des Quartermeisters Godfrey Minks (ertrunken beim Versuch, in zwei Kleidungsmonturen an Land zu schwimmen), das Sterben der chinesischen Besatzung (an dessen genauen Zeitpunkt sich niemand mehr erinnern konnte) sowie Ihres und das Fehlen zweier Hunde. Allerdings konnte er auch den Prinzen Lee Boo vorweisen, und diese Tatsache beschwichtigte die Vertreter tatsächlich. Lee Boo war eine Geisel, wobei dieses Wort nie zur Sprache kam; der Zweck seiner Präsenz war es, die Kooperation seines Vaters zu bewerkstelligen. Gemäß dem Plan der Company sollte Lee Boo eine englische Bildung erhalten, um später auf die Inseln zurückzukehren und sie für uns zu regieren. Dazu würden ihm Pferde, Hunde, Kühe, Schweine, Ziegen, Samen, Kleider, Rum und alles, was das Leben sonst noch lebenswert macht, mitgegeben; er sollte Qui Bill als Thronfolger verdrängen, Artingall und seine Gefolgschaft mit Musketen bezwingen und in einem mit Gold verflochtenen Anzug über die Leichen und Kokosnüsse herrschen. Jedoch bedachte man dabei nicht die Pocken, und von Annexion wird so bald nicht wieder die Rede sein. Sie können in Frieden ruhen, geschätzter Madan, wenn Sie sich Frieden wünschen, denn Ihr König Abba Thulle rettete sein Königreich in dem Augenblick, in dem er seinen Sohn verlor. Ein solch freundlicher und intelligenter junger Mann. Vorerst verblüfften ihn alle Häuser, dann nannte er alles ein Haus; in Portsmouth fand er sich »in einem kleinen Haus, das von Pferden gezogen wurde, sehr angenehm, die Bäume und Felder liefen in die andere

Richtung«, bis er London erreichte, was er als »vortreffliches Land, vortreffliche Häuser auf Häusern bis zum Himmel« beschrieb; er verbrachte die halbe Nacht damit, in dem Himmelbett herumzuhüpfen und rief: »In England gibt es ein Haus für alles, wie weise!«, während er durch die Vorhänge spähte. Er muss ein wirklich reizender Mann gewesen sein, doch mein Interesse gilt Ihnen. Über Sie weiß ich nichts außer, dass Sie dem Ende der Welt und der Tiefe der See den Vorzug gaben. Bitte antworten Sie auf diesen Brief, falls es Ihnen möglich ist – es gibt verschiedene Methoden –, und teilen Sie mir mit, ob Sie der fremden Kultur verfallen sind, und auch, wie es Ihnen geht.

Eigentlich wollte ich Sie schrittweise an die Neuigkeit des Todes des Prinzen heranführen, doch nun wurde es schon angesprochen, und ich gehe auch davon aus, dass diese Sie nicht berührt. Ich lege ein Bild von ihm bei – es wird Sie amüsieren, denn sie werden den Menschen darauf kaum erkennen. Sie sahen ihn nackt und die Arme mit exotischen Früchten beladen an Bord gehen; nach einer Woche hatten sie ihm bereits gelehrt, Kleider wie diese zu tragen, und nach zwei Wochen war er schon so weit, dass er seine Weste nur im Dunkeln ablegte, und nach einem Jahr hätten Sie ihn im Esszimmer von Mrs. Wilson in Rotherhithe antreffen und ansehen können, wie er ihr mit exquisiter Grazie drei kleine Kirschen auf einem Löffel darbot. Beim ersten Mal hatte er sie in der Hand gehalten, worüber die alte Lady ein verhaltenes Lächeln aufzubringen vermochte – vielleicht wussten Sie es ebenfalls nicht, doch Kirschen händigt man unter keinen Umständen in der Hand aus. Beim Anblick des Lächelns der Frau wählte er einen Löffel und »es durchdrang tatsächlich eine Röte seine dunkle Haut«. Nichts war ihm zu raffiniert oder moralisch; er akzeptierte die Zivilisation mit der Anmut eines Höflings und der Integrität eines Pfarrers. Er bewunderte alle Engländer und betete alle Engländerinnen an; die alten nannte er »Mutter«, die jungen – das werden wir niemals erfahren. Ich wünschte, er wäre nicht gestorben – er schien so wundervoll gewesen zu sein. Und er schien seine Heimat zu lieben. Er sprach beständig darüber und sammelte jeglichen Schrott, um ihn nach seiner Rückkehr dort zu verteilen. Sein größter Schatz waren zwei kleine Fässer aus blauem Glas, die auf Stützen standen und die ihm einer der Vertreter in Kanton geschenkt hatte. Seine größte Freude war es, im St. James Park auszufahren, in dessen Nähe ich diese Worte schreibe. Die Wilsons führten ihn nur selten aus, da sie eine Infektion fürchteten. Zwar sah er einmal, wie Vincenzo Lunardi[88] in einem Ballon in die Luft stieg, doch war gelangweilt, weil er bei dieser Gelegenheit den Ballon nicht mit einem Haus verwechselte. Den Großteil seiner Zeit verbrachte er in einer Schule – einer nahegelegenen Akademie für junge Gentlemen, die ihm unzählige fröhliche Geschichten und keinerlei böswilligen Schabernack mit auf den Weg gab. Die Wilsons kümmerten sich aufopfernd um ihn, und er übte sich stundenlang auf dem Dachboden zusammen mit dem jungen Harry im Speerwurf. Es besteht kein Zweifel daran, dass der Prinz, als er dem Ende entgegenblickte, von Freunden umgeben war. Sie können dies Abba Thulle gerne ausrichten, oder auch nicht, ganz wie Sie wünschen. Vermutlich ist es ratsamer, es zurückzuhalten, da selbst der nobelste aller Wilden über den Tod seines Sohnes seinen Verstand verlieren wird, und welche Wirkung dieser Brief auch haben mag, er soll Sie unter keinen Umständen einer solchen Gefahr aussetzen.

Obschon der gute KAPITÄN und seine Nächsten
Sich eifrig überboten in liebevollen Gesten …
Wird das den noblen Häuptling, Vater dein,
bewahren vor der Trauer reißend Pein?
Ersehnt er sich doch nichts so sehr
Wie des gewappneten Sohnes Rückkehr,
Um das Königreich zu führen in die Kriege,
aus Liebe, sei's gesagt, zum Zweck des
ew'gen Friedens?
Soll er vergessen das gemeinsam Blut,
Den Tod LEE BOOs ertragen ohne Wut?
Und werden deine tapf'ren Ohme im Stillen leiden,
wenn sie erreicht die Botschaft deines
bedauerlichen Scheidens?
O nein! …

Dies ist ein anonym verfasstes Gedicht, das Wilson nach der Beerdigung zugesandt wurde. »O nein!« – mir ergeht es gleich. Wenn die tapf'ren Onkel verstehen, dass wir, zwar mit besten Absichten, doch nichts anderes als einen Mord begangen haben, werden sie nicht im Stillen leiden wollen; und wenn ihr Blick dann auf Sie fällt, wie Sie allein unter ihnen weilen und überdies noch im gleichen Alter sind wie der Prinz … nun, vielleicht würden sie Sie zum König erklären, doch dieses Risiko möchte ich nicht eingehen. Stattdessen rate ich Ihnen, Abba Thulle bei jedem Vollmond einen Knoten in eine Schnur binden zu lassen, bis sein Sohn in Gesellschaft der weisen Engländer zurückkehren werde, und schweigen.

Wie steht es denn um Ihre eigene Verwandtschaft? Ich weiß nicht einmal, ob Sie Engländer oder Franzose sind. Ich konnte herausfinden, dass Sie in Falmouth bei der »Antelope« anheuerten, doch das kann alles Mögliche bedeuten, und die Bücher in dieser Bibliothek grunzen unverständlich, wenn ich Ihren Namen erwähne. Hier finde ich die »Verwandlungen, Sitten und Instinkte der Insekten« von Emile Blanchard. Wäre er Ihnen als Verbindung gefällig? Oder eher Samuel Laman Blanchard und seine »Gesammelten Gedichte«? Soll ich Sie Ihnen zukommen lassen? Oder vielleicht Pierre Blanchards Brief »Über die Streitfragen der gallischen Kirche«? Edward Blanchards »Einführung (mit Beschreibungen) der Great Western Railway«? Frank Nelson Blanchards »Ein revisionistischer Blick auf den König der Schlangen: Genus Lampropeltis«? Man nennt dies übrigens Recherche.

Der Name Madan eröffnet dem ernstlichen Studenten ein breites Feld, doch ich werde mich mit »Thelyphtora, eine Abhandlung über den weiblichen Ruin« zufriedengeben. Dieses hilfreiche Werk entstammt der Feder eines gewissen Martin Madan und erschien nur drei Jahre, bevor die »Antelope« sank, und aus allen Kandidaten weise ich Ihnen diesen Madan als Onkel zu. Über ihre Besatzungsmitglieder habe ich auch nichts zu berichten, sie sind weit verstreut und haben neue Arbeit gefunden: Nick Tyacke, der kleine Will Cobbledick und all die anderen. Der junge Mr. Devis verblieb in Indien, um dort Porträts zu malen, während der Rest wie schon erwähnt über St. Helena nach England zurückkehrte. Die beiden Pfeilwunden, die er sich auf Ihrer Expedition einhandelte, verursachen ihm weiterhin Schmerzen im Kiefer. Erinnern Sie sich daran, als Mr. Devis die Ehefrauen Abba Thulles zeichnete und diese sich elend fürchteten, besonders die so hübsche Ludee? Sind Ihre Cockilla und Cockathey ebenfalls so hübsch? Ich legte Kapitän Wilson nahe, dass sie das sein müssten, was auch Ihren unerwarteten Sinneswandel erklären könnte. Das möge durchaus stimmen, antwortete er, doch mit Sicherheit könne das niemand sagen, da die beiden Frauen noch nicht ihren Weg aus dem Inland der Insel an die Küsten gefunden hatten, als der Einmaster ablegte. Er erwähnte zusätzlich, dass man von Ihnen sagte, Sie hätten »keine besonderen Beziehungen auf der Insel« gebildet; dabei scheint es sich eher um ein allgemeines Gefühl zu handeln, um irgendetwas, das mit den Artingall-Kriegen in Verbindung steht. In einem Kanu zwischen Wilden und Engländern sitzend, als ihr aus dem zweiten Krieg zurückkehrtet, sagten Sie: »Ich werde für immer hierbleiben.« Wilson störte sich daran, denn er hatte in Ihnen nichts Außergewöhnliches erkannt: Sie waren wie jeder andere Matrose, den man für 2 Pfund pro Monat anheuerte: umgänglich, harmlos, ruhig und hin und wieder zum Kämpfen aufgelegt – das Übliche. Er fand es anmaßend, dass Sie bei Ihrer Entscheidung blieben, und ist sich möglicherweise auch jetzt der Sache nicht sicher. »Hatten Sie je erwogen, auf der Insel zu verbleiben?«, fragte ich ihn, worauf er »nun, nun« seufzte und auf sein Handgelenk blickte. Um dieses war noch immer der Knochen gewunden, mit dem ihn Abba Thulle gewürdigt hatte; er legt diesen nie ab und poliert ihn jeden Abend, wie ihm geraten wurde, damit ihm das Glück treu bleibe. »Er bedeutet, dass ich ein Rupack bin, ein Nobler höchsten Ranges«, fuhr er lächelnd fort, »er wurde mir von den Einheimischen in der Gegenwart einer öffentlichen Versammlung, einer sogenannten ›Pye‹, verliehen. Dr. Keate ist der Meinung, er gehöre zu einem Walfisch, doch ich halte ihn für den Knochen eines Meermannes, die in der chinesischen See nicht selten vorkommen«. Als ich ihn nach den ›Pyes‹ fragte, erwiderte er lediglich: »Nun, nun, die Pyes, außerordentlich, ganz und gar«. Ich mochte es, ihn »nun, nun« seufzen zu hören; dieses Seufzen schwang in so vielem mit, das er sagte. Er wird die drei Monate auf der Insel oder die paradiesischen Früchte, die sie ihm am Morgen seiner Abreise brachten, oder die Kanus, in denen sie ihn über die Riffe eskortierten und dabei riefen: »Kommen Sie wieder, guter Engländer, kommen Sie!«, nie vergessen. Die Engländer werden nicht mehr kommen, wenigstens hoffe ich nicht. Ihre Insel hat sich von unserer abgewendet und sich, wie wir es zu nennen pflegen, der Finsternis, oder wie ich es nennen möchte, dem Leben zugekehrt.

Denken Sie nur an Lee Boo! Bedenken Sie, wie es ausging, trotzdem sie sich solche Mühe gegeben hatten. Mr. Sharp (Ihr nun verstorbener Arzt) ließ ihn nie aus seinen Augen, und bei den ersten Anzeichen der Infektion wurde Dr. Carmichael Smith ebenfalls herbeigerufen. Dr. Smith untersuchte ihn und sagte den Wilsons unverblümt, dass Lee Boo im Sterben lag. Wenige Tage später wusste er es selbst. Er ging durch sein Zimmer und erblickte sich im Spiegel und war angewidert; er schüttelte seinen Kopf und sagte, dass sein Vater und seine Mutter, Tausende Meilen entfernt, um ihn trauerten. An Mr. Sharp richtete er folgende Worte: »Guter Freund, wenn Sie nach Palau zurückkehren, sagen Sie Abba Thulle, dass Lee Boo viel trank, um die Pocken zu überwinden, aber dann starb er; Kapitän Wilson, Mutter Wilson sind sehr freundlich – alle Menschen in England sind sehr gut –, und es tut ihm leid, dass er nie mit dem König all die schönen Dinge besprechen konnte, die es in England gibt; er tat alles, was ihm gesagt wurde, aber er starb trotzdem.« Die kleinen Fässer aus blauem Glas sollten dem König übergeben werden. In der Gegenwart von Dr. Smith beklagte er sich über seine Symptome im Falle, dass diese geheilt werden konnten, doch in anderen Momenten dachte er nur an seine Freunde. Noch unglücklicher war, dass die alte Mrs. Wilson krank im Nebenzimmer lag und er ihr immer wieder zurief: »Lee Boo geht es gut, Mutter«, um sie zu trösten. Er versuchte auch, sie zu besuchen, woran er gehindert werden musste. Heiße Bäder, verkrusteter Rücken und Beine, der Junge ertrug alles: vernünftig, selbstlos, überzivilisiert bis zum Letzten. Was wirklich in seinem Kopf vorging, konnte niemand sagen, und niemand wagte es auch nur, es zu erraten. Er schaffte es zu sterben, ohne das Christentum zu beunruhigen oder die Philosophie zu enttäuschen, weshalb er eine Tafel auf dem Friedhof in Rotherthite erhielt. Die John Company bezahlte diese und auch das Begräbnis, obwohl die Wilsons allzu gerne selbst dafür aufgekommen wären. Ganz Rotherthite kam – die beiden gemalten Figürchen oben auf den Armenhäusern haben wohl noch nie auf eine solche Versammlung geblickt: Beamte aus London, all die jungen Menschen der Akademie, obwohl gerade Weihnachtsferien waren. Der Stein wurde nach einem Jahr errichtet, um dem Leib genügend Zeit zu geben, zu zerfallen.

Im Andenken
an Prinz Lee Boo,
einem Eingeborenen der Palau-Inseln,
dem Sohn von Abba Thulle, Rupack
oder König der Insel Koror,
der am 27. Dezember 1784,

im Alter von 20 Jahren, aus dem Leben schied.
Dieses Denkmal wurde von der ehrwürdigen
United East India Company errichtet
als Würdigung seines Vaters Abba Thulle und
dessen menschlicher und gütiger Behandlung der
Besatzung der Antelope, Kapitän Wilson,
die in der Nacht des 9. August 1783 vor jener Insel
sank.

Halt ein, der Du dies liest, halt ein! –
lass Deine Tränen nicht versiegen
Hier fand *mein* Prinz, Lee Boo,
den letzten Frieden.

Ich weinte beinahe, doch nur beinahe. Er war ein allzu harmloser Wilder, eher eine Puppe, denn er tat stets, was man ihm auftrug, und solche Menschen erscheinen mir jeweils nicht gänzlich real. Menschen, die mein Mitgefühl rühren, sind unerwartet stur: Sie brechen aus der Marschordnung aus, und ich hoffe stets, dass sie vom Unteroffizier dafür nicht bestraft werden. Es passte zu Lee Boo, dass er nichts so liebte, als den Gardisten beim Exerzieren im Park zuzusehen. Sie exerzieren dort weiterhin, ebenso wie die Ladys weiterhin in den tiefen Sesseln in dieser Bibliothek sitzen und auch die Bücher weiterhin in den Regalen stehen. Es gibt ein Regelwerk für alles, auch das Heldentum. Ich sollte mich frei fühlen, denn ich bin gesund, stark und mittleren Alters, trotzdem kann ich in einer Kirche keinen Hut tragen, selbst wenn mich niemand sieht, und in einem Kampf kann ich nicht unter der Gürtellinie schlagen. Während mich dies nicht unmäßig besorgt, kann ich es mir nicht verwehren, mich an Menschen zu erinnern, die in dieser Hinsicht erfolgreicher waren, und ich widme mich dem Studium der Geschichte, um sie leibhaftig kennenzulernen. Während ich den Haufen erlauchter Persönlichkeiten auseinanderreche, stoß ich ab und zu auf sie – Menschen, die Launenhaftigkeit auslebten, das Salz meiner Erde. Nicht etwa Menschen, die aus Prinzip launenhaft sind – ihr Exerzieren ist das peinlichste von allen –, sondern anständige Menschen, die plötzlich ausbrechen. Seltsam ist, dass wir alle sie bewundern, sogar solch hartgesottene Zuchtmeister wie den alten Wilson. Sie haben etwas begriffen, das wir zwar verstehen, aber nachdem wir nie greifen würden, eine Art Brennnessel. Kürzlich besuchte ich das Grab von Lee Boo und dachte: »Nein, er war keiner von ihnen; er streifte die Brennnessel, weil er sich nicht achtete, was jedem Mensch geschehen kann«. Ich notierte mir vieles über die Kirche von Rotherhithe, die Nachbarschaft, Shad Thames usw., da ich dachte, es könnte Sie interessieren. Doch wenn dem so wäre, dann wären Sie zurückgekehrt, und so zerriss ich die Notizen und wanderte herum und fühlte mich müde und fehl am Platz. Dann überquerte ich den Fluss und gelangte nach Stepney und durch die Stadt, beim Aldgate rein und raus durchs Newgate, zurück in diese Gegend, in der ich nun lebe.

Das beschließt meine Nachricht, nun sind Sie an der Reihe. Ich lege noch ein Gedicht bei, dann ist Schluss:

Jenseits des Pazifiks mächt'ger Wellen,
die um tausend frohe Ufer schwellen,
erschallt zwischen korallenroten Klippen
des Papageien und der Taube Zwitschern.
Gekrönt mit Bambus und Bananen, golden
unter himmelblau,
erheben sich die wackren, die sonnentrunknen
Küsten von Palau.

So stellte sich eine gewisse Miss Heisch (bevor sie einen Mr. Hookey heiratete) ihr jetziges Zuhause vor. Beim ersten Lesen musste ich lachen, aber beim zweiten seufzte ich nur: »Nun, nun!«. Schreiben Sie mir, wenn es nur menschenmöglich ist – zum Beispiel auf der Rinde irgendeines Baumes. Setzen Sie sie beim Wechsel der Gezeiten aufs Wasser auf und sehen Sie zu, wie sie durch die Korallenriffe spült. Die Monsune werden sie westwärts treiben und die Gischt wird ihr »Fortschritt« entgegenflüstern. Sie wird auf schnellere Boote, bleichere Besatzungen und das aufrichtige Interesse eines Savants stoßen, der sie aus einem Kutter vor, sagen wir, Réunion, aufliest. »C'est bien une lettre?« Pourquoi pas? Ist er adressiert? Scheint so! Dann weiter damit nach England. Die Wellen erheben sich, die Weltlage spannt sich, doch König Georg ist weiterhin auf dem Thron und so auch Gott. Bumm! Noch ehe der letzte Nachhall von 1815 ausstirbt, schlägt 1914 ein. Ihr Brief geht nun in die Luftpost. Dieser Brief, für den hohe Gebühren bezahlt, der beim Zoll angemeldet, beim Steueramt zwecks

Einkommensteuer deklariert werden müsste, der in die Quarantäne kommen und gelesen, zensiert und konfisziert werden müsste, bricht eines der Fenster der Bibliothek ein und explodiert in meiner Hand. Keine der alten Ladys bemerkt etwas – sie sind weiterhin in ihre Recherchen vertieft. Ich warte, bis der rauchende Umschlag verschwunden ist, suche nach meiner Brille und entziffere, einhundertfünfzig Jahre, nachdem es geschrieben wurde, ein alleiniges Wort: »Aaa«.

Was kann »aaa« bloß bedeuten? Vielleicht haben Sie Englisch verlernt. Ich werde mir ein palauisches Wörterbuch kommen lassen. Während ich warte, habe ich noch etwas Letztes zu sagen.

Ich traf einmal einen irischen Geistlichen[89], einen ungewöhnlichen Zeitgenossen, den ich nie wirklich mochte und der vor Ihrer Zeit verstarb. Er erfand eine Gruppe von Inseln, um sein Gemüt zu erleichtern, und wie der Zufall es will, situierte er diese südöstlich von Formosa – das heißt, mehr oder weniger, wo Sie sich gerade befinden. Eine dieser Inseln war von winzigen Menschen bewohnt, eine andere von riesigen, eine dritte von Pferden und eine vierte flog. Der Geistliche war zu missmutig, um zu bemerken, an was er saß: Damit meine ich, dass seine Menschen, egal, ob sie riesig oder winzig waren, dazu dienten, seine tatsächlichen Mitmenschen klein erscheinen zu lassen, und Gleiches gilt für die Pferde; er hatte kein Interesse an Pferden, doch er hasste Menschen und nutzte Pferde, um dies auszudrücken. Nun stellte er sich auf einer dieser Inseln Menschen vor, die ewig lebten. Es klang wie das Paradies, doch es gab einen Haken – ich werde Ihnen nicht sagen, worum es sich dabei handelt, doch es ist wahrhaft furchteinflößend, und nichts von allem, das er mir je sagte, hat mich mehr beunruhigt. Liegt er bezüglich des Themas der ewigen Jugend in der Südsee richtig, dann beantworten Sie meinen Brief nicht; in der Tat würden Sie das in diesem Falle nicht wollen. Doch falls ich richtigliege, senden Sie mir die Antwort, die alles besagt; die Antwort, die ich mir vorgestellt habe: »Aaa« (palauisch für Ja).*

Ihr ergebener
E.M. Forster

---

* Mein Brief wurde nie übermittelt. Eine Erklärung findet sich in »A Supplement to the Account of the Pelew Islands; compiled from the journals of the Panther and Endeavour, two vessels sent by the Honourable East India Company to those islands in the year 1790« des Reverend John Pearce Hockin, Exeter College, Oxford, M.A. (London, gedruckt von W. Bulmer und Co., Cleveland Row, 1803, im Auftrag von Kapitän Henry Wilson).

# *Voltaire im Labor*

## *1. Das Wiegen des Feuers*

Im Frühling des Jahres 1737 erhielt eine Eisengießerei in einem entlegenen Teil Lothringens des Öfteren Besuch eines dünnen Mannes mittleren Alters, der ein Notizbuch mit sich trug. Er wog zwei Pfund Eisen ab, ließ sie erhitzen, bis sie glühten, und wog sie erneut. Dann wiederholte er das Experiment, wobei er das Gewicht erhöhte, bis er tausend Pfund gewogen hatte. Als Nächstes ließ er drei Kessel vorbereiten. Sie wurden auf Waagen platziert, damit er ihr Gewicht feststellen konnte, und dann füllte man geschmolzenes Metall aus den Brennöfen in sie ab: einhundert Pfund in den ersten Kessel, fünfunddreißig in den zweiten und fünfundzwanzig in den dritten. Als die Kessel abgekühlt waren, wurde die kalte Masse erneut gewogen. Wie der Titel dieses Artikels andeutet, handelt es sich bei dem dünnen Mann mittleren Alters um Voltaire, doch warum in Gottes Namen treibt er sich in einer Eisengießerei herum? Moment, da tritt eine noch bemerkenswertere Figur ein.

Es handelt sich um eine Frau von etwa dreißig Jahren mit einem langen, schmalen Gesicht, einer gebieterischen Nase und grünlichen Augen. Sie hat eine männliche Erscheinung, ist jedoch kein Mannweib. Trotz ihrer ernsten Miene ist sie heiter und charmant, gut gekleidet und gutherzig. Man könnte sich leicht über sie lustig machen, denn sie trägt ebenfalls ein Notizbuch mit sich und notiert die Gewichte des heißen und kalten Eisens. Sie ist so eifrig wie Voltaire, aber noch ernster. Sie beschäftigt sich mit der Wissenschaft, nicht weil sie gerade Mode ist und sie mit berühmten Menschen in Kontakt bringt, sondern weil sie sich erhofft, das Wesen des Universums zu ergründen. Fakten, Fakten und nochmals Fakten! Vielleicht später auch eine Theorie – gesetzt den Fall, es gebe eine. Sie verzichtet auf Schauspielerei, Tanz und Spiel, um sich ihren Experimenten zu widmen. Voltaire nennt sie seine »göttliche Emilie«. Sie ist seine Geliebte, Madame du Châtelet, Besitzerin von Cirey, dem erhabenen Haus, in dem er verweilt.

Nach ihrer Rückkehr nach Cirey trennen sich die Wissensdurstigen. Voltaire geht in seine Räumlichkeiten, die ein Halbdutzend wunderschön eingerichteter Zimmer im Erdgeschoss umfassen. Durch ein winziges Vorzimmer und ein mit purpurnem Samt ausgekleidetes Schlafzimmer gelangt er zu einer langen Galerie, wo er sich setzt. Diese ist gelb lackiert und mit hauchdünnem Papier getäfelt. Sie ist mit Statuen geschmückt, von denen eine – sie stellt die Liebe dar – den Herd verbirgt. Die Regale sind vollgestopft mit Büchern und wissenschaftlichen Instrumenten. Die Fenster öffnen sich zum Garten oder der Kapelle hin, sodass man die Messe hört, ohne unmäßig davon gestört zu werden. Am Ende des Zimmers steht eine Camera Obscura und dahinter liegt ein weiteres Zimmer, das noch nicht belegt wurde. Voltaire trinkt Kaffee. Nachdem er sich an einem herrlichen Schreibtisch installiert hat, greift er verzweifelt nach seinem Stift. Er nimmt nämlich an einem Schreibwettbewerb teil – das Thema ist das Wesen und die Verbreitung des Feuers – und er konnte bisher nicht feststellen, ob Feuer irgendetwas wiegt. Da es sich bei Feuer um ein Element handelt, geht man davon aus, es habe ein Gewicht, doch das erhitzte Eisen in der Gießerei war nur gelegentlich schwerer als das kalte; manchmal war es gleich schwer und manchmal tatsächlich leichter. Doch das sind nicht alle Probleme, die sich bei der Untersuchung des Feuers einstellen, und andere sind gleichermaßen undurchschaubar: Wenn Voltaire brennende Kohlen in einer metallenen Kiste verschließt, brennen sie manchmal weiter, manchmal erlöschen sie. Wenn er präparierte Holzteile auf glühenden Oberflächen verteilt, stellt er beachtliche Unterschiede in der Dauer fest, in der sie zu Asche werden, und das, obwohl sie genau gleich dick und groß sind und sogar aus der gleichen Anpflanzung stammen. »Danach wiederholte ich das Experiment mit Gemüse«, doch das Gemüse verbrannte ebenfalls ohne Regelmäßigkeit. Allerdings führte ein Experiment mit Gegenständen, die verschieden bemalt waren, zu befriedigenderen Ergebnissen: Schwarze Gegenstände ließen sich schneller erhitzen als grüne, gelbe schneller als weiße, doch selbst in diesem Fall gab es Ausnahmen. Es bleibt Voltaire also nichts, außer den Gesetzen des Feuers ein Zusatzgesetz beizufügen, das besagt, dass die Hauptgesetze nicht immer zutreffen.

»Lieber Abbé, wir leben inmitten von Unsicherheiten«, schreibt er seinem Mann in Paris, »selbst die Entdeckung des kleinsten Quäntchens Wahrheit erfordert Unmengen an Arbeit.« So bittet er den Abbé Nachforschungen anzustellen, ob nicht jemand wisse, was Feuer wiege; und auch ob brennendes Glas in einem Vakuum wie herkömmlich auf Gegenstände wirke; und ob es wahr sei, dass persisches Naphtha bester Qualität unter Wasser entzündet werden könne; außerdem benötige er Schreibpapier verschiedener Größe, Siegelwachs, ein Astrolabium, zwei Atlanten auf Stützen, Thermometer, Barometer, Tontöpfe, Retorten, Schmelztiegel; auch eine komplette Sportausrüstung, einschließlich Waffe und Kleider, aber auch Gesichtspuder, Haarpuder, Parfüm, Nagelschere, Schwamm und zwei große Töpfe mit Orangenblütenpomade; und auch einen jungen Geistlichen, der über die Kapelle verfügen könne, allerdings auch das eine oder andere über Chemie wisse; und einen jungen Mathematiker, der sich mit Astronomie auskenne; ach ja, und er habe sich *nicht* die Veröffentlichungen der Académie Française gewünscht, sondern die der Académie des Sciences – der gute Abbé habe die beiden verwechselt und ihm die falschen Werke zukommen lassen, weshalb sich Voltaire nun gar so fühle, als habe er achtzehn Schwäne für seinen Ziersee bestellt und fälschlicherweise achtzehn Affen erhalten; und auch noch dieses und jenes … die Liste nimmt kein Ende. Doch was beschäftigt unterdessen Madame du Châtelet in ihrem Teil des Hauses?

Auch sie nimmt am Wettbewerb über das Wesen und die Verbreitung des Feuers teil, hat dies ihrem Geliebten aber noch nicht mitgeteilt. Es soll eine Überraschung werden. Mit unermüdlichem Wissensdrang hat sie so viele Gießereien besucht und so viel Gemüse verkohlt, dass ihr kaum Zeit bleibt für das eigentliche Schreiben; immer wieder tunkt sie die Hand in kaltes Wasser, so stark schmerzt sie. Ihre Räume sind noch prachtvoller als seine. Alles ist in Grün und Gelb aufeinander abgestimmt, einschließlich des Hundekörbchens; das Bett ist mit blauem Satin bezogen, an den Wänden hängen Gemälde von Veronese und Watteau; ihr Schreibtisch, verziert mit eingelassenem Bernstein, war ein Geschenk Prinz Friedrichs von Preußen[90]; die Kacheln und der Boden des Badezimmers sind aus Marmor, die Kronleuchter exquisit und eine verspiegelte Tür führt vom Schlafzimmer in die Bibliothek. Sie schreibt bis spät in die Nacht, Voltaire tut es ihr gleich. Zwischen ihnen ruht der heruntergekommene Kern des Hauses, in dem möglicherweise Madames Gatte haust.

Das Leben auf Cirey hat gewiss etwas Komisches an sich, doch bevor wir allzu laut lachen, sollten wir uns ins Bewusstsein rufen, dass Voltaire und Madame du Châtelet ihrer Zeit voraus waren und ihre Wissenschaft nicht absurder war als unsere – in der Tat könnte sie sich als weniger absurd entpuppen als unsere, denn die beiden waren hochgradig intelligent. Uns kommen sie komisch vor, weil wir einen höheren Wissensstand erreicht haben; belächeln wir sie, weil sie es nicht besser wussten, dann sind wir die Witzfiguren. Schließlich beschäftigten die Probleme des Feuers all ihre Zeitgenossen. Mittlerweile lehrt uns die Chemie, dass es sich bei Feuer nicht um ein Element, sondern um einen Zustand handelt, den Körper durchlaufen und der in der Regel gewisse Reaktionen hervorruft: Je nach Umstand, geben die Körper Gas ab und werden folglich leichter; unter anderen Umständen produzieren sie feste Oxide und werden daher schwerer. In hundert Jahren mag uns die Chemie etwas anderes lehren, doch im achtzehnten Jahrhundert hatte man nicht einmal entdeckt, was wir heute wissen, und so führten die Experimente in der Gießerei zu widersprüchlichen Ergebnissen. Ferner waren die Apparaturen hoffnungslos ungenau. Ganz egal, wie gut die Pendeluhr war, die der Abbé aus Paris sandte, und wie sorgsam sie verpackt war, sie war nie in der Lage, die genauen Zeiten aufzuzeichnen, in denen zwei Blumenkohle verbrannten. »Mein lieber Abbé, wir leben inmitten von Unsicherheiten.« Die Unsicherheiten begeisterten Voltaire. Er ereiferte sich, sie zu verstehen, und ergötzte sich aufrichtig an der Komplexität des Universums.

Kein Journalist, sondern eine Zeitung, lautet eine treffende Beschreibung Voltaires. Jegliche Themen werden in seinen Spalten behandelt. Literatur hat die Oberhand, doch wissenschaftliche Gedanken tauchen immer wieder auf, und werden auffälliger, als er sich ins englische Exil begibt. Dort entdeckte er verschiedene Dinge, die seine Achtung geboten oder ihm Vergnügen bereiteten: das Impfen; eine Frau, die Hasen gebar; ein Ire, der sich seine Schafsbrühe unter einem Mikroskop ansah und Würmer darin vorfand. Doch erst nach seiner Rückkehr nach Frankreich und als er unter den Einfluss von Madame du Châtelet geriet, schärfte sich sein Interesse. Sie führte ihn in die Felder ein, in denen sie ihre eigenen Studien vorgenommen hatte – Physik und Astronomie – und sein wissenschaftliches Hauptwerk, eine Erörterung der Newton'schen Theorie, wurde unter ihren Fittichen verfasst. Voltaire legte die Theorie richtig aus, kritisierte sie klug, und ihm allein ist es zu verdanken, dass die französische Öffentlichkeit über Newton in Kenntnis gesetzt wurde. In rechtgläubigen Kreisen war man besorgt, schließlich hatte man sich im Trubel um Descartes auf eine angemessene Grundlage des physischen Universums geeinigt und war nun der Möglichkeit der Schwerkraft nicht wohlwollend gesinnt. Der Schwerkraft und eines Gedichts über Jeanne d'Arc wegen blieb Voltaire Paris fern. Er war damals noch nicht der große Voltaire, der sich mit Friedrich dem Großen gestritten und Calas[91] rehabilitiert hatte. Aber er war als Persönlichkeit, Dramatiker, Dichter, Schöndenker und Philosoph geachtet, und nun war es an der Wissenschaft, ihren eisernen Kranz etwas schief auf seine Brauen zu setzen.

Er war zusammen mit seiner Gastgeberin früher im gleichen Jahr, 1737, auf Cirey angekommen. Sie waren durch Nacht und Schnee gefahren, als sich das Rad auf Voltaires Seite der Kutsche löste und Madame du

Châtelet mitsamt ihrer Zofe und einem Teil des Gepäcks auf ihn stürzten und gleichzeitig alle der Diener vom Kutschbock fielen. Es dauerte eine Weile, bis das Knäuel an Gepäck, Zofe, Dame und großem Mann entwirrt werden konnte, währenddessen er mehrmals kurz und spitz kreischte. Wie so oft hatte er riesigen Spaß. Man breitete Kissen auf dem gefrorenen Boden aus, Madame du Châtelet und Voltaire setzten sich. Sie zeigten sich abwechselnd die Herrlichkeiten des Nachthimmels. »Die Sterne leuchteten klar«, schrieb einer der Diener. »Kein Baum oder Haus durchbrach die Weite des Horizonts. Monsieur de Voltaire und Madame du Châtelet waren ganz verzückt: Eingehüllt in Pelze und mit klappernden Zähnen besprachen sie das Wesen und die Laufbahnen der Sterne und ihren Standort im Universum. Hätten sie ein Teleskop gehabt, wäre ihr Glück vollkommen gewesen.« So saßen sie also dort, amüsiert, aber durchaus ernsthaft, bis die Kutsche repariert war und sie zu ihrem Ziel brachte.

Dort nahmen sie eine Routine an, die ihre Gäste sowohl beeindruckte als auch störte. Sie nahmen sich ernst, was ihr gutes Recht war; folglich unterlagen sie der Notwendigkeit, ihre Arbeit strukturiert anzugehen, denn sonst würde sie nicht erledigt werden. Elf Uhr morgens und neun Uhr abends waren die einzigen der vierundzwanzig Stunden, in denen sich Besuch darauf verlassen konnte, sie anzutreffen. Um elf wurde Kaffee in Voltaires Galerie serviert, am Abend fand der große Anlass statt – das Abendessen –, das gelegentlich durch eine Zankerei verdorben wurde. Nach dem Essen, falls alles reibungslos abgelaufen war, nahm Voltaire seine Laterna Magica hervor oder richtete ein Teleskop auf den Mond oder führte Tricks mit Prismen vor, wobei er zum Schreien lustig war; oder er las in seinem marmornen Badezimmer aus Jeanne d'Arc oder organisierte Theaterstücke in der Scheune. Wissenschaft kam oft zur Sprache, auch Religion. Er war nie Atheist oder Agnostiker gewesen, er glaubte fest an Gott, vorausgesetzt man mute Gott keine Handlungen zu, und er bestand stets darauf, dass Physik auf Metaphysik beruhe und Letztere göttlich sei. Wenn die Geselligkeiten eine Ende genommen hatten, zogen sie sich zurück, um zu arbeiten, während irgendwo im Haus, behütet und selten gesehen, Madames kleiner Junge schlief. Die Vielfalt und die Lebendigkeit auf Cirey sind beeindruckend. Stellt man sich die Szene vor, hetzt die Vorstellungskraft von Zimmer zu Zimmer, bis sie ermüdet, und schafft es nicht einmal, den Wald zu berücksichtigen, der das Anwesen umschloss, und auch nicht das Bauernvolk, dessen Arbeit all das ermöglichte. Es ist die Arbeit im Labor, an die man sich erinnert. Zwar waren die Experimente primitiv, beruhten auf falschen Hypothesen und waren letztlich erfolglos, doch das störte die beiden nicht. Auch uns soll es nicht stören, solange wir nachempfinden können, was in ihnen vorging: Um sie herum erstreckte sich in alle Richtungen eine neue Welt, die verstanden werden wollte.

Madame du Châtelet war zweifelsfrei eine beeindruckende Persönlichkeit – anstrengend, aber nicht übermäßig, und daher eine ideale Partnerin für einen äußerst anstrengenden Mann. »Venus-Newton« nannte sie Friedrich von Preußen, während Madame du Deffand[92] andeutete, dass sie lediglich Newton sei, weil man sie nicht Venus nennen könne, und sie auch bezichtigte, mehr für Kleider als Unterwäsche auszugeben – die schwerste Anschuldigung, die eine wahre Dame gegen ihresgleichen erheben konnte. Doch Voltaire himmelte sie an. Sie war ihm bisweilen zu viel, doch er auch ihr, was er genoss, und sie waren zu liebevoll miteinander und zu fröhlich, um zu verdrießen. Ihre Beziehung war höchst ungewöhnlich: Sie war gefühlvoll und überdauerte zwölf Jahre, jedoch kann man sie nicht zu den berühmten Liebesgeschichten zählen. Voltaire war kein Liebhaber. Zwar waren alle Grundelemente der Liebe – Zärtlichkeit, Mitgefühl, Lust, Selbstsucht, Selbstlosigkeit – vorhanden, doch sie fügten sich nie zu einem Ganzen zusammen: Als Experiment mit dem Ziel, Liebe zu schaffen, war er fehlgeschlagen. Madame du Châtelet war in dieser Hinsicht konventioneller, und es war sie, der die Liaison zu viel wurde beziehungsweise die sich auf eine andere einließ, die auf schauerliche Weise endete. Doch diese Tragödie soll uns hier nicht weiter beschäftigen: Zu dem Zeitpunkt, an dem ich sie mir vor Augen führe, verstehen sich Madame und Voltaire (sowie Madame und ihr Gatte) blendend, und nun, da wir sie uns ohne den Hang zum Spotten des achtzehnten Jahrhunderts und die Belehrungswut des neunzehnten Jahrhunderts vor Augen führen können, sehen wir sie vielleicht endlich deutlich. Ihr Interesse für äußere Dinge – Wissenschaft, Theater, Philosophie, Kunst – verband sie. Niemals hätten sie gesagt: »Wie haben wir nur zusammengefunden? Lass es uns nicht unter die Lupe nehmen, sonst verpufft es vielleicht.« Gemeinsames Interesse verband sie, weshalb die stürmischen Phasen, in denen ihre Nerven blank lagen, keine bleibenden Schäden hinterließen.

Weder er noch sie gewannen den Preis zum Thema des Wesens und der Verbreitung des Feuers. Die Preisrichter waren von der Tatsache beeindruckt, dass er Dichter und sie eine Adelige war, schienen aber von der Anzahl der Fakten schockiert, welche die beiden ihnen vorgesetzt hatten. Den Preis teilten sie unter drei anderen aus, die sich an die Theorie gehalten hatten. Aus heutiger Sicht ist klar, dass der Preis an Madame du Châtelet hätte gehen müssen: Ihr Essay ist mit Abstand der beste.

## 2. *Ärgerliche Weichtiere*

Dreißig Jahre sind vergangen und Voltaire, dessen Berühmtheit ihren Höhepunkt erreicht hat, hält eine Schere in der einen Hand und eine Nacktschnecke in der anderen. Ich sage es noch einmal: In der einen Hand eine große braune Nacktschnecke, in der anderen eine Schere. Die Schnecke stammt aus einem seiner

Schweizer Landgüter, dessen Salate sie fraß. »Ecrasez l'infame?« Aber nicht doch, sie ist für anderes vorgesehen. Er blickt in ihr Gesicht, in die finstre, leblose Schnauze, die alles ist, was eine Nacktschnecke zu bieten hat, und vergleicht sie mit dem weitaus interessanteren Gesicht einer Weinbergschnecke, und beide mit dem Gesicht eines Menschen. Alle sind verschieden und doch alle Gesichter, und er ist sich nicht sicher, ob ihm eine große Entdeckung oder ein Reinfall bevorsteht. Unter ihm breitet sich der Genfersee aus, dahinter erhebt sich der Mont Blanc. Er steht mit einem Fuß auf Genfer Boden, um Frankreich zu entkommen, mit dem anderen in Frankreich, um vor der Schweiz in Sicherheit zu sein. Es ist ein Moment des Triumphs – er ist umgeben von seinen Besitztümern, Tausende seiner Bäume wachsen um ihn herum, sein zufriedenes Bauernvolk ist bei der Arbeit, sein kranker Cousin döst, es läuten die Glocken der Kirche, die er erbaut hat – und er schneidet der Schnecke den Kopf ab.

Madame Denis, seine Nichte, führt seinen Haushalt – oder eher Haushalte, denn er besitzt drei. Unbeholfen und lustlos beschwichtigt sie die Botschafter, Savants, Scharlatane und Prinzessinnen, die aus ganz Europa anreisen, um ihren Onkel zu treffen. Doch die Recherche ruft ihn, er darf nicht gestört werden. Die Schere wird wieder hervorgeholt und eine zweite Schnecke wird geköpft, dann eine dritte, und weiter so, bis es zwölf sind. Allerdings ist das noch nicht das Ende dieser grausamen Geschichte: In einer Kiste neben ihm windet sich ein Knäuel kopfloser Weinbergschnecken. Voltaire begutachtet seine Opfer gutmütig. Für Nacktschnecken hat er nicht viel übrig, doch Weinbergschnecken erregen sein Mitgefühl; ihr Paarungsverhalten scheint ihm charmant, ihre Gesichtszüge klug und ihr Geschmack reizend. Nichtsdestotrotz fährt er fort und köpft im Interesse der Wissenschaft. Er möchte herausfinden, ob die Köpfe nachwachsen.

Wieder einmal widersprechen sich die Ergebnisse. Wie schon im Fall des Feuers scheint die Natur mit aller Kraft die Wahrheit verbergen zu wollen. Nacktschnecken verhalten sich anders als Weinbergschnecken, was zu erwarten ist, aber Nacktschnecken verhalten sich ebenfalls nicht alle gleich, ganz als unterlägen alle Weichtiere einer Mutwilligkeit. Manchmal sterben sie, wenn man ihnen den Kopf abschneidet, manchmal wachsen frische Köpfe nach und sie überleben und manchmal überleben sie vollkommen kopflos. Voltaire ist entzückt, aber auch verwirrt. Im Großen und Ganzen stellt er fest, dass Nacktschnecken neue Köpfe wachsen, Weinbergschnecken aber nicht. Allerdings beheben Weinbergschnecken, wenn man sie lediglich zwischen den Fühlern verstümmelt, häufiger den Schaden als Nacktschnecken, denen der ganze Kopf entfernt wurde. Was kann man daraus schließen? Nun, nicht viel, und am Ende eines seiner ernsthaften Werke (seinen »Fragen zur Enzyklopädie«) schreibt er plötzlich: »Ich ziehe sie zurück! Ich ziehe die Schere, mit denen ich die Köpfe der Schnecken abgetrennt habe, zurück!« Denn im Jahr 1772 wuchsen

Köpfe nach, aber nicht im Jahr 1773, und wie kann man auf solchen Kreaturen irgendetwas systematisch aufbauen? Es bleibt ihm nur die Feststellung, dass die Natur erstaunlich sei und dass es sich bei dem, was wir »Natur« nennen, tatsächlich um eine Kunstform handle, die wir noch nicht verstanden haben. »Alles ist Kunst, vom Sternzeichen bis zu meinen Schnecken.«

Etwas zurückzuziehen und etwas gehen zu lassen, sind allerdings nicht das Gleiche, und so kam Voltaire der glückliche Gedanke, sein Versagen zu einem Witz zu machen und es auf die bedauernswerte Kirche abzuschieben. Er erfindet einen charmanten Mönch, Père l'Escarbotier, der obendrein noch Koch ist und seine Sorgen einem Père Elie, einem Doktor der Theologie an einem anderen Kloster, unterbreitet. Der Briefwechsel der beiden ist hervorragend. »Früher sprach man nur über die Jesuiten, aber heute sind die Menschen vollends von Schnecken eingenommen«, beginnt Père l'Escarbotier mit bescheidenem Stolz und beschreibt danach seine Küchenexperimente, die er schon oft in seinen Predigten angesprochen hat: »Manche meiner Schnecken tun es St. Denis gleich, der seinen Kopf, nachdem ihm dieser abgeschlagen wurde, sechs Meilen lang behutsam in den Armen trug.« Père Elie nimmt dieses Wunder schweigsam zur Kenntnis. In einem zweiten Brief fragt der ehrwürdige Koch, was mit den Seelen der Schnecken geschehe, nachdem der Kopf abgetrennt wurde. Darauf antwortet Elie prompt: Die Antwort sei einfach, wobei sie in beiden Fällen anders ausfalle, denn die Seele einer Weinbergschnecke ruhe im Kopf, die einer Nacktschnecke im ganzen Körper. Ein dritter Brief, in dem die Existenz eines »wesentlichen Bakteriums« aufgeworfen wird, von dem alle Spezies abstammen, erhält eine scharfe Zurechtweisung; Père Elie erinnert Père l'Escarbotier daran, dass »Korruption die Mutter aller Dinge« sei und mahnt ihn vor ketzerischen Spekulationen, die nichts Gutes verheißen. »Adieu!«, so sein Schlusswort, und in freundlicherem Ton: »Mögen die Schnecken, die einer niedrigeren Ordnung angehören als Sie, und die anderen Insekten, in deren Gesellschaft Sie sich begeben, Sie segnen.« Es folgt eine weitere Schlussbemerkung, die direkt aus Voltaires Feder zu stammen scheint: »Es obliegt uns zu staunen und zu schweigen.« Mit Freude und Charme hat er seine törichten wissenschaftlichen Experimente in ein humorvolles Pamphlet verwandelt: Zunächst ein Esel, ist er nun eine Spottdrossel.

Nach Madame du Châtelets Tod nahm er die Wissenschaft nicht mehr so ernst. Er war nie verheiratet, und seine Nichte drängte ihn, wenn überhaupt, zur Dramatik, denn sie stand gerne auf der Bühne. Hin und wieder wurde das alte Feuer erneut entfacht: Er fragte sich zum Beispiel, ob Hannibal tatsächlich die Alpen mit heißem Essig zersetzt hatte, wie es der Historiker Livius berichtet, und so erhitzte er Essig und goss ihn auf einen Felsen des Mont Blanc. Sobald das Gestein angemessen aufbrach, ruhte sein Verstand, und er konnte sich mit anderen Dingen beschäftigen. In der Tat nahm ihn etwas anderes ein: Der Kampf gegen die Kirche erforderte all seinen Witz und seine Weisheit. Er glaubte an Gott, ließ sogar eine Kirche erbauen, aber er verachtete die Kirche als Institution, und das Ausmaß seiner Verachtung zeigt sich in den außerordentlichen Schwierigkeiten, die ihm Muscheln bereiteten.

Muscheln mögen nicht ärgerlicher erscheinen als andere Weichtiere, doch Voltaire betrachtete sie aus einem bestimmten Blickwinkel: Sie waren Verräter, welche die Wahrheit der Offenbarungsreligion bestätigten, anstatt in den Reihen der Freiheit zu marschieren, wie es sich für Naturobjekte ziemte. Hätten sie die See nie verlassen, wäre dies kein Problem gewesen, aber fern ihres angestammten Lebensraums fand man sie in großen Haufen mitten in der Touraine und anderswo, und als Fossilien sogar in den Bergen. Warum, fragen Sie sich vielleicht, beunruhigte dieser Umstand Voltaire? Nun, weil er darauf hinwies, dass man Muscheln dort fände, wo sie von der Sintflut deponiert worden seien, was die Wahrheit des Buches Mose bestätige. Er konnte dies nicht zulassen und machte sich mit gewohnter Energie und Scharfsinn daran, die Muscheln an ihren Platz zu verweisen. Schließlich war er nicht umsonst von Jesuiten gelehrt worden und seine Argumente sind beinahe zu schlagend, um zu überzeugen.

Zuerst argumentierte er, dass die betroffenen Muscheln gar nicht aus dem Meer stammten, sondern entweder Süßwasseraustern oder seinen alten Bekannten, den Schnecken, zuzuordnen seien. »In einem regnerischen Jahr findet man mehr Schnecken innerhalb 30 Meilen Boden als Menschen auf der ganzen Erde«, und da dem so sei, ließen sich die Funde in Touraine und andernorts problemlos erklären. Dann argumentierte er, dass sich die Muscheln in der Erde gebildet hätten und »genauso entstanden waren wie Steine«. Tatsächlich habe einer seiner Briefpartner, ein Gentleman mit Land nahe Chinon, beobachtet, wie leere Muscheln wuchsen. Zweimal in achtzig Jahren entstand eine beachtliche Ernte; anfänglich mikroskopisch klein, schwollen die Muscheln stetig an und klebten aneinander, bis sie zu weichem Stein wurden, der sich als Baustoff eignete. Es gebe fünf oder sechs verschiedene Arten dieser leeren Muscheln und da andere Menschen, die das Land des Gentleman pachteten oder auf benachbarten Grundstücken lebten, sie ebenfalls gesehen hatten, war jeglicher Zweifel ausgeschlossen. In der Tat können wir selbst diesen Vorgang beobachten, denn die sogenannten Ammonitenfossilien unterschieden sich in Größe, weil die Linien ihrer Spiralen sich offensichtlich verlängern, je länger sie in der Erde liegen. Doch selbst wenn man rein hypothetisch davon ausgehe, dass all diese Argumente falsch seien, und man akzeptiere, dass die Muscheln, die zu so viel Humbug führten, tatsächlich aus dem Meer stammten, sei noch nicht alles verloren; man könne ihre Existenz weiterhin auf drei Arten erklären: Erstens, da es sich bei vielen um Herzmuscheln handle, hätten sie im Mittelalter von den Hüten der Pilger auf dem Weg nach Santiago di Compostela fallen können. Zweitens, da viele essbar seien, könne es sich um die Überreste von Picknicks handeln. Drittens, da es sich um viele verschiedene Arten handle, sei man vielleicht auf die Überreste der Sammlung eines Konchyliologen gestoßen. Mit letztem Argument, das uns wohl noch stärker fasziniert als die vorigen, befasst sich Voltaire wiederholt. Die Knochen eines Rentiers und eines Nilpferdes bereiteten ihm Kopfzerbrechen, denn sie waren in der Nähe von Étampes gefunden worden. »Sollen wir daraus etwa schließen«, fragt Voltaire, »dass der Nil und Lappland sich vor langer Zeit die Straße von Orléans nach Paris teilten?« Gewiss sei es logischer anzunehmen, die Knochen waren einst die Zierde einer Sammlung!

Seine Sorgen über Muscheln trieben ihn weiter, als man es erwarten würde. Er befürchtete, dass, sobald man die Möglichkeit einer Flut anerkannte, sofort die Arche Noah über den Horizont gesegelt käme. Daher blieb ihm nichts anderes übrig, als jede Entstehungstheorie des Universums, in der Wasser eine zentrale Rolle spielte, lächerlich zu machen. Ob der Fisch Oannes, der aus dem Euphrates gekommen sei, um dem Volke Babylons zu predigen; ob Thales, der glaubte, die Sterne beständen aus Dunst; ob Buffon, der die Berge als Produkt der Wellen verstand; oder ob Maillet, der aufgrund eines Haufens Muscheln in Kairo schloss, dass Ägypten einmal unter dem Meeresspiegel gelegen habe und sein Volk ein Fischvolk gewesen sei – Voltaire verspottet alle gleichermaßen. »Trotz der gegenwärtigen Vorliebe für Genealogien gibt es doch kaum Menschen, die den Steinbutt oder Kabeljau als ihren Vorfahren beanspruchen würden.« Dann stachen ihm Koralleninsekten in die Augen, die er vorbeugend kurz abfertigte. Man dürfe auf keinen Fall zulassen, dass sie Korallenriffe bauten, ansonsten würde man versucht sein anzunehmen, dass Land sei einst unter Wasser gestanden. »Selbstverständlich findet man Insekten in Korallen, aber worin findet man keine Insekten? Alte Wände bersten vor ihnen, aber niemand geht davon aus, dass sie die Wände erbaut haben. Auch in altem Käse findet man sie, aber niemand argumentiert, dass der Käse von Milben gemacht wurde.« Und so, wie man es auch dreht, wird das Meer aus dem Schicksal der Menschen verbannt. Nicht einmal im Namen der Wissenschaft darf es die Welt bedecken, es sei denn der Berg Ararat käme nach der Ebbe wieder zum Vorschein und die Menschheit müsse erneut in Ketten leben. In dieser Hinsicht entspricht Voltaires Haltung der gewisser unreligiöser Menschen unserer Zeit, welche die Arbeit von Arthur Stanley Eddington und James Jeans[93] beunruhigen, da sie auch zur Bekräftigung des Christentums ausgelegt werden kann. Er verabscheute Religion, da er miterlebt hatte, welche Frevel sie begehen konnte, und er war nicht objektiv genug, um zuzugeben, dass etwas nicht unbedingt unwahr sein musste, nur weil es unheilvoll war. Tatsächlich war er komplett unobjektiv, und wenn wir davon ausgehen, es sei anders gewesen, dann verstehen wir sowohl ihn als auch sein Zeitalter falsch. Voltaire liebte Freiheit, nicht Wahrheit, und wenn Koralleninsekten sich mit den Jesuiten verschworen, dann bediente er sich jeglicher Spitzfindigkeit, um sie in Verruf zu bringen. Niemals – niemals wieder! – sollte die Arche Noah durch die Welt segeln. Wenn er heute lebte und sich anhören müsste, dass man in der Biologie verbreitet daran glaubt, dass alles Leben, nicht nur das menschliche, seinen Ursprung im Meer oder Küstengebieten habe, würde er sich seines ganzen Arsenals bedienen und Argumente finden, die uns, leider Gottes, nicht mehr in Verlegenheit bringen würden. Denn heute ist Voltaire eine viel geringere Figur als im achtzehnten Jahrhundert. Wir würden zwar seine Persönlichkeit bewundern, seine Zunge fürchten, seine Kurzgeschichten lieben, aber seine »ernsthaften« Äußerungen würden wir als bloßen Journalismus abtun.

Vermutlich hätte er ein eminenter Wissenschaftler werden können, wenn er dies gewünscht hätte, schließlich war er klug genug für jedes Feld, und während er unter dem Einfluss Madame du Châtelets stand, erwies er sich als äußerst fähig: Seine Abhandlung über Newton belegt dies. Doch nach ihrem Ableben wurde er launisch und zanksüchtig. Sein Misstrauen gegenüber Theorien führte ihn zur Theorie, dass die Schlussfolgerungen anderer falsch sein müssten. Sein Verlangen nach Spaß hielt ihn zurück. Die Wissenschaft und ihre Ausführung können sehr amüsant sein, und Voltaire war nicht ein Mensch, der seine eigene Freude zu kurz kommen ließ. Er kam, sah und lachte, und die Schnecken, die in einer ernsthaften anatomischen Untersuchung zur Entdeckung des lymphatischen Rachenrings geführt haben könnten, lieferten ihm stattdessen die Inspiration für einen Briefwechsel zwischen zwei unterhaltsamen Mönchen.

Trotz allem hat er der Wissenschaft ein Verdienst getan: Er überzeugte die allgemeine Öffentlichkeit von ihrer Bedeutung. Mehr kann ein Literat nicht erreichen, und vielleicht kann nur ein Literat es erreichen. Fachkundige Wissenschaftler und Wissenschaftlerinnen sind sich der Komplexitäten ihrer Thematiken zu bewusst; sie wissen, dass sie uns ihre Entdeckungen nur in vereinfachter – d. h. verfälschter – Form kommunizieren können, und dass wir, selbst wenn Fakten korrekt kommuniziert werden können, sie falsch verstehen werden, da wir sie nicht mit all den Tausenden der anderen relevanten Informationen in Beziehung setzen können. Ein Literat hat keine solche Skrupel. Die unendliche Vielfalt der Natur regt seine Vorstellungskraft an; er liest Bücher über das Thema und überspringt dabei die Statistiken; er vergisst den Großteil des Gelesenen; und vielleicht führt er ein paar Experimente durch, um die Bedeutung der Forschung irgendwie zu fassen. Und dann, während er sich auch noch mit anderen Dingen abgibt, schreibt er mit einer oberflächlichen Klarheit über Wissenschaft, welche diejenigen, die sich wirklich mit der Materie auskennen, zum Lächeln bringt. Oberflächlich, aber anregend – die Öffentlichkeit lernt von den Aussagen von Menschen wie Lukrez, Voltaire, Charles Kingsley, Samuel Butler, Mr. Aldous Huxley und Mr. Gerald Heard, dass etwas im Gange ist. Sie erhält einen vagen Eindruck der Ausweitung des menschlichen Reiches.

»Sicherlich muss man der Natur Vielfalt zubilligen«, sagte der Reisende.

»Ja, die Natur ist wie ein Blumenbeet, in dem …«

»Ach, vergessen Sie das Blumenbeet!«

»Dann ist sie«, fuhr der Sekretär fort, »wie eine Ansammlung blonder und brünetter Frauen, deren Locken …«

»Ach, vergessen Sie auch die Blondinen und Brünetten!«

»Gut, dann ist sie eben wie eine Bildergalerie, in denen die Gesichter …«

»Nicht doch. Die Natur ist wie die Natur, warum zu Vergleichen greifen?«

»Um Sie zu unterhalten!«, antwortete der Sekretär.

»Ich möchte nicht unterhalten werden«, erwiderte der Reisende, »ich möchte etwas lernen!«

Hier – es handelt sich um einen Auszug aus dem bezaubernden »Micromégas« – stellt Voltaire anschaulich den Literaten dem Wissenschaftler gegenüber. Der Literat liebt Bilder; sobald er ein lebhaftes gefunden hat, schwindet sein Interesse an der Wahrheit, die sie verbildlichen soll. Doch der Wissenschaftler weiß, dass Natur Natur ist. Voltaire war ein Literat, aber er hatte ein ausreichendes Verständnis der Wissenschaft, um seine eigenen Grenzen zu erkennen. Und obwohl er uns unterhält und sich selbst mit heißem Eisen und Schnecken unterhalten konnte, wurde ihm klar – vielleicht dank Madame du Châtelet –, dass das Universum nicht für unsere Stilübungen erschaffen wurde. Doch wofür wurde es denn erschaffen? Er kann nicht antworten »cultiver son jardin«, das ist eine Reaktion, keine Antwort. Doch er konnte die Frage stellen; er konnte andere dazu bringen, sie sich selbst zu stellen; und wenn dem »öffentlichen Interesse an Wissenschaft« irgendeine Bedeutung beizumessen ist (ich selbst messe ihm enorme Bedeutung zu), dann muss er in dieser Hinsicht als Pionier verstanden werden.

# *Voltaire und Friedrich der Große*

Vor zweihundert Jahren stattete ein Franzose einem Deutschen einen Besuch ab. Es ist ein berühmter Besuch. Der Franzose war äußerst erfreut, nach Deutschland zu reisen, und sein deutscher Gastgeber war äußerst erfreut, ihn dort willkommen zu heißen. Sie behandelten sich mit ausgemachter Höflichkeit, waren regelrecht voneinander begeistert, und jeder dachte sich wohl: »Ich bin mir sicher, wir werden für immer Freunde bleiben.« Dennoch war der Besuch ein Desaster. In Deutschland spricht man noch immer über dieses Ereignis und schiebt die Schuld dem Franzosen zu, und auch in Frankreich spricht man weiterhin darüber. Ich werde an dieser Stelle darüber sprechen, teils, weil es sich um eine gute Geschichte handelt, teils, weil die Geschichte uns etwas beibringen kann, obgleich sie sich vor zweihundert Jahren ereignete.

Der Franzose war Voltaire. Heutzutage stellt man sich Voltaire manchmal als einen Menschen vor, der alles verspottete und unanständige Witze machte. Er war viel mehr als das, er war eine der größten Persönlichkeiten seiner Zeit, in der Tat ist er einer der größten Persönlichkeiten, welche die europäische Zivilisation je hervorgebracht hat. Müsste ich zwei Menschen auswählen, die am jüngsten Gericht für Europa sprechen sollten, dann Shakespeare und Voltaire – Shakespeare aufgrund seiner schöpferischen Genialität, Voltaire aufgrund seines kritischen Genies und seiner Menschlichkeit. Voltaire war die Wahrheit wichtig, er glaubte an Toleranz, er hatte Mitgefühl für die Unterdrückten, und da er einen starken Charakter hatte, war er in der Lage, überzeugend zu argumentieren. Ich teile diese Grundsätze und wie viele unbedeutende Persönlichkeiten bin ich dankbar, wenn eine große Persönlichkeit in Worte fasst, was ich selbst nicht passend in Worte hätte fassen können. Voltaire spricht für die Abertausenden unter uns, die Ungerechtigkeit verabscheuen und sich für eine bessere Welt einsetzen.

Was hinterließ er? Er schrieb enorm viel: Theaterstücke (heute in Vergessenheit geraten); Kurzgeschichten, von denen einige weiterhin gelesen werden, insbesondere das Meisterwerk »Candide«; er verfasste Artikel und Pamphlete; er interessierte sich für Wissenschaft und Philosophie; er war ein guter Populärhistoriker; er stellte ein Wörterbuch zusammen; und er schrieb Hunderte von Briefen an Menschen in ganz Europa. Er korrespondierte mit Menschen überall und war so gewitzt, so am Puls der Zeit, so prägnant, dass Könige und Kaiser stolz waren, einen Brief von Voltaire zu erhalten, und sich ereiferten, ihm gleich und mit eigener Feder zu antworten. Zwar war er kein großer Künstler, jedoch eine große Persönlichkeit mit starkem Intellekt und warmem Herzen, das er in den Dienst der Menschheit stellte. Aus diesen Gründen sehe ich ihn und Shakespeare als ebenbürtige Fürsprecher des europäischen Geistes. Zweihundert Jahre, bevor die Nazis die Macht ergriffen, war er in jeder Hinsicht ein Anti-Nazi.

Ich bewundere ihn so stark, dass ich nur zu gerne über seinen perfekten Charakter sprechen würde, aber den hatte er leider Gottes nicht. Er war ein widersprüchliches Nervenbündel. Obwohl er Wahrheit liebte, log er oft. Obwohl er die Menschheit liebte, war er oft hinterlistig. Er war großzügig und doch auf Reichtum versessen. Er war ein geborener Provokateur. Er hatte keine Würde. Und schön war er auch nicht – ein faselnder Affe von einem Mann, ein sehr kleiner und sehr schmächtiger Mann mit einer langen, kantigen Nase und schlechter Haut und listigen kleinen Augen. Er kleidete sich protzig, wie es kleine Menschen gelegentlich tun, und trug eine riesige Perücke, die ihn zu erdrücken schien.

Dieser Franzose begibt sich also am 25. Juni 1750 auf den Weg nach Berlin. Der Deutsche, den er besuchen wird, ist Friedrich der Große, König von Preußen.

Friedrich ist einer der Gründer des modernen Deutschlands, Hitler hat ihn genaustens studiert. Friedrich stieß Europa ins Chaos, um seine Ambitionen umzusetzen. Er glaubte an Gewalt und Betrug und Grausamkeit, und er glaubte auch daran, allein handeln zu können. Er konnte Ordnung in die Dinge bringen. Er bevorzugte es, Menschen zu beschäftigen, die ihm unterlegen waren. Er verabscheute die Menschheit. Das unterscheidet ihn von Voltaire, denn Voltaire glaubte an die

Menschheit und Friedrich nicht. »Was wissen Sie schon über die verdammte Menschheit«, sagte Friedrich einmal, »nichts wissen Sie. Ich kenne die Menschheit.« Er war zynisch, und da er eine unglückliche Kindheit gehabt hatte, unterlag er während seines ganzen Lebens dem Eindruck, nicht angemessen geschätzt zu werden; wir wissen heutzutage, wie gefährlich solche Männer sein können und was für Unglück sie sich selbst und anderen bescheren können.

Doch Friedrich hatte auch eine andere Seite. Er war ein kultivierter, feinfühliger Gentleman. Er war ein guter Musiker, hatte viel gelesen und sorgfältig Französisch gelernt – und sogar einige französische Gedichte geschrieben. Zwar sind diese nicht gut, aber sie zeigen auf, dass es für ihn nicht nur das Deutsche gab. In dieser Hinsicht war er zivilisierter als Hitler. Er ließ sich auf keinen Unsinn über nordische Reinheit ein. Er glaubte auch nicht, dass es das Schicksal Deutschlands sei, die Welt zu regieren: Er war sich bewusst, dass unsere Welt eine sehr komplexe ist und man in ihr leben und leben lassen muss. Er glaubte sogar an Redefreiheit. »Die Leute sollen sagen, wonach ihnen der Sinn steht, solange ich machen kann, wonach mir der Sinn steht«, war seine Ansicht. Eines Tages spazierte er durch Berlin und kam an einer Karikatur von sich vorbei, worauf er sagte: »O, hängt es tiefer, damit man es besser sehen kann.«

Der Besuch begann mit einer Flut an Komplimenten. Voltaire nannte Friedrich den »Salomon des Nordens«. Friedrich erklärte feierlich, dass unter all seinen glorreichen Titeln der »Gastgeber Voltaires« der wertvollste sei. Er ernannte seinen Gast als Mitglied seines Hofes, beherbergte ihn wie einen König, zahlte ihm ein beachtliches Gehalt und versprach ein weiteres für Madame Denis, Voltaires Nichte, wenn diese sich bereit erklärte, für ihren Onkel den Haushalt zu führen. (Mehr über die arme Madame Denis in einem Moment.) Kluge Gespräche, philosophische Diskussionen, feinstes Essen – Friedrich liebte gutes Essen, obwohl er darauf bedacht war, es zu guten Preisen zu erhalten. Alles schien perfekt – aber! Schon bald nach seiner Ankunft schrieb Voltaire einem Freund in Frankreich einen Brief, in dem dieses unheilvolle Wörtchen »aber« immer wieder vorkommt:

»Die abendlichen Mahle sind vorzüglich, der König der unterhaltsamste von allen, aber ich habe anderes zu tun: Opern und Komödien, Rezensionen und Konzerte, meine Studien und Bücher. Aber, aber. Berlin ist schön, die Prinzessinnen reizend, die Hofdamen ansprechend, aber ...« Wir können dieses »Aber« als das intuitive Widerstreben eines freiheitsliebenden Mannes in der Gewalt eines Tyrannen verstehen. Trotz all seiner Fehler war Voltaire ein freiheitsliebender Mann, und Friedrich war charmant und intelligent – aber auch ein Tyrann.

Kurz darauf ging alles schief. Voltaire verursachte verschiedene Ärgernisse: Er ließ sich auf ein zwielichtiges Geschäft ein; er stritt sich mit einem anderen Franzosen im Dienste des Königs; er trank so viel heiße Schokolade, dass der König diese rationierte, worauf

Voltaire die Wachskerzen aus den Haltern stahl und sie verkaufte. Es war alles eher würdelos. Zu guter Letzt – und am verheerendsten – machte er sich über die französischen Gedichte des Königs lustig. Friedrich, wie auch Hitler, hielt sich für einen Künstler und hatte seinen Gast mehrmals darum gebeten, seine Gedichte zu verbessern. Nun erfuhr er, dass dieser unverfrorene Affe die Gedichte lächerlich fand und sie überall zitierte – ein schweres Vergehen, denn einige der Gedichte waren freimütig und nur für die Lektüre in privaten Kreisen vorgesehen. Der Salomon des Nordens war erzürnt und dachte sich: »Mein Gast ist gewiss ein Genie, aber er ist das Ärgernis nicht wert, und er ist nicht loyal.« Wobei Voltaire sich wohl dachte: »Mein Gastgeber ist gewiss ein mächtiger Monarch, aber ich würde ihm lieber aus der Ferne meine Ehre erweisen.« Er verließ Berlin nach zwei Jahren, in denen sich die beiden Parteien beständig unwohler gefühlt hatten.

Doch das ist nicht das Ende der Geschichte. Der wahre Eklat würde sich erst noch ereignen, und zwar in Frankfurt, wo Voltaire auf die Ankunft seiner Nichte wartete. Frankfurt gehörte nicht dem preußischen König und lag außerhalb seines Rechtsanspruches, doch er verfügte über eine »Gestapo« und nutzte sie, um dort die Freiheit zu untergraben. Er entdeckte, dass Voltaire (unabsichtlich, wie es scheint) einen Band seiner schrecklichen französischen Gedichte mitgenommen hatte, worauf er im Zorn befahl, Voltaires Gepäck zu durchsuchen. Wie gewohnt bediente er sich zweitklassiger Leute, und diese gingen zu weit. Sie durchsuchten nicht nur Voltaires Gepäck, sondern sperrten ihn ein und malträtierten ihn Tag und Nacht in der Hoffnung, ihm Informationen zu entlocken, die ihren königlichen Gebieter befriedigen würden. Es ist eine unglaubliche Geschichte, ein wahrhaftiger Vorgeschmack der Methoden der Nazis. Voltaire versuchte zu entkommen und wurde an den Toren Frankfurts gefasst und zurückgeschleppt. Madame Denis, die mittlerweile angekommen war, wurde ebenfalls verhaftet und schlecht behandelt. Madame Denis war eine gesetzte, emotionale Dame mit Hoffnungen auf eine Bühnenkarriere und war in keiner Weise eine Person, die ihr Leid im Stillen ertragen würde. Schon bald erklang ganz Europa mit ihren Klagen. Voltaires Gesundheit verschlechterte sich drastisch, doch er täuschte vor, kränker zu sein, als der Fall war. Er floh vor seinen Henkern in ein anderes Zimmer und keuchte: »Darf ich mich nicht einmal in Ruhe übergeben?« Sein Sekretär eilte zu ihm, um ihn zu stützen, und Voltaire, der so tat, als müsste er erbrechen, flüsterte ihm zu: »Ich täusche es nur vor! Es ist eine bloße Täuschung!« Er liebte es, Leute hinters Licht zu führen, und er konnte selbst in seinem Unglück schelmisch sein, und das scheint mir ein gewinnender Charakterzug.

Friedrich sah ein, dass das Ganze zu weit gegangen war. Voltaire und seine Nichte wurden freigelassen und später korrespondierten die beiden Männer mit fast gleichem Überschwang wie zuvor, doch sie vermieden es tunlichst, sich zu treffen, und Voltaire hatte etwas gelernt. Seine Erfahrungen in Berlin hatten ihm gezeigt, dass ein Mensch, der an Freiheit und Vielfalt und Toleranz und Mitgefühl glaubt, die Luft eines totalitären Staates nicht atmen kann. An der Oberfläche mag alles in Ordnung sein – aber! Der Tyrann mag charmant und intelligent sein – aber! Die Maschine mag reibungslos funktionieren – aber! Etwas fehlt: Der menschliche Geist ist abhandengekommen. Voltaire verlor nie seinen Glauben an den menschlichen Geist. Er führte seinen Krieg gegen die deutsche Diktatur zweihundert Jahre vor uns.

# *Nachwort*

Edward Morgan Forster verbrachte beinahe ein Jahrhundert auf dieser Welt. Er wurde 1879 in London geboren und verstarb 1970 im Alter von einundneunzig Jahren in Coventry. Er erlebte die meisten der einschneidenden Momente des zwanzigsten Jahrhunderts, doch im Geiste gehörte er einem anderen Zeitalter an. Wie er in verschiedenen der Essays im vorliegenden Band bespricht, sah er sich als Überbleibsel der viktorianischen Gesellschaft des neunzehnten Jahrhunderts. Es war diese Gesellschaft, oder was von ihr übrig geblieben war, die ihn im Guten und im Schlechten prägte. Schon früh erahnte er die gähnende Leere hinter den engstirnigen Regeln des Anstands und der Sittlichkeit, denen er schon allein seiner Homosexualität wegen nie aufrichtig hätte genügen können. Jedoch fühlte er sich als Außenseiter, bevor er begriffen hatte, dass er dem Volke Oscar Wildes angehörte. (Dieser war öffentlich geächtet und 1895 für Unzucht – man lese: homosexuelle Akte – zu zwei Jahren Gefängnis mit schwerer Zwangsarbeit verurteilt worden, als Forster sechzehn Jahre alt war.) Der feinfühlige und schmächtige Junge fand sich mit seiner Einschulung in einer Welt wieder, in der Ausgrenzung und Brutalität als Tugend galten. Bald musste er lernen, dass diese Brutalität zwar in extremen Formen von Erwachsenen getadelt, im Allgemeinen aber als Ausdruck einer rechtschaffenen Männlichkeit gutgeheißen wurde – nicht umsonst berief man sich im viktorianischen England gerne auf ein vermeintliches Zitat einer seiner Heldenfiguren, dem Duke of Wellington, laut dem die Schlacht von Waterloo auf den Spielfeldern von Eton gewonnen worden sei. Als Erwachsener schrieb Forster immer wieder über seine Schulerfahrungen und was sie ihn über die Stumpfsinnigkeit der viktorianischen Gesellschaft gelehrt hatten.

Bis zu seinem achtzehnten Lebensjahr fühlte sich Forster umgeben von Menschen, die seine Liebe für Kunst und Geschichte und seinen sportlichen Unmut nicht verstehen konnten oder wollten. Dann begann er seine Studien der antiken Sprachen und Geschichte an der Universität Cambridge und lernte dort eine andere Seite der englischen Gesellschaft kennen: die Tradition und den Geist des liberalen Humanismus. Cambridge zeigte Forster, dass die Wertschätzung von Kunst und Kultur sowie Empfindsamkeit ebenso zum Erbe des Viktorianismus gehörten wie sein heuchlerischer Moralsinn und seine Rechtgläubigkeit. Ihm wurde bewusst, dass die englische Gesellschaft auch Menschen wie den Philosophen und Dichter Matthew Arnold hervorgebracht hatte, die Forster und seinesgleichen nicht nur verstanden und akzeptierten, sondern ihn in seinem Glauben an die Kunst und besonders an die Literatur bestärkten. Jedoch entwickelte sich Forster in Cambridge nicht zu einem realitätsfremden Schöngeist, wie seine »Bemerkung über die Zeiten« in diesem Band zeigt. Dort nimmt Forster einen Vers Arnolds als Ausgangspunkt für die Betrachtung des Nutzens der Kunst. »Wer stützt, fragst du, in diesen schweren Zeiten meinen Verstand?«, fragt Arnold in dem Gedicht »To a Friend« und antwortet sich selbst: die Literatur. Forster hingegen vertritt eine gemäßigtere Position:

»Eine Person, deren Bildung sie [für Literatur] empfänglich gemacht hat, wird in der dunkelsten Stunde nicht im Stich gelassen. Doch die Unterstützung wird nicht so direkt und unbeholfen sein, wie Matthew Arnold es sich vorstellte. Als Bildungstheoretiker und Dichter glaubte er, dass man sich der Literatur ›zuwenden‹ könnte – in seinem Fall zu Homer, Epiktet und Sophokles – und dass man sich durch das Zitieren ihrer besten Worte oder das Erinnern an ihre Gedanken gegen Ungerechtigkeit und Grausamkeit stählen könnte. Ich bezweifle, dass ihre Unterstützung diese Form annimmt. Was sie uns geben, wird weniger bewusst wahrgenommen und häufig ohne Dank. Aber davon auszugehen, dass sie keine Wirkung hätten, wäre ein ebenso schwerwiegender Fehler, wie sich von der Vergangenheit abzukehren, weil die Gegenwart überwältigend und furchterregend ist. Die Vergangenheit kann neue Interpretationen hervorbringen, gerade weil sie distanziert ist.«

In diesem Zitat tritt die Eigenschaft deutlich hervor, der Forster seine Relevanz in der Gegenwart zu verdanken hat: Umsichtigkeit. Obwohl Forster seinen Glauben an Kunst und Kultur bisweilen mit solcher Überzeugung vertrat, dass er sich im Essay, welcher der vorliegenden Sammlung ihren Titel verleiht, als Apostel des »Evangeliums« der Kunst präsentiert, ist er nicht bereit, der Literatur blind zu huldigen und sie als Allheilmittel zu verherrlichen. Trotz seines quasi-religiösen Glaubens an die Kunst sieht er sich dazu verpflichtet, eine besonnenere Position einzunehmen. Diese Besonnenheit hat ihre Wurzeln in Forsters Bewusstsein, dass Grundsätze nicht in einem Vakuum gedeihen, sondern von verschiedenen Umständen beeinflusst und dadurch relativiert werden, seien sie sozialer, ökonomischer, politischer oder auch persönlicher Natur. Dieses Verständnis ist in verschiedenen Gegenwartsdiskursen zur Norm geworden, war jedoch in Forsters Zeiten höchst ungewöhnlich. So wie Forster im obigen Zitat den wichtigen Einwand hinzufügt, dass die Literatur nur denen helfen wird, »deren Bildung sie dafür empfänglich gemacht hat«, beziehungsweise, die das Privileg einer solchen Bildung genossen, weist er in anderen Essays stets auf den realpolitischen Kontext hinter den großen Parolen seiner Gegenwart hin – seien es die Parolen eines säbelrasselnden Nationalismus oder die Verklärungen eines Kulturpriesters im Sinne Matthew Arnolds. Diese bestimmte Geisteshaltung macht ihn besonders in unserer von oberflächlichen Provokationen und Sensationspolemiken geprägten Zeit zu einem lesenswerten Autor, und im besten Fall vermag auch Forster unseren Verstand ein wenig zu stützen.

Zu seinen Lebzeiten sah es anders aus. In so labilen Zeiten wie den seinen – in denen das Empire zerfiel; in denen zwei Weltkriege ausgefochten wurden; in denen die Hoffnung einer friedlichen Neuordnung im Rahmen des Völkerbunds geboren und begraben worden war – bedürfe es einer kompromisslosen, wenn nicht gar eisernen Einstellung. So jedenfalls wurde sowohl in England als auch andernorts in Europa argumentiert. Forsters Umsichtigkeit konnte daher leicht als Unschlüssigkeit angeprangert werden. Doch Forster blieb standhaft in seiner Kompromissbereitschaft, eisern in seiner Flexibilität, und ließ sich von keiner Ideologie, von keiner Sache und von keinem Credo in der Ausgewogenheit seines Denkens beirren. Sinnbildlich dafür ist die Eröffnung des Essays »Woran ich glaube«: »Ich glaube nicht an das Glauben«, schreibt er dort und formuliert damit ein höchst undogmatisches Dogma, und in diesem Sinne ein zutiefst Forster'sches.

Forster verbrachte das erste Jahrzehnt des zwanzigsten Jahrhunderts mit dem Schreiben verschiedener Romane, in denen er sein zwiespältiges Verhältnis zur englischen Gesellschaft verarbeitete und dabei gleichzeitig viktorianische Sittlichkeit verurteilte und die Tugenden des Humanismus lobte. In dieser Phase, wie auch im Rest seines Lebens, besticht seine Produktivität: Sein erster Roman »Where Angels Fear to Tread« erschien im Jahr 1905, gefolgt von vier weiteren innerhalb von fünf Jahren: »The Longest Journey« (1907), »Room with a View« (1908) und »Howards End« (1910). Letzterer wurde nicht nur wohlwollend in renommierten Feuilletonspalten besprochen, sondern erzielte auch einen beachtlichen kommerziellen Erfolg. Doch all diese Bücher handeln von den Beziehungen zwischen Männern und Frauen, die Forster selbst nie erfahren würde oder erfahren wollte. So wandte er sich nach »Howards End« einer Erzählung über die Liebesbeziehung zweier Männer zu, die er allerdings aufgrund der vorherrschenden gesellschaftlichen und rechtlichen Lage (Homosexualität wurde in England erst 1967 entkriminalisiert) während seines Lebens nicht veröffentlichte und die 1971 posthum als »Maurice« erschien.[94]

Im folgenden Jahrzehnt bereiste Forster Indien zweimal (zunächst in den Jahren 1912 und 1913, dann erneut 1921) und verbrachte den Großteil des Ersten Weltkriegs als Mitglied des Roten Kreuzes im ägyptischen Alexandria. Auf der Grundlage dieser Erfahrungen erschien 1924 »A Passage to India«, ein Roman, der auf beiden Seiten des Atlantiks zum Bestseller wurde. Trotz des Erfolgs veröffentlichte Forster bis an sein Lebensende nie wieder einen Roman, blieb allerdings äußerst produktiv und verfasste, neben vielem anderem, zahlreiche Essays über Politik, Kunst und Geschichte, von denen eine Auswahl in diesem Band zum ersten Mal auf Deutsch erscheint. Im Gegensatz zu seinen Erzählungen erhielten diese bisher kaum Beachtung, weder im englischsprachigen Raum noch anderswo. Dieser Umstand mag der oben angeklungenen Geisteshaltung – und dem damit verbundenen Ton – zuzuschreiben sein, die Forster davon abhielt, sich zu provokanten oder extremen Aussagen hinreißen zu lassen. Forster sprach und schrieb mit sanfter Stimme; er verabscheute die autoritäre und keinen Widerspruch duldende Art, in der in England repressive Normen verherrlicht, Kriege geschürt und ganze Klassen, Völker und ethnische Gruppen abgeurteilt wurden. Der beiläufige, humorvolle Ton seiner Essays ist daher eine bewusste Entscheidung gegen diese Rhetorik. Allerdings ist er sicherlich auch einer der Hauptgründe, warum Forster der Essayist, der ausschließlich in seiner unscheinbaren und zurückhaltenden Manier auftritt, viel seltener gehört wurde als Forster der Romanschreiber, der durch die Masken lauterer und prägnanterer Figuren sprechen konnte.

Im Getöse der Gegenwart sind es die sanftesten Stimmen, die untergehen; jedoch vermögen gerade sie es, den Lärm der Geschichte zu überklingen. Dies mag daher rühren, dass nur wenige Menschen sich freiwillig dem Gezeter politischer oder kultureller Diskussionen der Gegenwart aussetzen und es lediglich als notwendiges Übel des Moments hinnehmen. Schließlich wird die Alternative – es zu ignorieren – nur die zynischsten oder selbstgenügsamsten Menschen ansprechen. Wendet man sich stattdessen für Rat, Inspiration oder Stärkung an die Vergangenheit, werden die damals unüberhörbaren Stimmen sonderlich ruhig, während unscheinbare Stimmen an Anziehungskraft gewinnen. Grund dafür mag die dem sanften Sprechen zugrunde liegende Haltung sein: Es schreit und insistiert, wer zu einem bestimmten Zeitpunkt und an einem bestimmten Ort gehört werden möchte; es spricht ruhig und besonnen, wer gehört werden möchte, wann und wo auch immer das Gesagte auf offene Ohren stoßen möge.

Diese Einstellung entspringt einer wesentlichen Erfahrung der Auseinandersetzung mit der Vergangenheit, insbesondere der Auseinandersetzung mit Literatur: die eigenen Gedanken und Gefühle in den Worten lang verstorbener Menschen wiederzufinden – oder dort zum ersten Mal in klarer Form auf sie zu stoßen. (Forster erwähnt dieses Erlebnis in »Was ist Anonymität?« bezüglich der Lektüre von Marcel Proust: »Wie verblüffend sind seine Beschreibungen, nicht nur der französischen Gesellschaft, nicht nur des Innenlebens seiner Figuren, sondern der Eigenschaften seiner Leserschaft, sodass es einem beim Lesen beständig den Atem raubt und man sich denkt: ›Aber wie hat er das über mich herausgefunden? Ich wusste es nicht einmal selbst, bis er es mir sagte, aber es stimmt!‹«) Aus dieser Erfahrung kann eine zeitenübergreifende Verbundenheit entstehen und ein Bewusstsein, dass man nicht alleine ist. Macht man diese Erfahrung, wird man dankbar dafür, dass Menschen in der Vergangenheit gesprochen haben, auch und besonders wenn sie zu ihren Lebzeiten nur spärlich gehört wurden. E.M. Forster war eine der sanftesten Stimmen der englischen Literatur des zwanzigsten Jahrhunderts, und heute hat er uns einiges zu sagen, nicht zuletzt, weil den Entwicklungen, die ihn zu seinen Gedanken anregten – Faschismus, Krieg in Europa, Wettrüsten, Überbevölkerung, staatliche Willkür, die Unterordnung von

Fakten im Namen der Ideologie und die Abwertung der Kunst – heute eine ähnliche Dringlichkeit zukommt.

Doch wie in dem kurzen biografischen Abriss oben angedeutet wird, wäre es falsch, einen Eindruck Forsters als allgemein überhörten Menschen zu vermitteln, obwohl er das 1927 mit augenzwinkernder Überheblichkeit in »Hundert Jahre Forster«, einer fiktiven Festschrift anlässlich seines hundertsten Todestags im Jahr 2027, andeutet:

»Es besteht kein Zweifel daran, dass Forsters Mitmenschen sein Genie nicht erkannten. Eingenommen von ihren eignen kleinlichen Problemen ignorierten oder vergaßen oder verwechselten sie ihn, oder, was am meisten erstaunt, hielten ihn für ebenbürtig. Heute können wir diese Blindheit belächeln, obwohl sie ihm keine Freude bereitet haben wird, musste er doch vieles erdulden, und er hätte sicherlich nicht ein Meisterwerk nach dem anderen geschaffen, wäre er sich des Urteils der Nachwelt nicht gewiss gewesen.«

Forster schrieb diese Zeilen kaum drei Jahre nach der Veröffentlichung von »A Passage to India«, als er sich am Höhepunkt seiner literarischen Karriere befand – und am Anfang der Periode, in der er sich anderen Genres zuwandte, in denen er nie vergleichbare Erfolge feiern würde.

Forsters Sexualität und die Unmöglichkeit, diese offen in seiner Fiktion zu besprechen, könnte der Grund für seine Abkehr vom Roman gewesen sein. Ein Jahr nach dem Erfolg von »Howards End« schrieb Forster in sein

Tagebuch: »Bin mir des einzigen Themas leidig, das ich behandeln kann und darf – die Liebe von Männern für Frauen und umgekehrt.«[95] Obwohl dies Spekulation ist, bleibt die Tatsache, dass Forster ab Mitte der 1920er abgesehen von einer Sammlung an Kurzgeschichten mit homosexuellen Themen[96] kaum noch Erzählungen schrieb, allerdings in anderen Genres äußerst produktiv blieb. Sein Werk umfasst Rezensionen, Literaturkritik, Radiobeiträge, Reiseberichte, Theaterstücke, Biografien und ein Libretto; darüber hinaus engagierte er sich als Präsident des »National Council for Civil Liberty« für die Rechte von Autoren und Autorinnen, insbesondere gegen Formen der Zensur, die in Kriegszeiten unter dem Deckmantel der nationalen Sicherheit eingeführt wurden (auch in dieser Hinsicht weisen Forsters und unser Zeitalter Parallelen auf). Dennoch ist Forster sowohl in der englischsprachigen als auch der deutschsprachigen Welt in erster Linie als der Verfasser von Romanen bekannt, nicht zuletzt aufgrund der beliebten Verfilmungen dieser von Ismail Merchant und James Ivory, die in den Achtziger- und Neunzigerjahren zu einem regelrechten Forster-Revival führten. Dieses ungleiche Interesse lässt sich auch damit verbildlichen, dass seine Essays und andere nicht fiktionalen Werke im Gegensatz zu seinen Romanen und Kurzgeschichten bisher nie auf Deutsch übersetzt wurden. Was seine Essays betrifft, kann sich Forster im deutschsprachigen Raum daher nicht auf das »Urteil der Nachwelt« berufen, denn sie hatte bisher noch keine Gelegenheit, eines zu fällen. Doch damit mag er Glück gehabt haben. Stimmen aus der Geschichte werden zeitgenössisch, weil sich die Welt entsprechend verändert, nicht die Stimmen, und es ist durchaus möglich, dass er noch vor zehn Jahren fremd und veraltet gewirkt hätte. In der Tat galt Forster in den Jahrzehnten, in denen er sich vom Roman abgewandt hatte, als verstaubt und überholt; vielleicht ist es erst in der Welt der Gegenwart, in der seine Stimme frisch und ergiebig erklingen kann. Diese Entwicklung lässt sich anhand einer biografischen Anekdote gut veranschaulichen.

Im Jahr 1935 wurde Forster eingeladen, die englische Delegation des Internationalen Schriftstellerkongresses zur Verteidigung der Kultur in Paris anzuführen. Der Kongress wurde unter anderem von André Malraux und André Gide, den Hohepriestern der französischen Avantgarde, organisiert und sollte große Namen aus der Literatur zur Stärkung des Kommunismus versammeln. Aus politischer Sicht war Forster zu Lebzeiten fast schon kategorisch unparteiisch. Zwar wies er den Faschismus entschieden zurück, aber er wandte sich auch, wenn nicht mit gleicher Vehemenz, vom Kommunismus ab. Seine Teilnahme am Kongress hatte er nicht seiner politischen Gesinnung, sondern seinem Ruf und seinem Aktivismus für Literatur zu verdanken. So fand sich Forster in einer misslichen Position: In einem verstaubten Dreiteiler und mit konservativ gestutztem Schnauz wandte sich der schmächtige Herr mittleren Alters mit dem Oberschichtakzent eines Cambridge-Abgängers an ein junges, kommunistisches Publikum, denen Forster als

Sinnbild des Klassenfeindes erschienen sein mag. Das wäre wohl auch der Fall gewesen, hätte Forster nicht zum Thema »Freiheit in England« referiert und dabei darauf bestanden, dass die größte Tugend der englischen Freiheitstradition nicht etwa in der Freiheitsliebe und dem Tyranneihass des Volkes läge; nein, Freiheit in England sei so stark, weil man sich schon so lange mit ihr gebrüstet habe, dass man aus reinem Zwang dazu verpflichtet sei, Bewegungen wie dem Faschismus wenigstens offiziell skeptisch gegenüberzutreten:

»Wenn Britannia sich mit Dirnen herumtreibt, wird sie schneller entlarvt, weil sie sich in der Vergangenheit lautstark für die Monogamie ausgesprochen hat. Darum sind bei uns die *Formen* der Regierung und die *Formen* der Justiz so wichtig und müssen unter schärfster Beobachtung stehen … Es ist nicht unbedeutend, dass die Diktatur in England immer noch als *ungentlemanly*, das Massakrieren des jüdischen Volks als ungehörig und private Armeen als lachhaft gelten.«

Man kann sich vorstellen, dass diese Argumentation, die den Wert der Freiheit sozusagen als Zwang des guten Tons auslegt, bei diesem Publikum nicht auf Begeisterung stieß. So erinnerte sich später die amerikanische Schriftstellerin Katherine Anne Porter an die Reaktion im Saal: »Der Applaus nach der Rede war nicht einmal höflich, aber wenigstens überdeckte er die Kapriolen im Publikum neben mir, wo man Mr. Forster hämisch nachäffte und übereinstimmte, dass er und seinesgleichen bereits so belanglos seien wie der Dodo. Es war ein unmutiger

Moment.«[97] Doch die Lage hat sich geändert. Nicht nur gilt der Kommunismus nicht mehr als patente Alternative, geschweige denn Opposition, zum Faschismus, auch die Frage, ob den *Formen* der Freiheit nicht doch Bedeutung zukomme, ist wieder aktuell. Man bedenke zum Beispiel, dass selbst in den stolzesten Demokratien »Formsachen« wie Wahlresultate und Volksentscheide im Namen der Freiheit ignoriert werden und dass viele gräuliche Aussagen, die man sich noch vor zwanzig Jahren nicht in der politischen Öffentlichkeit hätte vorstellen können, weder als unziemlich noch als lachhaft gelten. Gerade heute spricht Forster in dieser Hinsicht direkt zu uns und mag daher zeitgenössischer sein denn je.

Forsters Rede über die Freiheit weist ein weiteres Merkmal seiner Aktualität auf, die bereits zur Sprache kam. Er beginnt mit der Feststellung, dass die englische Freiheit keine universelle sei und nur englischen Staatsangehörigen und gut situierten Menschen zuteil käme.

»Mir ist vollkommen bewusst, wie begrenzt und angreifbar englische Freiheit ist. Sie ist an Hautfarbe und an Klasse gebunden. Sie bedeutet Freiheit für englische Staatsangehörige, jedoch nicht für die unterworfenen Völker des Empire. Fordern Sie jene dazu auf, ihre Freiheiten mit der Bevölkerung Indiens oder Kenias zu teilen, werden die Konservativen Ihnen mit ›niemals‹ antworten und die Liberalen mit ›erst, wenn sie der Freiheit würdig sind‹ … Die Arbeitslosen scheren sich im Schnitt einen Dreck um die Redefreiheit, die wir Autoren und Autorinnen als so wichtig erachten. Sie verstehen Freiheit als eine Mode der Oberschicht, der diese folgt, weil sie genug zu essen hat und sich einen Spaß daraus macht, Regeln zu brechen. Ich bin mit Menschen befreundet, die zwar nicht in der Gosse, aber nahe ihrem Rand leben und die Verwandtschaft jenseits davon haben, und sie stehen unserem Kongress und seinen Möglichkeiten zynisch gegenüber. Alle, die wie ich an Freiheit glauben und dennoch hinhören, werden, so glaube ich, hin und wieder dieses gereizte Knurren zu Ohren bekommen. Den Hungernden und Obdachlosen sind Freiheit und kulturelle Tradition egal. Zu tun, als wäre dies nicht so, ist Heuchelei.«

Einerseits zeichnet sich hier Forsters Unwilligkeit ab, die rassistischen und klassistischen Tendenzen der englischen Gesellschaft zugunsten einer triumphalen Behandlung der Freiheit zu ignorieren; andererseits stößt man hier auf eine seltenere Eigenschaft seines Denkens: so unparteiisch und unvoreingenommen Forster in den meisten Dingen ist, in bestimmten Punkten ist seine Haltung unverrückbar. Bestimmte Tatsachen muss man seiner Meinung nach erkennen und darf ihnen nicht aus dem Weg treten, und so kann er die Freiheit in England nicht lobpreisen, solange ein beträchtlicher Teil der Bevölkerung nicht von dieser profitieren kann. Von dieser Position rückt er nicht ab, und diesen Aspekt findet man auch im Essay »Toleranz«.

Verfasst während des Zweiten Weltkrieges und inmitten eines zerbombten London stellt der Text die Frage, wie die Menschen nach dem Krieg miteinander umgehen müssen, um den Wiederaufbau der Zivilisation zu ermöglichen. Forsters Antwort, sie müssten sich in Toleranz üben, ist auf den ersten Blick enttäuschend, wie er selbst zugibt. Es wäre imposanter und inspirierender, sich »Liebe« auf die Fahne zu schreiben und auf eine vereinte und friedliche Welt zuzuschreiten. Ebenfalls einfacher wäre es, sich einzugestehen, dass sich Menschen, wenn sie zu unterschiedlich sind, niemals verstehen werden, und dass man sich daher Enklaven schaffen müsse, von denen man die Nicht-Zugehörigen ausschließe oder, wie es die Nazis täten, sie auslösche. Doch Ersteres ist unwahrscheinlich und Letzteres unmenschlich. Es bleibt Toleranz:

»Toleranz ist eine sehr glanzlose Tugend. Sie ist langweilig. Im Gegensatz zur Liebe hatte sie schon immer einen schlechten Ruf. Sie ist negativ. Sie besagt lediglich, dass wir andere Menschen ertragen, dass wir Dinge aushalten müssen. Noch nie hat jemand eine Ode an die Toleranz geschrieben oder ihr ein Denkmal errichtet. Und doch ist sie die Eigenschaft, die wir am dringendsten benötigen, wenn der Krieg vorbei ist. Sie ist die vernünftige Geisteshaltung, die wir brauchen. Sie ist die einzige Kraft, die verschiedene Völker und Klassen und Interessen zusammenbringen kann, um gemeinsam am Wiederaufbau zu arbeiten.«

Auch in dieser Hinsicht bestätigen die Veränderungen der Welt Forsters Denken. Wir kämpfen weiterhin gegen menschenverachtende Weltanschauungen, in denen Segregation, Exklusion und auch Vernichtung als notwendige Mittel der sozialen Harmonie gehandelt werden. Ebenfalls kämpfen wir heutzutage mit der Glanzlosigkeit der Toleranz. Es hat etwas Herablassendes, jemanden zu tolerieren: Großmütig erbarmt man sich, einen anderen Menschen aufgrund der eigenen Haltung nicht einzuschränken oder zurechtzuweisen. Außerdem setze Toleranz Privilegien voraus. Der Chef oder die Chefin mag gewisse Charakterzüge der Angestellten großzügig tolerieren, umgekehrt könne man aber kaum von Toleranz sprechen, wenn die Angestellten, deren Lebensunterhalt und Karriere von der Gutwilligkeit des Chefs oder der Chefin abhängen, dessen oder deren Eigentümlichkeiten hinnehmen. All dies stimmt, doch welche Alternative bietet sich an? Die Geschichte hat gezeigt, dass radikale Formen der Zusammengehörigkeit und Gemeinschaft bisher nicht funktionieren oder wenigstens nicht umgesetzt werden konnten. Gleichzeitig verzeichnen populistische Parteien, die auf Abgrenzung und Intoleranz pochen, derzeit den mit Abstand größten Zulauf in Europa seit dem Ende des Kalten Krieges. Wenn man also andere nicht ausgrenzen will, bleibt nur, sie zu tolerieren – im Bewusstsein der eigenen Privilegien. In diesem Punkt ist Forster erneut unverrückbar, und es ist, was seiner Auffassung von Toleranz in unserer Zeit Relevanz verleiht.

Ein letzter nennenswerter Grundsatz, von dem sich Forster nicht abbringen und der ihn besonders hinsichtlich jüngster geopolitischer Entwicklungen aktuell werden lässt, ist seine Unwilligkeit, den Zweck die Mittel heiligen zu lassen. Als Beispiel könnte man sein Verhältnis zur Kirche nennen, der er sein Leben lang skeptisch gegenüberstand. Zwar wurde er nicht wie einige seiner Bekannten zum Atheisten, doch er sah und verurteilte den Schaden, den repressive Glaubensformen angerichtet hatten und auch in seiner Zeit weiterhin anrichteten. Es ist daher wenig überraschend, dass er Voltaire, den zwei Essays in diesem Band behandeln, bewunderte, nicht zuletzt für dessen inbrünstigen Widerstand gegen kirchliche Dogmatik und Rechtgläubigkeit. Forster lobt Voltaire für seinen Versuch, sich in diesem Widerstand auf die neuen wissenschaftlichen Erkenntnisse seiner Zeit zu berufen. Doch wenn diese Inbrunst Voltaire dazu brachte, die wissenschaftlichen Erkenntnisse zu pervertieren, um kirchliche Argumente zu demontieren, weist Forster darauf hin, dass selbst die kritischsten Geister für Dogmen anfällig sind, besonders ihre eigenen. Und er erinnert daran, sich der Scheuklappen der eigenen Überzeugung stets zu bewusst zu werden – oder dies wenigstens zu versuchen. In einem Zeitalter, in dem man allzu bald als leichtgläubig bezeichnet wird, wenn man eine bestimmte Sichtweise hinterfragt – sei es eine in der Gesellschaft vorherrschende Norm aufgrund weniger bekannter oder neuer Ansätze oder eine abstruse Verschwörungstheorie aufgrund von wissenschaftlich belegtem Wissen –, spricht Forster zu einem Publikum, das sich nicht im Gezeter verlieren möchte.

Doch Forster setzt sich in den vorliegenden Essays nicht nur mit politischen oder geschichtlichen Fragen auseinander, sondern auch mit der Kunst und Kultur. Seine Haltung gegenüber diesen beiden Themen lässt sich am besten als die eines Amateurs bezeichnen. Wie er zu Beginn des Essays »Die *Raison d'Être* der Kritik« erwähnt, liegen die Wurzeln des Wortes »Amateur« im Lateinischen »amor«, also in der Liebe. Natürlich vermittelt das Wort auch andere Qualitäten beziehungsweise deren Fehlen – oder, unglimpflich ausgedrückt, Stümperei. Tatsächlich erwies sich Forster als Literaturkritiker weitaus weniger eminent als viele seiner Zeitgenossen und Zeitgenossinnen, zum Beispiel Virginia Woolf und T.S. Eliot, die ihren Ruf unter anderem ihren scharfsinnigen Literaturanalysen verdanken. In Folge seines Erfolgs mit »A Passage to India« wurde er von seiner Alma Mater Cambridge eingeladen, eine Reihe von Vorträgen über das Wesen des Romans zu halten, die noch im selben Jahr als »Aspects of the Novel« veröffentlicht wurde.[98] Die Vorträge waren äußerst gut besucht und wurden vom allgemeinen Publikum wohlwollend aufgenommen, während Akademiker und Akademikerinnen Forsters Argumente entweder als belanglos oder halbschlächtig abtaten. Es mag sein, dass Forster die notwendigen kritischen Fähigkeiten fehlten, um ein akademisches Publikum zu überzeugen, aber dies war nie seine Absicht. Wie er im Essay »Was ist Anonymität?« auslegt, hält Forster die akademische und auch kritische Betrachtung der Kunst für eine Nebenerscheinung der Auseinandersetzung mit derselben, die zwar wertvoll sein könne, allerdings nichts mit Kunst und ihrer wesentlichen Wirkung zu tun habe. Diese, so sieht er es, hat zwei Aspekte. Erstens sei die Erfahrung eines Kunstwerks eine Erfahrung der Kreativität an sich. Forster ist der Meinung, dass man durch die Auseinandersetzung mit Kunst in den Zustand versetzt würde, in dem sie geschaffen wurde, und dadurch den kreativen Drang in sich selbst wecke. Es ist ein nebulöser Punkt, der sich besser besprechen lässt, wenn der andere Aspekt Forsters Kunstverständnisses erläutert wurde.

Zweitens habe Kunst einen sehr praktischen und bereits erwähnten Effekt: Sie könne uns stützen, wenn der Boden unter unseren Füssen bröckle und die Welt ins Wanken gerate. Dies ist kein neues oder bahnbrechendes Argument. Lange bevor es Weltkriege und faschistische Staaten gab, plädierte man für die Kunst als geistigen und seelischen Rückzugsort. »Die Geschichte entwickelt sich fort, die Kunst bleibt stehen«, sagte Forster seinem Publikum in Cambridge und meinte damit nicht etwa, dass es keine Entwicklung in den Künsten gäbe, sondern dass die Kunst schon immer aus dem gleichen Impuls entsprang: der Konfrontation des Daseins. Und das ist der Grund, warum sie uns trösten und bestärken kann. Doch in typisch Forster'scher Manier weigert er sich auch hier, ein realitätsfernes Urteil über den Nutzen der Kunst auszusprechen:

»Kunst ist nicht genug, ebenso wie Liebe nicht genug ist, und das Denken ist derzeit nicht stärker als Artillerie, auch wenn es dies im Zeitalter Carlyles vielleicht war. Aber Kunst, Liebe und Denken haben alle eine Wirkung, und die Kunst, das Flatterhafteste der drei, darf nicht weggewischt werden wie ein Schmetterling. Es ist nicht alles spinnwebenzart, an dem wir uns gelabt haben; es ist Teil unserer Rüstung geworden und wir können sie anschnallen, auch wenn es keine Rüstung gibt, die vor dem Schicksal schützt.« (»Eine Bemerkung über die Zeiten«)

»Rüstung« ist ein auffälliges Wort; auch wenn Kunst stärker ist als Spinnweben, scheint eine Rüstung weit über das Ziel hinauszuschießen. Sie ruft ein Bild einer robusten, geschmiedeten Einheit hervor, wobei Kunst doch gerade etwas Freies und auch, um seinen Begriff zu verwenden, Flatterhaftes an sich hat. Hier tritt das wohl wichtigste Konzept in Forsters Kunstverständnis in den Vordergrund: Ordnung.

Laut Forster besteht Ordnung nirgends im Leben oder auf der Welt außer in der Kunst. Selbstverständlich gibt es Kunst, die darauf abzielt, Chaos zu schaffen, doch in der Regel sind Kunstwerke das Ergebnis einer Formgebung, weshalb viele von ihnen eine innere Ordnung vorweisen. Diese kann verschiedene Formen annehmen, zeigt sich aber laut Forster darin, dass die Einzelteile des Werkes ineinandergreifen und sich ergänzen. Es ist eine klassische Auffassung des Kunstwerks als harmonische Einheit, der heute nicht alle zustimmen werden; wichtig ist hier, dass Forster nicht aus theoretischen Gründen an dieser Sicht festhält, sondern aus seiner tatsächlichen Erfahrung. Wenn Kunstwerke über eine innere Ordnung verfügen, wird man dieser Ordnung zuteil, wenn man sich mit einem Kunstwerk auseinandersetzt. Damit erfährt man auch eine Ruhe, die das Chaos der Welt nicht zu vermitteln vermag. Da Forster der Ansicht ist, dass die Erfahrung eines Kunstwerkes auch die eigenen kreativen Impulse anregt und er Kunstschöpfung folgendermaßen als Ordnungsschöpfung versteht, ist die Erfahrung der Kunst auch eine Annäherung an den Impuls, mit kreativen Mitteln Ordnung zu schaffen. Anders ausgedrückt lenkt die Erfahrung eines Kunstwerks das eigene Denken und Empfinden in kreative Bahnen, um dem Wirrwarr des Lebens etwas Ordentliches abzugewinnen.

All dies ist vage und ungenau – und heute wie damals wird die wissenschaftlich gesinnte Kritik mit gutem Recht kaum mehr als ein müdes Lächeln für seine Ausführungen aufbringen können –, doch Forster würde dies nicht kümmern. Ihn interessierte die Frage, welche Rolle die Kunst im Leben haben könne, nicht nur in Elfenbeintürmen oder Museen oder Theorien. Im Leben trifft er nicht nur überall auf Amateure und Amateurinnen wie er selbst, sondern auf Menschen, die Kunstwerke vielleicht nicht korrekt begreifen, aber die es vermögen, nach ihnen zu greifen und in ihnen Halt zu finden. Es soll hier kein Bild von Forster als Anti-Akademiker oder Anti-Intellektuellem gezeichnet werden, dies wäre falsch; eher geht es darum, die abschätzige Komponente, mit dem das Wort »Amateur« sowohl auf Englisch als auch auf Deutsch belastet ist, ein Stück weit zu mindern und sich zu fragen, ob im Amateurismus nicht etwas Wertvolles zu finden sei. Forsters Aktualität in Sachen Kunst und Kultur liegt daher weniger darin, dass die Welt sich so verändert hat, dass seine Gedanken wieder an Relevanz gewonnen haben, sondern dass er an einen bestimmten Umgang mit Kunst erinnert. In einer Zeit, in der die Frage nach der Systemrelevanz der Kunst immer häufiger gestellt und negativ beantwortet wird, lohnt es sich, nicht nur auf akademische oder theoretische Antworten zurückzugreifen – selbst wenn diese viele hilfreiche Gedanken und Positionen bieten –, sondern auch den Antworten derjenigen Gehör zu schenken, die in der Kunst einen anderen Halt finden. Und diesen Halt werden Leser und Leserinnen hoffentlich auch in den vorliegenden Essays finden.

Abschließend soll gesagt sein, dass Forster in einer Zeit lebte, die sich in vieler Hinsicht drastisch von der heutigen unterscheidet. Zwar kann man zahlreiche politische und kulturelle Ähnlichkeiten feststellen und Forsters Gedanken daher aktuelle Relevanz abgewinnen, es wäre jedoch fehlgeleitet, diese Ähnlichkeiten zu überschätzen. Die Kernstrahlung der Texte in diesem Band liegt nicht in ihrer Thematik, sondern in der Geisteshaltung, die sie vermitteln. Forster schließt seinen Essay über Girolamo Cardano, einen bedeutenden Mediziner und Mathematiker der italienischen Renaissance, mit folgender Beobachtung: »Ein Gerippe aufzurichten und es tanzen zu lassen, wird weder dem Gerippe noch uns gerecht, doch Geister, denen Leidenschaft und Denken noch anhaftet, machen lohnende Gesellschaft.« Das

Leben eines Menschen kann nicht durch Errungenschaften und historische Fakten nachempfunden werden; es sind Leidenschaft und Gedanken, die diesen Zugang ermöglichen. Erst über diesen Zugang kann man von einem Nachwirken sprechen, das Forster interessierte: das Nachwirken des Denkens und Fühlens eines Menschen im Kopf und Herzen eines anderen. Es ist zugegebenermaßen eine gefühlsschwangere und geschwollene Vorstellung, doch das Nachempfinden der Gedanken und Gefühle anderer kommt nicht um eine gewisse Pathetik herum. Glücklicherweise, wie Forster in den Essays wiederholt beweist, muss man sich dabei jedoch nicht zu ernst nehmen. Schafft man es, diese aufrichtige Offenheit mit einer gewissen Selbstironie zu verbinden, tritt man dem »Adel« bei, den Forster in »Woran ich glaube« beschreibt. Alle Leser und Leserinnen, die in Forster etwas Wertvolles oder Inspirierendes oder Humorvolles finden, werden Teil dieses Adels sein, ob sie es bereits wissen oder nicht:

»Ich glaube allerdings an den Adel – wenn das das richtige Wort ist und ein Demokrat es verwenden kann. Nicht an einen Adel der Macht, der auf Rang und Einfluss fußt, sondern ein Adel der Empfindsamen, der Rücksichtsvollen und der Standhaften. Seine Mitglieder finden sich in allen Ländern und Klassen und in jedem Zeitalter. Ein unausgesprochenes Einverständnis verbindet sie, wenn sie sich treffen. Sie vertreten die wahre menschliche Tradition, den einzigen dauerhaften Sieg unserer verqueren Spezies über die Grausamkeit und das Chaos. Tausende von ihnen scheiden leise aus dem Leben, nur einige sind bekannte Namen. Sie sind empfindsam gegenüber anderen und sich selbst; sie sind aufmerksam, ohne pingelig zu sein; ihre Standhaftigkeit ist keine Angeberei, sondern Durchhaltevermögen, und sie nehmen sich nicht zu ernst.«

## *Eine Anmerkung über das Gendern*

Bei der Lektüre der Essays wird die anachronistische Verwendung gendergerechter Sprache einigen Lesern und Leserinnen ins Auge stechen. Die geschlechtlich zweideutigen Substantive des Englischen ersparen Forster in vielen Fällen das Problem, das sich dem Übersetzer stellte. Oft spricht er von seiner Leserschaft lediglich als »reader« und spricht damit direkt Männer und Frauen an, ohne dies sprachlich ausdifferenzieren zu müssen. Trotzdem bedient sich Forster an einigen Stellen des generischen Maskulinums, wobei die männliche Form sowohl Männer als auch Frauen beinhalten soll. Forster befolgt darin lediglich eine Konvention seiner Zeit, mit der man im deutschen Sprachraum ebenfalls vertraut ist. Zwar wäre es falsch, Forster als einen über jegliche misogynen Züge erhabenen Mann darzustellen – zum Beispiel verärgerte er Virginia Woolf, als er ihr gegenüber erwähnte, dass er der Aufnahme von Frauen in das Bibliothekskomitee der London Library skeptisch gegenüberträte –, doch er zweifelte nie an der Rechtmäßigkeit des Frauenstimmrechts und sah klar, wie Frauen in der englischen Gesellschaft der Karriereweg ungerecht verstellt wurde.

Wie bei allen Dingen nahm Forster eine gemäßigte Position zum Feminismus ein. Sinnbildlich dafür sind seine Gedanken im Essay über Virginia Woolf im vorliegenden Band. Er stimmt Woolf in ihrer feministischen Analyse der Gesellschaft zu, wirft ihr allerdings vor, keinen der Fortschritte anzuerkennen und aus Trotz und Gewohnheit gewisse Dinge fortlaufend kritisiert zu haben. Während das an sich als ein Paradebeispiel einer erzkonservativen Haltung dienen könnte, relativiert Forster seine Gedanken sofort.

»Aus meiner Sicht ist [Woolfs] Feminismus etwas altmodisch, er geht auf ihre Jugend als Frauenrechtlerin in den 1910er Jahren zurück, als Männer glaubten, Frauen mit Küssen vom Stimmrecht ablenken zu können, und damit zurecht Woolfs Zorn auf sich zogen. In den 1930ern konnte sie sich allerdings über weitaus weniger beschweren und schien aus schierer Gewohnheit weiter vor sich her zu grummeln. Sie beschwerte sich zu Recht darüber, dass Frauen zwar Einlass in Berufe und Handwerke erhalten hatten, dort allerdings gegen männliche Verbrüderung anliefen, wenn sie versuchten, an die Spitze zu gelangen. Doch sie weigerte sich anzuerkennen, dass die Verbrüderung mit jedem Jahr schwächer wurde und dass Frauen in nicht allzu ferner Zukunft genauso viel Macht zum Guten und zum Bösen haben werden wie Männer … Allerdings spreche ich hier als Mann, und dazu noch ein älterer. Es sind weder ältere Männer noch ältere Frauen, die am besten über ihren Feminismus urteilen können, sondern junge Frauen. Wenn sie, wenn Fernhams Studentinnen der Meinungen sind, dass Woolfs Feminismus ein weiterhin bestehendes Problem auf den Punkt bringt, dann werden sie damit recht haben.«

Diese und viele andere Stellen in Forsters Gesamtwerk zeigen, dass seine Gedanken in der Regel Frauen und Männer miteinbeziehen; für die Übersetzung verbleibt allerdings das Problem, wie diese Inklusion am besten übertragen wird, schließlich ist die Lage in wenigen Fällen so klar wie im obigen Beispiel, in dem die »students« von Fernham, einem fiktionalen Frauencollege aus »Ein Zimmer für sich allein«, nur »Studentinnen« sein können.

Das generische Maskulinum im Deutschen zu verwenden, schien mir nicht nur unzeitgemäß, sondern auch irreführend, da es des Öfteren benutzt werden kann, um sexistische Züge unter Berufung auf eine stilistische Norm zu verhüllen, und dies ist bei Forster nicht der Fall. Aus diesem Grund habe ich mich dafür entschieden, gendergerechte Sprache zu verwenden. Um Doppelformen zu vermeiden, berufe ich mich wo immer möglich auf geschlechtsneutrale Alternativen (z. B. »Leserschaft« anstelle von »Lesern und Leserinnen«.) Wo sich keine geschlechtsneutralen Substantive oder Umschreibungen anboten, habe ich mir die separate Nennung von Frauen und Männern erlaubt, in Listen mit mehreren Bestandteilen bisweilen auch zwischen beiden Geschlechtern abwechselnd. Dies mag in Anbetracht Forsters Zeit befremdlich wirken, doch für den Preis dieser sprachlichen Verfremdung erhält man eine größere inhaltliche Nähe, besonders hinsichtlich der Forster'schen Geisteshaltung, die, wie oben ausgeführt, den Kern dieser Essays bildet.

## *Eine Anmerkung zum Essay »Jew-Consciousness«*

Der Titel dieses Essays wurde im Original belassen, um auf ein Problem hinzuweisen, das sich bei der Übersetzung und Veröffentlichung dieses ursprünglich im Frühjahr 1939 erschienenen Textes in der Gegenwart stellt. Die wörtliche Übersetzung des Titels (»Judenbewusstsein«) ist aufgrund der Geschichte der Verwendung solcher Begriffe, in denen das Wort »Juden« als Präfix dient, im Nationalsozialismus nicht mehr vertretbar; allerdings kann der Begriff im Kontext dieses bestimmten Essays mit »Antisemitismus« übersetzt werden, da dies den Sinn des Originals angemessen widerspiegelt. Zugegebenermaßen geht damit ein Teil der Satire des Originals – die sarkastische Reproduktion der »jew-conscious«-Rhetorik sowohl der Nationalsozialisten als auch der britischen Faschisten –, doch dies ist ein geringer und vertretbarer Verlust in Anbetracht der Tatsache, dass man den Sinn des Textes anderweitig herstellen kann, ohne diese Art von Rhetorik (selbst, wenn sie im Original ironisch gemeint ist) hier zu reproduzieren.

Ein schwierigeres Problem betrifft den Ton des Textes. Forster bedient sich wie in vielen seiner Essays des Understatements, das besonders aus heutiger Sicht zu

Missverständnissen führen kann. Einerseits nähert er sich dem Thema des Antisemitismus anhand eigener, aber doch kleinlicher Ausgrenzungserfahrungen während seiner Schulzeit an; andererseits beschreibt er die Einsicht, dass antisemitische Meinungen nicht nur im Deutschen Reich, sondern auch im vermeintlich uregalitären England weit verbreitet sind, als eine »unangenehme Feststellung«. Forster ist hier nicht bemüht, die Gefahr des Antisemitismus herunterzuspielen, er geht lediglich seinen gewohnten argumentatorischen Weg: Er beginnt mit einem persönlichen Beispiel, um seine Beobachtung auf gelebter Erfahrung zu stützen, und er spricht wie immer: mit bedachter, aber entschlossener Sanftheit – die keinen Zweifel daran lässt, was Forster vom Antisemitismus hält.

# *Anmerkungen*

1 Im Evans-Gambit opfert man in der Eröffnung einen Bauern, um schneller in eine Angriffsposition zu kommen. Bei »giuoco piano« (wörtlich übersetzt, das »ruhige Spiel«) oder der italienischen Partie baut man seine Position systematisch und risikofrei auf.

2 »Sir Patrick Spens« entstammt der schottischen Balladentradition und erzählt die Geschichte des gleichnamigen Helden, der vom schottischen König mitten im Winter nach Norwegen ausgesandt wird. Die Reise über die winterliche Nordsee ist äußerst gefährlich, und in allen Versionen sinkt das Schiff von Sir Patrick Spens.

3 Die »Ballade vom alten Seemann« handelt ebenfalls von einer Seefahrt, in diesem Fall einer Expedition in die Antarktis, die von einem alten Seemann erzählt wird. Auf der Reise stößt das Schiff auf einen Albatros, der dem Schiff folgt, bis der alte Seemann ihn mit einem Pfeil erschießt. Mit diesem unheilvollen Akt beschwört er böse Geister und schlechte Winde herauf, weshalb ihn die Besatzung zwingt, den Kadaver des Albatros als Bestrafung um den Hals zu tragen.

4 Bei den Originaltiteln der hier erwähnten Gedichte handelt es sich um »A slumber did my spirits seal« von William Wordsworth, »To the muses« von William Blake, »So we'll go no more a roving« von Lord Byron und »Far in a Western brookland«, dem 52. Gedicht in »A Shropshire Lad« von A.E. Housman.

5 Margarete (1283–1290), die Tochter eines norwegischen Königs und letzte Nachkommin und damit Thronfolgerin des schottischen Königs Alexander III., wurde nach dessen Tod nach Schottland gesandt. Margarete erreichte zwar die Orkney-Inseln, starb allerdings kurz nach ihrer Ankunft. Möglicherweise bezieht sich die Ballade »Sir Patrick Spens« auf diese Ereignisse.

6 Eine eigenwillige Auswahl klassischer Werke der englischen Literatur: Während William Shakespeares »Julius Caesar« (1599) und auch Henry Fieldings »Tom Jones: Die Geschichte eines Findelkindes« (1749) zweifellos als solche gelten, erlaubt sich Forster mit Samuel Butlers »Der Weg allen Fleisches« (1903) und Jane Austens »Northanger Abbey« (1818) zwei persönliche und weniger offensichtliche Favoriten.

7 Edward Gibbons (1737–1794) »Verfall und Untergang des römischen Reiches« ist ein bedeutendes Werk der englischen Geschichtsschreibung, während John Ruskins »Steine von Venedig« die Tradition ästhetischer Architekturbeschreibungen mitbegründete (und von Proust verehrt wurde).

8 Ella Wheeler Wilcox (1850–1919) war eine beliebte amerikanische Lyrikerin, die für Gedichte über positives Denken und sentimentale Themen bekannt wurde. Charles Garvice (1850–1920) war ein enorm erfolgreicher und produktiver Autor, dessen Romane sowohl in England als auch in Amerika zu Bestsellern wurden. Im Gegensatz zu Wilcox, deren Gedichte weiterhin aufgelegt werden, ist Garvice fast gänzlich in Vergessenheit geraten.

9 Die »Griechische Anthologie« beinhaltet über 3.000 Gedichte und Epigramme, die zwischen dem 8. Jahrhundert vor Christus und dem 11. Jahrhundert nach Christus verfasst wurden. Die Anthologie wurde über ihren langen Entstehungszeitraum immer wieder mit neuen Gedichten erweitert.

10 Maria Augusta Ward (1851–1920) schrieb unter ihrem Ehenamen Mrs. Humphrey Ward und verfasste beliebte Romane über sozialpolitische und religiöse Themen. Sie war politisch aktiv und Mitbegründerin der »Women's National Anti-Suffrage League«, die sich gegen das allgemeine Frauenstimmrecht einsetzte.

11 Charles Lamb (1775–1834) war ein englischer Schriftsteller, der vor allem für seine Essays bekannt wurde. Er stotterte (worauf Forster lautmalerisch hinweist) und galt als äußerst liebenswürdiger Mensch und hervorragender Gesprächspartner.

12 Der schottische Autor Robert Louis Stevenson (1850–1894) ist vor allem für seine Romane »Die Schatzinsel« und »Der seltsame Fall des Dr. Jekyll und Mr. Hyde« bekannt. Er bereiste die Welt und hätte es vermutlich verstanden, sein Publikum in einem Gespräch blendend zu unterhalten.

13 Paul Claudel (1868–1955) war ein französischer Diplomat und Schriftsteller. Das Zitat ist an dieser Stelle nicht offensichtlich zu verstehen, doch Forster geht im Essay »Kunst um der Kunst willen« genauer auf Claudel und dessen Perspektive ein.

14 Siehe Anmerkung 15.

15 Roger Fry (1866–1934) war ein englischer Künstler und Kunsthistoriker. 1906 organisierte er die Ausstellung »Manet and the Post-Impressionists« in den Grafton Galleries in London und stellte der englischen Öffentlichkeit in dieser zum ersten Mal Vertreter der zeitgenössischen Kunst vor, die heute als Meister der modernen Malerei gelten, darunter Paul Cézanne, Paul Gaugin, Henri Matisse und Georges Seurat. Fry war Teil der »Bloomsbury Group«, einer Gruppe von Künstlern und Künstlerinnen, die sich um den Haushalt der

Stephens-Schwestern Vanessa und Virginia (später Woolf) im Londoner Stadtteil Bloomsbury bildeten und der auch Forster gelegentlich angehörte.

16 Bei Crivelli handelt es sich in aller Wahrscheinlichkeit um den italienischen Maler Carlo Crivelli (1430/35–1495), der vor allem religiöse Bilder produzierte. Vermutlich bezieht sich das Dessert auf eines der vielen Details in seinen Bildern, die den Betrachter oder die Betrachterin ablenken könnten.

17 Hieronymus Bosch (ca. 1450–1516) war ein niederländischer Maler religiöser Szenen, dessen Werke aufgrund ihrer fantastischen und häufig schauerlichen Motive weiterhin Aufmerksamkeit genießen.

18 Bei Claude Monet (1840–1926) und Achille-Claude Debussy (1862–1918) handelt es sich um wichtige Vertreter des Impressionismus in der Malerei beziehungsweise der Musik. Forster beschreibt die Angewohnheit, Musik in nicht musikalischen Begriffen wahrzunehmen, detaillierter im Essay »Die *Raison d'Être* der Kritik«.

19 Ludwig van Beethoven komponierte die Coriolan-Ouvertüre 1807 als Begleitung für ein Theaterstück von Heinrich Joseph von Collin. Dieses erzählt die Geschichte des Coriolan, einer sagenumwobenen Figur der römischen Geschichte (siehe auch Anmerkung 21).

20 Sir Donald Tovey (1875–1940) war ein englischer Komponist, Musikwissenschaftler und einflussreicher Musikkritiker.

21 Gnaeus Marcius Coriolanus (ca. 527–488) war ein römischer General patrizischer bzw. adeliger Herkunft, der seinen Ruhm und Beinamen einem Sieg über die Volkser, einem italienischen Volksstamm, verdiente. Allerdings verachtete er den Nicht-Adel und wurde für seinen Widerstand gegen die Volkstribune, die Vertreter des Volkes im Senat, zu lebenslangem Exil verurteilt. Coriolan verbündete sich darauf mit den Volksern und zog gegen Rom in den Krieg, unterließ allerdings den Angriff auf seine Heimatstadt auf Flehen seiner Mutter.

22 Palmyra, das heutige Tadmor, ist eine Oasenstadt in Syrien, die auf das siebte Jahrtausend vor Christus zurückgeht. Die Tempelanlagen im kambodschanischen Angkor Wat stammen aus dem zehnten und elften Jahrhundert, diejenige im indonesischen Borobudur aus dem achten oder neunten Jahrhundert. Die Höhlen in Ajanta in Indien wurden zwischen dem zweiten und siebten Jahrhundert zum ersten Mal bewohnt.

23 Arnold Bennett (1867–1931) war einer der erfolgreichsten englischen Schriftsteller des frühen zwanzigsten Jahrhunderts, der in den 1920ern eine öffentliche Debatte über das Wesen des Romans mit Woolf austrug. Da sich der vielerorts gelesene Bennett als Vertreter eines breiten Publikums sah, während Woolf bewusst experimentelle Werke für ein bestimmtes Publikum

schrieb, präsentierte er sich als bodenständiger Volksautor und Woolf als realitätsfremde Ästhetin bzw. literarische Lady.

24 Im Jahr 1910 erschlich sich eine vermeintliche Delegation der abessinischen Königsfamilie eine Besichtigung des Kriegsschiffes HMS Dreadnought. Woolf gehörte zu den angeblichen Abessiniern, die in Theaterroben und mit geschwärzten Gesichtern auftraten und ihre Bewunderung mit dem Ausruf »Bunga! Bunga!« kundtaten.

25 Übersetzung von Herbert E. und Marlys Herlitschka, siehe »Zwischen den Akten«, Fischer, 1986.

26 Die Protagonistinnen von Jane Austens »Emma« (1816) bzw. George Eliots »Middlemarch« (1872) und Arnold Bennetts »The Old Wives' Tale« (1908).

27 Übersetzung von Herbert E. und Marlys Herlitschka, siehe »Die Fahrt zum Leuchtturm«, Fischer, 1986.

28 Übersetzung von Herbert E. und Marlys Herlitschka, siehe »Die Wellen«, Fischer, 1986.

29 Die Hauptfigur der gleichnamigen altgriechischen Komödie von Aristophanes (446–386 v. Chr.), die versucht, den herrschenden Krieg zwischen Athen und Sparta zu beenden, indem sie die Frauen der Gemeinden aufruft, nicht mehr mit ihren Männern zu schlafen, bis sie Frieden schlössen.

30 Übersetzung von Hannelore Faden und Helmut Viebrock, siehe »Über das Kranksein« in »Der Augenblick: Essays«, Fischer, 1996.

31 Das Wort »Amateur« bzw. »Amateurin« geht auf das lateinische Verb für lieben, »amare«, zurück.

32 Prokrustes ist eine Figur der griechischen Mythologie. Er bot Reisenden trügerisch sein Bett an und streckte sie, wenn sie kürzer waren als das Bett, und hackte ihnen die Gliedmaßen ab, die über das Bett herausragten.

33 Seit der Renaissance wurden die drei Einheiten des Aristoteles als wichtige Bestandteile des Bühnendramas gehandelt. Diese besagen, dass ein Schauspiel an einem Tag handeln und am gleichen Schauplatz stattfinden müsse (Einheiten der Zeit und des Orts) und nur einen Handlungsstrang erzählen solle (Einheit der Handlung).

34 Insbesondere im Frankreich des 17. Jahrhunderts wurden die drei Einheiten streng auf Dramen angewendet, einschließlich von Pierre Corneille (1606–1684). Dieser erzielte mit seinem Stück »Le Cid« (ca. 1637) einen riesigen Erfolg. Das Stück gilt weiterhin als Meisterwerk der französischen Klassik, wurde jedoch schon bald nach seiner Uraufführung für die mangelnde Einhaltung der drei Einheiten kritisiert.

35 Dmitri Dmitrijewitsch Schostakowitsch (1906–1975) war ein russischer Komponist, dessen Werke von der kommunistischen Partei kritisiert wurden, da sie nicht der akzeptierten Ästhetik des sozialen Realismus entsprachen. Beispielhaft für diese Kritik ist der Leitartikel, der am 28. Januar 1936 in der Parteizeitschrift »Prawda« erschien und Schostakowitschs Oper »Lady Macbeth von Mzesnk« als formalistisch und bürgerlich verurteilte. Der Artikel wurde anonym veröffentlicht und wird mit Joseph Stalin in Verbindung gebracht, der am 16. Januar 1936 eine Vorstellung der Oper besucht und angeblich noch vor Ende der Aufführung das Haus verlassen hatte.

36 Für mehr zu dieser Art, Musik wahrzunehmen, siehe Forsters Essay »Musik nicht hören«.

37 Siehe Anmerkung 20.

38 Samuel Taylor Coleridge (1772–1834) war ein englischer Lyriker. Er verfasste das unvollendete Gedicht »Kubla Khan« im Jahr 1797, gemäß eigener Erzählung, nachdem er aus einem Opiumtraum erwacht war und in inspirierter Entrückung schrieb, bis ihn eine Person aus Porlock mit einem Klopfen an der Tür unterbrach.

39 Übersetzung von Florian Bissig, siehe „In Xanadu: Gedichte", Dörlemann Verlag, 2022.

40 John Livingston Lowes (1867–1945) war ein amerikanischer Literaturwissenschaftler und der Autor von »The Road to Xanadu: A Study in the Ways of the Imagination« (1927), in dem er verschiedene Stellen in »Die Ballade vom alten Seemann« (siehe Anmerkung 3) und »Kubla Khan« auf Coleridges Lektüre zurückführt.

41 In Dante Alighieris (ca. 1265–1321) allegorischem Gedicht »Göttliche Komödie« führt der römische Dichter Vergil (70–19 v.Chr.) Dante durch die Hölle und zur Spitze des Läuterungsbergs, kann ihn allerdings nicht ins Paradies begleiten, da Vergil das Prinzip des Verstandes und rationalen Denkens repräsentiert; der Einlass in himmlische Gefilde erfordert jedoch die Empfänglichkeit für göttliche Gnade, die dem rationalen und nicht christlichen Vergil im Gegensatz zu Beatrice nicht zuteil werden kann. Bei Letzterer handelt es sich um Beatrice di Folco Portinari (1265–1290), in die Dante laut eigenem Bericht zeitlebens verliebt war.

42 Das erste Zitat entstammt dem Kirchenlied »Abide with Me«, geschrieben vom schottischen Geistlichen Henry Francis Lyte (1793–1847). Das Lied erfreut sich eines regen Nachlebens in der britischen Kultur und wird heute nicht nur in kirchlichen Kontexten gesungen, z. B. vor Anpfiff des Finalspiels des FA-Cups.

43 Jacopone da Todi (ca. 1230–1306) war ein italienischer Anwalt, der nach dem Unfalltod seiner Frau dem franziskanischen Mönchsorden beitrat und zahlreiche religiöse Gedichte verfasste.

44 Das Zitat sowie die beiden vorhergehenden Sätze beziehen sich auf das Gedicht »Les Phares« des französischen Autors Charles Baudelaire (1821–1867).

45 Percy Bysshe Shelley (1792–1822) war einer der bedeutendsten englischen Lyriker des neunzehnten Jahrhunderts. Er starb, als sein Segelboot nach einem Treffen mit Leigh Hunt und Lord Byron in Livorno in der italienischen See sank. Das Zitat entstammt dem Essay »Verteidigung der Poesie« (1821).

46 Der Amerikaner John Singer Sargent (1856–1925) war ein äußerst erfolgreicher und gefragter Porträtmaler, der nahe an 3.000 Gemälde schuf. Für seine Porträts von Menschen aus der Oberschicht und des Adels erhielt er mitunter und umgerechnet auf heutige Werte Bezahlungen in Millionenhöhe.

47 George Nathaniel Curzon (1859–1925) war ein britischer Politiker, der zwischen 1899 und 1905 als Generalgouverneur von Indien diente.

48 Sir Philip Sassoon (1888–1939) war ebenfalls ein britischer Politiker und Mitglied der Sassoon-Dynastie. Die Ahnen dieser enorm erfolgreichen und einflussreichen jüdischen Familie stammten ursprünglich aus Bagdad und ließen sich später in Mumbai nieder, bevor sich ihre Nachkommen auf der ganzen Welt verteilten, weshalb man sie auch die »Rothschilds des Ostens nannte«. Der Schriftsteller Siegfried Sassoon, den Forster anerkennend im Essay »Eine Bemerkung über die Zeiten« erwähnt, war Philips Vetter.

49 »A Passage to India« erschien im Jahr 1924 und wurde auf beiden Seiten des Atlantiks zu einem Bestseller. Es war der letzte Roman, den Forster während seines Lebens veröffentlichte.

50 Knut der Große (ca. 995–1035) kam aus Dänemark und war maßgeblich an der Eroberung Englands beteiligt. Bei seinem Ableben war er der König Englands, Dänemarks und Norwegens. Alexander der Große (356–323 v. Chr.) kam aus dem heutigen Mazedonien und eroberte das damalige Persien und dehnte damit sein Reich bis nach Indien aus.

51 Übersetzung von Dorothea Tieck.

52 Der Essay erschien ursprünglich in der progressiven Zeitschrift »Time and Tide«, die 1920 von der walisischen Geschäftsfrau und Frauenrechtlerin Margaret Haig Thomas (auch Viscountess Rhondda) gegründet worden war.

53 »Der Quell der Einsamkeit« (Originaltitel: The Well of Loneliness) war ein Roman von Radclyffe Hall, der von einer Liebesbeziehung zweier Frauen han-

delt. Er erschien 1928 und wurde noch im selben Jahr in England als obszön verbannt. Im Gerichtsverfahren wurden Dutzende Sachverständige zur Verteidigung des Romans aufgerufen, darunter Forster und Virginia Woolf.

54 Forster verbrachte den Großteil des Ersten Weltkrieges in Alexandria als Mitglied des Roten Kreuzes.

55 John Christopher Smuts (1910–1979) wurde in Südafrika geboren und war besonders in den 1930er Jahren in der britischen Politik als Liberaler aktiv. Forster scheint ihm fälschlicherweise den Rang eines Generals zuzuweisen, möglicherweise aufgrund einer Verwechslung mit Tobias Smuts (1861–1916), der im zweiten englisch-burischen Krieg auf Seiten der südafrikanischen Republik gegen Großbritannien kämpfte und folglich im Jahr 1934 weder in St. Andrews hätte sprechen können noch wollen.

56 Übersetzung von August Wilhelm von Schlegel.

57 Sir Oswald Mosley (1896–1980) war ein britischer Politiker und Gründer der »British Union of Fascists«.

58 Ich danke Charles Lewinsky und Florian Bissig für ihre Hilfe bei der Übersetzung dieser Verse.

59 Besser bekannt als »Lawrence von Arabien«.

60 Alle Zensurfälle, die Forster in diesem Essay nennt, basieren auf Anschuldigungen der Obszönität, im Fall von Halls »Quell der Einsamkeit« und Hanleys »Boy« die Behandlung gleichgeschlechtlicher Beziehungen zwischen Frauen bzw. Männern, der liberale Umgang mit Sexualität in Lawrence' »Regenbogen« und die Darstellung eines öffentlichen Masturbationsakts in Joyce' »Ulysses«.

61 Desiderius Erasmus von Rotterdam (vermutlich 1466–1536), ein niederländischer Philosoph, Theologe und Bibelübersetzer, und Michel de Montaigne (1533–1592), ein französischer Denker und Essayist, waren wichtige Vertreter des Humanismus, die blindäugigen Glauben und intellektuellen Dogmatismus kritisierten.

62 Forster bezieht sich hier auf den englischen Historiker und Philosophen Thomas Carlyle (1795–1881), dessen »Great Man«-Theorie beachtlichen Einfluss auf die europäische Geschichtsschreibung hatte. Gemäß der Theorie formen herausragende Persönlichkeiten oder Heldenfiguren, zum Beispiel Martin Luther, William Shakespeare oder Napoleon Bonaparte, und nicht Volksbewegungen den Lauf der Geschichte.

63 In Stefan Zweigs »Schachnovelle« stößt man auf eine Beschreibung der nationalsozialistischen Unterwanderung von Demokratien durch kleinmütige Menschen, die als Schattenbild dieses Adels verstanden werden können und die Eigenschaften Forsters Adels klarer hervorheben: »Nun hatten die Na-

tionalsozialisten, längst ehe sie ihre Armeen gegen die Welt aufrüsteten, eine andere ebenso gefährliche und geschulte Armee in allen Nachbarländern zu organisieren begonnen, die Legion der Benachteiligten, der Zurückgesetzten, der Gekränkten.« (Fischer Verlag, 1972)

64 Siehe auch die Anmerkung über diesen Essay im Nachwort.

65 Karl II. (1893–1953) war von 1930 bis 1940 König von Rumänien. Magda Lupescu war seine Geliebte und später dritte Ehefrau. Karl machte keinen Hehl aus seinen außerehelichen Affären und trat mit Lupescu in der Öffentlichkeit auf, bevor er geschieden war.

66 Forster bezieht sich auf den Ersten Englischen Bürgerkrieg (1642–1646), in dem unter anderem das Machtverhältnis zwischen dem König und Parlament auf dem Spiel stand. John Milton (1606–1674) war ein englischer Dichter, der sich in verschiedenen Bereichen für Reform aussprach und im Bürgerkrieg auf Seiten des Parlaments stand.

67 Übersetzungen der »Areopagitica« sind entweder übernommen oder angelehnt an die Übersetzung von Richard Roepell (Veit und Comp, 1851).

68 Eine Anspielung an eine Bronzeskulptur der Tyche, der Göttin des Schicksals. Eutychides lebte am Ende des dritten Jahrhunderts vor Christus und schuf die Skulptur zu Ehren der neugegründeten Stadt Antiochia (das heutige Antakya). Tyche trägt eine Krone und hält ein Bündel Weizen in der Hand und symbolisiert damit das gute Schicksal, die Erhabenheit und den Wohlstand der Stadt, während ihre Füße auf dem Kopf eines jungen Mannes ruhen, der den Fluss Orontes darstellt und die Figur geografisch verortet.

69 Bei der dorischen Hexapolis handelt es sich um einen Städtebund, dessen Mitglieder sich regelmäßig in einem Agon bzw. einem Wettstreit maßen. Dieser wurde zu Ehren des Apollo in Triopium ausgetragen.

70 In der griechischen Mythologie entführte Hades, der Gott der Unterwelt, Persephone, die Tochter der Demeter, indem er eine hundertköpfige Narzisse vor ihr aus der Erde sprießen ließ und Persephone in die Unterwelt heruntergezogen wurde, als sie nach der Blume griff. Als Demeter den Raub ihrer Tochter bemerkte, irrte sie neun Tage und Nächte durch die Welt, bis sie von einer anderen Gottheit über das Schicksal ihrer Tochter unterrichtet wurde. Aus Wut und Verzweiflung befahl Demeter, die Göttin der Fruchtbarkeit, den Samenkörnern, zu vertrocknen oder zu Unkraut zu wachsen, bis ihre Tochter zu ihr zurückgekehrt war.

71 Benvenuto Cellini (1500–1571) war ein florentinischer Künstler, der vor allem für seine Bildhauerwerke bekannt ist, allerdings auch als Goldschmied, Musiker und Schriftsteller tätig war. Wie den vielseitig interessierten Cardano kann man ihn als Exempel des Geistes der Renaissance verstehen; und wie

Cardano verfasste er eine brisante Autobiografie, die von Goethe als »Leben des Benvenuto Cellini« (1803) sehr frei übersetzt wurde.

72 Eduard VI. (1537–1553), der alleinige legitime Erbe Heinrich VIII., wurde im Alter von neun Jahren zum König erklärt und starb kurz vor seinem siebzehnten Geburtstag. John Dudley, der Duke of Northumberland, intrigierte erfolgreich gegen Edward Seymour, den Duke of Somerset und Onkel des jungen Königs, in dessen Namen er als »Lord Protector« fungierte. Nach der Verhaftung Seymours wurde Dudley zum effektiven Regenten Englands bis zu seiner Verhaftung und Hinrichtung kaum zwei Monate nach dem Tod Eduard VI.

73 Desiderius Erasmus von Rotterdam (vermutlich 1466–1536) gehört zu den bekanntesten Vertretern des Humanismus und ist der Autor unzähliger Texte über Philosophie, Theologie, Philologie, Medizin und viele andere Themen. In der Satire »Das Lob der Torheit« kritisiert Erasmus die abergläubischen Aspekte offizieller Religion und erfand damit eine Form der rationalhumanistischen Religionskritik, der Voltaire folgen würde.

74 Das Konzil von Trient tagte zu drei Sessionen zwischen 1545 und 1563 und befasste sich mit der Frage, wie die römisch-katholische Kirche auf den Aufruhr der Reformation reagieren sollte. Dies führte unter anderem zur Verfassung des Index Librorum Prohibitorum, einer Liste verbotener Bücher. In der gleichen Zeit, aber nicht in direktem Zusammenhang mit dem Konzil, wurde die römische Inquisition ins Leben gerufen.

75 Beide waren maßgeblich an der Gegenreformation beteiligt: Giovanni Girolamo Morone (1509–1580) wurde im Jahr 1563 zum Präsidenten des Konzils von Trent ernannt, während Carlo Borromeo (auch Karl Borromäus, 1538–1584) sich einen Ruf für die Verfolgung protestantischer Flüchtlinge in den Schweizer Alpen machte.

76 Sir Thomas Browne (1605–1682) war wie Cardano ein intellektuell rastloser Mensch, der sich sowohl mit den neuen wissenschaftlichen Methoden seiner Zeit sowie der Esoterik beschäftigte. Sein Hauptwerk, »Religio Medici« (wörtlich: die Religion eines Arztes), befasst sich mit religiösen Fragen aus einer wissenschaftlichen Perspektive und wurde zum Bestseller. 1645 wurde es auf den »Index Expurgatorius« gesetzt, einer Unterkategorie des Index Librorum Prohibitorum, auf dem Bücher landeten, die erst nach der Entfernung gewisser Passagen veröffentlicht werden sollten.

77 Alle Zitate aus der »Bhagavad Gita« sind an die Übersetzung von Leopold von Schröder angelehnt, siehe »Bhagavadgita: Des erhabenen Sang«, Eugen Diederichs, 1922.

78 Forster bezieht sich hier auf die Shah-Jahan-Moschee, die erste Moschee auf englischen Boden, die 1889 in Woking, einer Stadt südlich von London, erbaut wurde.

79 Der Essay erschien ursprünglich als Rezension des Buches »Moslem Architecture« von G.T. Rivoira und wurde für die Veröffentlichung in »Abinger Harvest« überarbeitet und zu einer allgemeinen Reflexion über das Wesen der Moschee als Raum umfunktioniert. Dabei entfernte Forster alle direkten Referenzen zu Rivoiras Buch mit Ausnahme dieses Satzes.

80 Cyriacus von Ancona (1391–1455) war ein Kaufmann mit großem Interesse an antiken Texten. Auf seinen Reisen, die ihn durch den ganzen östlichen Mittelmeerraum führten, fertigte er Abschriften unzähliger griechischer und lateinischer Texte an und zeichnete seine Beobachtungen antiker Gebäude und Ruinen akribisch auf, weshalb er auch als der Vater der Archäologie bezeichnet wird.

81 Sigismondo Pandolfo Malatesta (1417–1468) gehörte zur Regentenfamilie Riminis und war in erster Linie als Feldherr bekannt, allerdings auch für die Förderung der Künste. Isabella d'Este (1474–1539) war eine Markgräfin und zeitweise Regentin von Mantua. Sie gilt als eine der bedeutendsten Mäzeninnen der Renaissance und beauftragte berühmte Maler, u.a. Leonardo da Vinci, Raffael und Tizian.

82 Die Marmorskulptur, auch bekannt als Laokoon-Gruppe, wurde 1506 wiederentdeckt und gehört seitdem zu einem der wichtigsten Kunstwerke in den Vatikanischen Museen. Die Skulptur zeigt den Todeskampf des Priesters Laokoon und seiner beiden Söhne mit zwei Schlangen, die ihn auf Geheißen einer Gottheit töten sollen (die Identität dieser Gottheit und der Grund für die Tötung variiert je nach Quelle).

83 Die Hermesskulptur des Bildhauers Praxiteles (390–320 v. Chr.) zeigt den gleichnamigen Gott mit dem Dionysus als Kind auf dem Arm. Sie wurde im Jahr 1877 bei einer Ausgrabung in Olympia entdeckt – passenderweise und im Sinne dieses Essays nicht von der griechischen Regierung, sondern einer deutschen Expedition unter Leitung von Gustav Hirschfeld.

84 Sargon II. (721–705 v. Chr.) war ein neuassyrischer König und Gründer der Sargoniden-Dynastie. Reliefs aus Alabaster haben überlebt, und es ist nicht eindeutig, ob sich Forster mit dem Verlust der Skulpturen auf diese Werke bezieht.

85 Im Originaltext schließt der Text nicht an dieser Stelle, sondern befasst sich detailliert mit den Memoiren »By Nile and Tigris« von Sir Wallis Budge, die aus heutiger Sicht nur als Rezension dieses Werkes interessant sein könnten und daher hier nicht gedruckt werden.

86 Die Republik Palau, der Schauplatz dieses fiktiven Briefes, besteht aus 356 Inseln rund tausend Kilometer östlich der Philippinen. Wie Forster in dem Brief andeutet, ging Palau nie in das Britische Empire über, wurde allerdings im sechzehnten Jahrhundert von Spanien annektiert und im neunzehnten

Jahrhundert kolonialisiert, bevor die Inseln 1899 an Deutschland verkauft und mit dem Ausbruch des Ersten Weltkriegs von Japan in Besitz genommen wurden.

87 Anmerkung des Übersetzers: Forster verwendet bei angeblichen Zitaten Lee Boos ein klischiert vereinfachtes Englisch. Dieses soll in erster Linie die Kindlichkeit Lee Boos und sein beschränktes Wissen der Sprache vermitteln und nicht etwa Herablassung vonseiten Forsters. Mir scheint Letzteres allerdings in gleich vereinfachtem Deutsch viel dominanter mitzuschwingen, weshalb ich mich dagegen entschieden habe, es in der Übersetzung zu imitieren.

88 Vincenzo Lunardi (1759–1806) war ein italienischer Diplomat und Pionier der Luftfahrt. Am 15. September 1784 stieg er vor einem Publikum von rund 200.000 Menschen in einem Wasserstoffballon in den Himmel über London und flog etwa 200 Kilometer nördlich nach Standon Green End.

89 Forster bezieht sich hier auf Jonathan Swift (1667–1745) und dessen berühmten Roman »Gullivers Reisen« (1726). Bei den unsterblichen Menschen handelt es sich um die »Struldbrugs«, die zwar ewig leben, allerdings auch altern. Forster scheint sich einen auf diese Weise gealterten Madan so vergrämt vorzustellen, dass er lieber nicht von ihm hören möchte.

90 Paolo Veronese (1528–1588) war ein italienischer Maler der Renaissance, der vor allem für großformatige Gemälde religiöser Szenen und Motive bekannt ist. Im Gegensatz dazu machte sich der französische Maler Jean-Antoine Watteau (1684–1721) einen Namen für seine »fêtes galantes«, in denen sich Mitglieder des Adels in idyllischen Landszenen tummeln. Das Bild eines mit religiösen und weltlichen Gemälden dekorierten Zimmers unterstreicht das vielseitige Interesse Madame du Châtelets.

91 Am 13. Oktober 1761 fand Jean Calas (1698–1762) seinen ältesten Sohn an einem Strick in seinem Zuhause, berichtete jedoch der Polizei, er habe ihn erwürgt aufgefunden, vermutlich um seinem Sohn die Ächtung als Selbstmörder zu ersparen. Da die Familie Calas protestantisch war, Calas' Sohn allerdings den Übertritt zum Katholizismus in Erwägung gezogen hatte, beschuldigte man Calas bald, ihn aus religiösen Gründen ermordet zu haben, was Calas unter Folter gestand und dafür gerädert und verbrannt wurde. Voltaire verstand den Fall als ein weiteres Beispiel der Diskriminierung gegen den Protestantismus und begann eine öffentliche Kampagne im Namen der Calas-Familie, die schließlich in der posthumen Rehabilitierung des Mannes mündete.

92 Marie de Vichy-Chamrond, Marquise du Deffand (1697–1780) war eine der bekanntesten Salonnières ihrer Zeit und zählte viele der wichtigen intellektuellen Figuren Frankreichs zu ihren Gästen, darunter Voltaire.

93 Sir Arthur Stanley Eddington (1882–1944) und Sir James Hopwood Jeans (1877–1946) waren englische Physiker und Mathematiker. Ihre Fähigkeit,

komplexe wissenschaftliche Themen zu veranschaulichen und zugänglich zu machen, verschaffte ihnen ein breites Publikum, weshalb sie gemäß Forsters Argumentation in diesem Essay der gleichen populärwissenschaftlichen Tradition angehören wie Voltaire.

94 Mit der Ausnahme von »The Longest Journey« wurden alle Romane Forsters übersetzt: »Where Angels Fear to Tread« als »Engel und Narren« von Irma Tiedtge; »Room with a View« als »Zimmer mit Aussicht« von Werner Peterich; »Howards End« als »Wiedersehen in Howards End« von Egon Pöllinger; »A Passage to India« als »Auf der Suche nach Indien« von Wolfgang von Einsiedel; und »Maurice« unter gleichem Titel von Nils-Henning von Hugo.

95 Siehe Wendy Moffat, »E.M. Forster: A New Life«, Bloomsbury, 2011, S. 6. Meine Übersetzung.

96 »The Life to Come« erschien 1972 und wurde von Christine Wunnicke als »Das künftige Leben« auf Deutsch übersetzt.

97 Siehe P.N. Furbank, »E.M. Forster: A Life«, Band 2, Oxford University Press, 1979, S. 194. Meine Übersetzung.

98 Übersetzt als »Ansichten des Romans« von Walter Schürenberg.